U0944183

北京大学书法艺术研究所所长、博士生导师王岳川教授为本书题名

要想精彩绝伦地绽放，

必先有万无一失的准备！

——致所有在路上的职业经理人

将道赋能

中国式职业化管理GPS+DNA

李青刚 著

图书在版编目（CIP）数据

将道赋能：中国式职业化管理 GPS+DNA / 李青刚著. —北京：企业管理出版社，2020.1

ISBN 978-7-5164-2090-4

Ⅰ. ①将…　Ⅱ. ①李…　Ⅲ. ①企业管理－研究－中国　Ⅳ. ① F279.23

中国版本图书馆 CIP 数据核字（2019）第 287754 号

书　　名：将道赋能：中国式职业化管理 GPS+DNA
作　　者：李青刚
责任编辑：徐金凤　　宋可力
书　　号：ISBN 978-7-5164-2090-4
出版发行：企业管理出版社
地　　址：北京市海淀区紫竹院南路 17 号　　　　邮编：100048
网　　址：http://www.emph.cn
电　　话：编辑部（010）68701638　发行部（010）68701816
电子信箱：qyglcbs@emph.cn
印　　刷：河北宝昌佳彩印刷有限公司
经　　销：新华书店
规　　格：170 毫米 ×240 毫米　16 开本　16.25 印张　242 千字
版　　次：2020 年 1 月第 1 版　　2020 年 1 月第 1 次印刷
定　　价：52.00 元

版权所有　翻印必究　·　印装有误　负责调换

序 Preface

管理赋能：做诸葛亮式的职业经理人

来成都旅游的人，很多都会选择去趟武侯祠。除了一墙之隔是川流不息的锦里，这里还是距今约1800年历史蜚声内外的文化名胜，更重要的是，武侯祠是中国唯一君臣合祀的祠庙。说到武侯祠，不得不说诸葛亮。他身处三国职场，与刘备君臣相依，鞠躬尽瘁，终实现君臣合赢，三分天下。他一生的功勋后人用楹联总结：

收二川，排八阵，六出七擒，五丈原前，点四十九盏明灯，一心只为酬三顾。

取四蜀，定南蛮，东和北拒，中军帐里，变金木土爻神卦，水面偏能用火攻。

诸葛亮的一生，为我们诠释了为“臣”为“将”之道。放在今天的职场来讲，靠的就是其职业化的管理能力。简单来讲，职业化就是组织成员的岗位胜任能力，即标准化、规范化、制度化、专业化地履行岗位职责。职业化包括职业道德、职业态度、职业技能、职业形象四个维度。职业化团队是现代企业又好又快发展的核心竞争力。

当前企业管理正在从“管人理事”向“理人管事”、管理者正在从“领先者”向“领导者”潜移过渡。在西方，管理是一门科学一项技术；在中国，管理是一种文化一门艺术。所以，盲目地把西方的企业管理技术全盘应用到中国企业的管理实践中，管理对象变了，应用环境变了，管理效果自然也就有差异。那么，中国式管理该如何突破？我们不妨跳出问题看问题：我们的国家叫“中国”，我们56个民族都叫“中华民族”，那么这个“中”是什么意思呢？“中”其中一层意思即“中庸”，意为不上不下，不左不右，不高不矮，不强不弱，也就是合理的意思。中国式管理必须顺应中国人的人性，从中国人所受的文化教育（以儒家思想为主）出发，强调“合理化管理”。

中国式管理的背后，是中国式职业经理人。有人说，职业经理人是舶来品，1841年美国的专业货运计划人员是世界上第一批职业经理人。其实，在中国封建社会，早已经有了像诸葛亮这样的职业经理人角色了，不一样的是，他们身居庙堂肩负社稷，被称为“臣”或“将”而已。本书取名中的“将道”由此而来。

得到APP总编辑李翔先生在新著《趋势》开篇谈道，如果今天是数字时代，那么明天将是认知时代。我们今天该如何认知中国的企业管理呢？全球化竞争背景下的中国企业，日益成为世界经济的主角，在“大众创业，万众创新”的战略号召下，我国的中小企业呈雨后春笋般出现。可反观现实，每年新开办的企业与倒下的企业比例相当。柳传志和陈春花曾经都说过同样一段话：“中国企业活过20年的不多，被淘汰的原因无非两个：适应不了环境和管理缺乏能人。”既然大企业活不过20年，中小企业就更不敢想象了。近年来从中国500强企业的发展轨迹来看，大而不强者居多。面对市场风险，不少企业首先暴露的是内部管理队伍缺乏优良的DNA。这个DNA的核心就是要有高水平的职业经理人队伍，通过整合企业内部“人、财、物、技、讯、时”等虚实资源，管理出业绩，管理出效益，这也是中国企业升级突破的前提。中国式职业经理人要做好中国企业管理，首先必须立足于中国企业、中国文化乃至中国人的人性特点，管理方能按图索骥，囊中取物，不能完全被西方的管理理论所束缚，这样才不会产生水土不服。目前中国的管理学著作，要么纯搬照译西方管理学思想，要么纯谈中国传统文化对人的影响，而把这两者结合得最好的是日本人，他们把中国先贤的智慧与西方管理理论结合，有了诸如稻盛和夫的“阿米巴模式”、松下幸之助的“实践经营理论”等。这本书期望从中国人、中国企业、中国智慧出发，寻找中国式职业化管理的 GPS（方向）与 DNA（基因）。

GPS，是定位，是方向，是目标，是企业运营管理中的旗帜和号角。企业发展方向离不开战略定位和顶层设计。企业中很多难的事情能够做成，很多不同性格、思维和能力的人能够组建优秀团队，很多竞争对手不看好，但最后被刮目相看的企业，之所以能够成功，其重要的因素就是有一个强大的 GPS，指引我们要去的目的地。GPS 是一个企业从上到下、从个人到团队的思想统一。有了强大而明确的 GPS 就可以坐等成功了吗？当然不是，还必须要有同频共振的行动力量，这就是团队的 DNA。DNA 是文化，是制度，是行动力，是企业运营管理中保障成功的内核生产力。健康发展的企业，DNA 构建的工程师是职业化的管理团队，管理对象（员工）是企业 DNA 的真正实施者。企业 DNA 只有不断优化，螺旋上升，去除发展中影响企业战斗力的诱变因素和坏死细胞，时刻为企业的健康有序发展保驾护航。GPS 为我们勾勒了企业竞争中的目标地图，DNA 为我们塑造了企业发展中的“独立团”，两者缺一不可。职业化的管理团队，必须明确 GPS 与 DNA 对企业发展的重要作用。

之前在一所高校总裁班授课之后，看到一座雕塑，颇有感触。一座自凿自刻的雕塑，上半身是经过凿刻成型、美丽大方的婉约女子；中间是女子手持刀锤，一丝不苟地为自己凿刻下半身的轮廓，这座雕塑的名字叫《自修》。职业经理人的成长之路何尝不是“自我捶敲、自我凿修”的过程？从 20 世纪 90 年代开始，中国职业经理人经历了从“业务精英—管理者—领导者—绩效教练—梦想合伙人”的角色转型。从事培训咨询工作多年，亲历了不少企业的管理困惑和运营压力，这里面有年过百亿的大企业，也有几个人的小公司，都在不断探索寻求属于自己企业的管理良方，越来越多的中国企业呼唤和期待更多更专业的职业经理人加入。职业经理人是企业的“将”，“将”之上为“帅”（投资人或董事会），“将”之下为“士”（员工或团队）。《将道赋能：中国式职业化管理 GPS+DNA》从中国古今两条主线展开，结合自身学习书法及研修国学 20 余年的领悟，通过心道、智道、术道、信道、仁道、勇道、严道、施道八个赋能路径，期望为中国的职业经理人找到企业管理和个人成长之门。

这是一本想让中国职业经理人更具职业化、更有中国式管理特色的书。由此看来，如果放在今天，诸葛亮一定是所有中国职业经理人学习的标杆，也肯定有智库机构为他颁发“最佳中国式职业经理人”的荣誉。

我平时大量的时间都花在了企业调研、诊断、备课、讲课、咨询、书法研修等方面，本书历时三载有余，数易其稿，惶惶完成。搁笔之时，刚刚参加完敦煌戈壁无人区 111 千米徒步挑战赛，欣喜获得最高奖——沙克尔顿奖，就算是对写这本书的犒赏吧。感谢这么多年来服务过的企业为我提供的素材，感谢如此多的职业经理人贡献自己的案例，没有这些素材和案例，这本书形如躯壳，味同嚼蜡；感谢北京大学书法艺术研究所所长王岳川教授、著名书法家胡正好先生欣然为书名题字落墨，让这本原本普通的书变得品味高雅；感谢企业管理出版社孙庆生社长倾情策划和徐金凤编辑的用心校稿及专业建议，让这本书穿上嫁衣走出闺房；感谢一直以来长情等待书籍出版的企业和学员朋友，是你们给了我努力写好这本书的责任和机会；感谢爱人对我写书期间的全力支持，并逐字逐句为我熬夜校稿；感谢儿子给我的信念和爱，起笔时他才两岁多，写完书他马上六岁了；没有爱人和孩子的亲情陪伴，这本书现在可能还是只言碎语。

确因能力有限，书中错漏不少，望大家取其精华，去其糟粕，并恳请指正赐教！

李青刚

己亥立秋于成都砚心书院灯下

目录 contents

第一章

中国式职业经理人为“将”之道

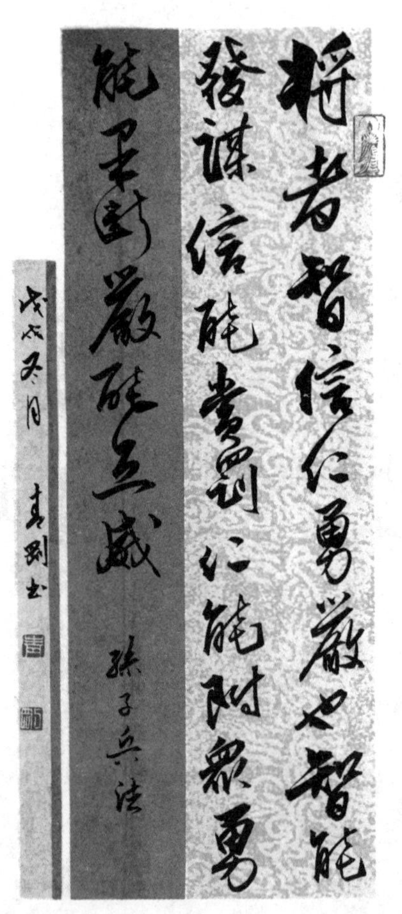

将者，智、信、仁、勇、严也。智能发谋，信能赏罚，仁能附众，勇能果断，严能立威。

——《孙子兵法》

中国企业：千军易得，一将难求

2018 年 8 月，中国职业经理人圈发生了一次不小的“地震”：陆奇辞任百度集团总裁后，担任美国著名创业孵化器 YC 中国首席执行官。在他从离职到新任职的不到三个月里，几乎所有 BAT 级的科技公司都给他抛来了橄榄枝，纷纷邀其去执掌牛耳。有人笑言：“一个人失业，整个中国都操碎了心！”

2008 年，陆奇辞去雅虎执行副总裁时，雅虎酋长杨致远当场洒泪。告别会上，他让所有工程师都穿上统一的 T 恤。T 恤上写着：我曾与陆奇一起工作，你呢？

2016 年，陆奇辞去微软执行副总裁时，比尔·盖茨极力挽留：“你想要做什么业务，就去做什么业务。或者你先休一两年假，然后再回来当首席技术官，我们等着你。”

2018 年 5 月，陆奇离开百度，被百度员工称为“一场四万人的失恋”。

陆奇是谁？为何这么厉害？与他共过事的同事都知道，他最具标杆性的工作方式：每天开“日站会”，就是站着开每天的日会。他要求全员要有这种把简单事情做到极致的职业化精神。他的口号是 own everything（主动去做每一件事），就是一定要有主人翁精神，要把公司的事情当自己的事情去做，要热爱公司的事业。他每天 3 点起床，4 点到 5 点跑步，5 点到 6 点回邮件，然后开车上班，7 点到 8 点准备当天的工作，9 点人家上班，他已经工作三四个小时了。从雅虎到微软，再到百度，他以这种极端的职业化精神赢得了所有人的尊重。

陆奇充满了个人魅力。他从百度辞职后，一位员工这样留言：“希望陆奇来过后，能够留下一些东西，例如其谦逊真诚的人格，所坚持的透明、扁平的沟通机制，所追求的正直和高尚的企业文化，都能让百度现在高管有所触动，并在某种程度上效仿。”

陆奇是中国职业经理人的典范。企业的发展，人、财、物、技、讯、时六大要素缺一不可。人，是企业持续发展的首要因素。从中国企业的成长轨迹来看，无数成功和失败的案例证明：企业要想独立鳌头，成为行业或者区域的翘楚，必须拥有从事企业高层管理的核心人才，建立职业化的运营管理制度。在创新创业的大背景下，个人化、家族化、无目标化的管理，成了不少企业难以突破的管理绊脚石。在这种形势下，如果一个企业缺乏职业化的管理者，没有形成职业化团队的 DNA，那么任何宏伟的发展战略都难以实现。

优秀的职业经理人是企业的稀缺资源。很多企业主感叹：人才不缺，将才却往往可遇而不可求。人才猎头市场上充斥着不少投机者和冒险家，光看简历感觉他们个个都是能为企业点石成金的人。进来后才发现，不少简历和一轮一轮面谈都是为企业的这个“坑”而量身包装的“萝卜”，却缺少真正兢兢业业、挥斥方遒的职业经理人。老板请管理者，原本是为了解放自己，但进入公司的管理者越来越多，老板却发现自己越来越忙，越来越累，出现“老板天天干基层，员工天天谈战略”的怪现象。

越来越多的企业主觉察到自己在管理上的短板，在企业转型升级的机遇和压力面前，缺乏足够的自信和实力。很多时候，企业主的精力都在“埋头拉车”，今天这个时代，企业掌舵人首先要做的就是必须学会“抬头看路”。随着国际化融合越来越快，中国企业必然走向“资管分离”（“资”指资本和投资人；“管”指管理和管理者）。职业经理人的引进将会成为越来越多企业的最佳选择。那么，职业经理人是什么样的角色呢？职业经理人和一般的管理者有何区别？

职业经理人，是指在一个所有权、法人财产权和经营权分离的企业中承担法人财产的保值、增值责任，全面负责企业经营管理，对法人财产拥有绝对经营权和管理权，自身以受薪、股票、期权等为获得报酬主要方式的职业化企业经营管理专家。职业经理人与一般管理者的区别在于：职业经理人将经营管理工作作为长期职业，具备优秀的职业素质和职业能力，并掌握企业经营权和管理权。根据有关研究统计，到 20 世纪 60 年代末，80%以上的美国企业都聘请了职业经理人，大大降低了企业的经营管理风险。中国的职业经理人制度因受发展因素制约，一直还处在探索当中。1994 年，《中华人民共和国公司法》开始实行以后，公司的管理人员被称为经理人，但主要是以国有企业为主，这里的“经理人”主要强调的是企业法人角色，并非职业化管理角色。自2003年起，国务院国资委所属职业经理研究中心完成了《中国职业经理人制度研究与实践》一书，对中国职业经理人制度树立了标准；2012年6月30日，中国职业经理人协会成立，着眼解决中国职业经理人队伍建设，特别是建立社会职业经理人资质评价制度的现实问题，探求适合中国特色的路径和方法。近年来国家出台的一系列的政策性文件也在强调加快建立职业经理人制度。

职业经理人就好比古代战场上的“将”，“将”之上为“帅”（投资人或董事会），“将”之下为“士”（员工或团队）。“将”可谓是上传下达、上行下效最重要的角色。随着中国经济的快速发展，中国企业国际化速度也越来越快，从国企到民企、从上市公司到中小企业，都在探寻职业化的管理路径。当前很多企业面临转型升级、代际传承、商业模式设计、管理系统打造等问题，对职业化管理人才的需求越来越大，要求越来越高。企业主感叹“千军易得，一将难求”的真正苦衷在哪里呢？除了公司和企业主（投资人或董事会）的自身因素外，我们从中国职业经理人的现状进行剖析。

“经理人”多，“职业经理人”少

专业球队的球员叫“职业球员”，普通球队的球员不会加“职业”二字，“职业”两个字就代表职业化水平和能力，职业化就是一种标准化、规范化、制度化的工作状态。职业经理人就是依靠自身职业化能力经营和管理企业，凭能力、凭业绩吃饭的人。现代人力资本理论将职业经理人与技术创新者共同称为人力资本。然而，国内的职业经理人队伍还没有成熟起来，对于企业的创新管理并不完全具备良好的职业化能力，甚至只能叫“经理人”（强调岗位），而不能叫“职业经理人”（强调职业化）。如在专业技能或管理技能上能力匮乏，对企业的发展缺乏清晰的战略目光和系统运营的思维等。纵观多年来中国企业的成长案例，很多企业的管理者是“技优则管”“销胜则管”“龄长则管”“资深则管”等，半路出家，在其他方面取得了认可后走上管理岗位，导致很多人认为企业管理者并不需要具备过硬的职业化管理技能，实际上这是对管理的误解。

童文红：从职场“菜鸟”到菜鸟网络董事长

2017年5月，《福布斯》发布了“2017全球变革者榜单”，默克公司CEO肯·弗雷泽、戴森电器创始人詹姆斯·戴森、阿里巴巴首席人力官、菜鸟网络董事长童文红等全球30名企业家上榜。《福布斯》评价童文红：掌管一张巨大的协同物流网络，为阿里巴巴及社会各界服务。她曾经在阿里巴巴多个岗位历练，现在她已经是大师级的人物，她负责的物流数据平台每天支撑着5700万个包裹的递送。

从职场“菜鸟”到菜鸟网络董事长，童文红用了17年时间，她被阿里人称为“励志姐”。很多人可能并不知道，她的阿里奋斗之路竟是在2000年从阿里巴巴的一名前台做起的。走进阿里之前，童文红做过7年物资贸易工作，进入阿里时已经30岁了，不懂专业，没有背景。她的意向岗位是行政助理，但第一次面试她就被淘汰掉了，第二次才拿到阿里的录用通知，被安排做前台。之后她陆续担任集团行政、客服、人力资源等部门管理工作，这也再次证明了作为职业经理人，坚持和努力比什么都重要。因为在每一个岗位上，她都首先问自己：准备好了吗？这让她学会了如何用职业化的状态去适应新岗位新角色。在进入新角色之前，就做了大量的职业化学习准备，而不是像很多人那样边做边学，浅尝辄止。

相比其他职业经理人，童文红最具传奇色彩。创业期在公司内分配股权时，马云给了童文红阿里巴巴0.2%的股权。他对童文红说：“今后，阿里巴巴上市就有1000个亿，你就在阿里干，不用到别处去干了，等公司上市了你就有一个亿。”2014年9月，阿里巴巴在纽交所上市，市值2457亿美元，童文红一夜之间成为数亿身价的职业经理人。在阿里巴巴上市后披露的27位合伙人名单中，童文红名列其中。2017年1月13日，阿里巴巴集团宣布，童文红担任集团首席人力官（CPO）、菜鸟网络董事长。阿里员工对其评价：“她不是天才型的职业经理人，但她是最具职业化的，她的成长成功很真实。”

以职业化的能力履行企业使命，是童文红作为职业经理人的最高原则。童文红执掌的菜鸟网络可以说是中国互联网行业的一个奇迹。在《2018年中国独角兽企业发展报告》中，菜鸟网络估值在物流行业中跃居榜首，以200亿美元（折合人民币约为1275亿元）的估值笑看四方。菜鸟网络成立仅仅4年，估值过千亿元，但员工仅有不到2000人，要知道，同等估值的顺丰速递用了23年，是40多万员工打拼出来的！

职业成就感来自权力，而非责任

权力是一种虚拟的价值资源，只有涉及实际利益和资源配置时才会感觉到它的存在。作为职业经理人，在得到权力和信任后，第一想到的应是责任。这个责任就是在高效管理的前提下产生效益。拥有权力后而不会经营和管理，不仅会对企业和其他个人带来严重的伤害和损失，而且影响自己的职业声誉。职业经理人不是天生的职业，是通过多年的磨炼与努力才得以走到高层管理者的位置。这种经过多年努力而达成目标的职业成就感，有时会使人失去方向感、责任感、使命感。职业经理人长期沉浸于、满足于权力的光环，甚至会产生玩弄权术的欲望，而忘了跟随企业的发展节奏及企业主的战略意识持续成长、一路同行的初衷。曾经自身得到众人认可的奉献精神、责任意识、使命感都变得淡薄、匮乏，甚至成了空话。他们目光的焦点不再是肩上的责任，而是对于管理权力的掌控，享受管理带来的特权优越感、舒适感。工作中喜欢被认可、被高捧，听不进不同意见，工作方式上也出现了不作为。在这种情况下，员工不能得到更好的管理引导，失去榜样与标准，失去前进的动力和热情，整个企业团队就像战场上士兵缺乏所向披靡的"将军"一样，士气低落，互相挤兑，管理走向滑坡。

重经验、轻创新，缺乏自我升级

互联网变革时代，经验仅仅代表你曾经历过什么，不代表你未来能成就什么。很多职业经理人自恃有着多年的管理经验和实践，缺乏与时俱进的学习能力和持续的自我改造能力，在解决问题、指导员工、批评建议时，出口就是“按我说的做，这是我的经验”。总以为自己学会了职业化管理的全部精髓，活在自失偏颇的“经验壳”中。这严重限制了自己对外界知识的学习和对新信息的捕捉吸收，导致改造和创新能力低下，不能为企业发展提供新的变革思维、注入新的发展能量。如果职业经理人长期处于自我封闭的“经验主义”状态，随时都有可能被当下迫切需要转型升级的企业抛弃。这样一来，一把生锈老钝的“刀”，如何在激烈竞争中“披荆斩棘”呢？失去了市场价值和企业认可，哪个企业会重用一个把“曾经自己很优秀”挂在嘴边的职业经理人呢？

缺乏当“驾驶员”的服务意识

创业阶段的公司依靠个人能力，成长期的公司依靠伙伴能力，成熟期的公司依靠组织能力。职业经理人就像“驾驶员”，无论公司处于创业期、成长期、成熟期，只要身在其位，接受托付，就要接过信任的钥匙去驾驶企业这辆“车”。职业经理人既掌握管理的“方向盘”，又需要有“开好车、开稳车，让乘客满意”的服务意识，其水平高低决定了企业这辆“车”是否顺利到达。职业经理人拥有管理权力并非是要凌驾于员工之上，而是掌握更多、更大、更好的资源去服务企业主和员工；不是把自己放在高高在上的位置，总认为别人都不会，别人都不懂，我行我素，以我为中心。相反，越是谦逊的姿态，懂得深度服务他人，以能力服人，越能够得到企业主、同事和下属的认可。作为职业经理人，并不是拿“扣工资”吆喝的工头，而是团队的号角和旗手。职业经理人需要利用自身专长、影响力、平台资源及管理策略来帮助和带领员工，成为员工信任的“知己者”和“服务员”，从而促进企业良性发展。

杰克·韦尔奇：不改造、不升级的人无力担“将”

这是我亲历的一个案例。首届中国（成都）财富之春全球论坛上，皇明太阳能集团董事长黄鸣现场问世界第一 CEO 杰克·韦尔奇：与我一起打拼创业的管理团队，在公司发展壮大实现集团化以后，有一位从创业开始就一直跟随我到现在的高管（职业经理人），近年来缺乏学习，在公司论资历不论贡献，忽视本职责任和服务他人的意识，口头禅经常是“我和老板一起创业到现在，你们经历过吗？”他的管理能力也逐渐跟不上企业发展的速度，又不愿意让贤于有能力的人。在公司领导多次沟通后，不仅没有改变思想跟上来，反而威胁我：要带领上百人的骨干团队离开。对这样的职业经理人，我很犹豫，是去是留，到底该怎么办？

杰克·韦尔奇很直接地回答：他已经不是你的职业经理人了，是你企业的“The old thief”（老贼）。这个时代，不学习的人，就不会升级和改造自己，更缺乏服务于他人的心态和能力，他已经失去做“将”的角色能力。即便能力再强，也只能代表曾经，他留下就是让更优秀的人离开，希望你不要犹豫，也不值得犹豫。

后来，黄鸣董事长回去后向这位职业经理人阐明自己的决定，让他选择：①降级降薪，3～6个月后自我改造通过董事会考核，继续聘用，职级和待遇按新聘任岗位落实；②离职，但员工是否能带走，由人事部门逐一沟通后，对去意已决的员工统一办理离职手续。这位职业经理人思考再三，最终选择个人离职。

“千军易得，一将难求。”选择职业经理人，对于企业发展来说是一个攸关未来的考验。纵观当前中国企业现状，职业经理人队伍与国外存在着较大的差距。这种形势下，企业对真正“将才”的渴望更加强烈。企业想要寻得“将才”，需要企业主反复考量：明确职业经理人的职业化要求和标准，确定职责边界和对应权责利。将真正有眼界、有格局、有素质、有能力、有作为的“将才”引进企业。作为职业化经理人，也必须以企业的信任和托付为首要责任，不断升级和改造自己，通过多渠道的学习突破，使自己的能力符合管理职位的职业化要求，努力成为整个企业的职业化标杆。

青刚老师课堂语录

- 平台再好，你不上台，就永远是个局外人。
- 要有职业化的员工，首先要有职业化的管理者。
- 统一思想，同频共振，是管理者带好职业化队伍的“八字方针”。
- 优秀将领不断引导和激励士兵，而非凌驾权力搞“官兵对立”。

中国式管理：从“管”向“理”转变

近年来，每年至少有上百位职业经理人在我跟前发过类似的牢骚：现在的 90 后、95 后太糟糕了，这也不行，那也不好，什么都做不了，一点也不像我们这代人，真让人着急。

我就经常问四个问题：

问题 1：现在是 2019 年，1990 年出生的人多大了？

答：29 岁！

问题 2：90 后、95 后只到你的企业还是大面积到各行各业？

答：各行各业！

问题 3：90 后、95 后身上的优点有哪些？这些优点你有没有？

答：没想过。

问题 4：对照 90 后、95 后，有没有觉得自己应该在哪些方面有所改变？

答：不知道。

眼看着 00 后即将全面进入我们的工作视野，真让人着急。作为管理者请思考，你都不了解你的员工群体发生的规律性变化，如何统一思想、集中指挥？当你觉得 90 后、95 后工作很糟糕的时候，要看清楚：90 后马上都到而立之年了，95 后也到了晚婚晚育的年龄了，00 后要全面进入人力资源市场了。不管你是否认可，90 后、95 后都已经到你的企业，来到了你的身边，成为你的同事，接管你的工作，他们是一个时代。你总是用老方法、老经验，管理新员工、解决新问题，到底是他们所代表的时代该顺应你，还是你应该顺应这个时代？不管员工是70后、80后、90后还是00后，他们和管理者之间不是对立关系，而是融合关系。职业经理人要想不那么快被“赶到沙滩”上，就应该重新认识新生代员工，换位思考他们的所思所想，并以此为出发点，调整自己的管理思维和管理方式。

管理的核心：理人施管

从日常的管理经验来说，管理通常被定义为“管人理事”。但越来越多的新生代员工不接受强制性的“管”，甚至会因为你的“强管”而辞职。其实，这是因为管理的重心已经发生了转移，由以前的“管人理事”潜移默化地向“理人管理”转变，“理”的是人心，“管”的是事务。人是万物的核心，管理人心首先要研究人性。从古代开始，历代皇帝就认定了人性中善变的因素较多，因此就将教化民众、以德治国视为最基本原则，强调“得民心者得天下”这一儒家思想。中国职业经理人尤其要重视新时期各年龄阶层员工发生的微妙变化，思考他们在期待什么、恐惧什么，把员工的想法放在管理的第一位。只有用同理心去对待员工，才能让员工义无反顾地为公司效力。职业经理人的管理偏离了方向，“以管代理”或者“管而不理”，你的管理肯定越来越难。在这个双向选择的时代，不是你淘汰员工，而是员工淘汰你。

管理的前提：统一思想

统一思想即思想同频，凝聚共识，信念一致，上下达到同心同德的境界。员工就像铁块中的一个个小磁极，一般情况下小磁极杂乱无章地排列，铁没有磁性，也就不会表现出磁力的吸附作用。当南北磁极规则排列、方向一致就显示出磁力，成为磁铁。如果一个企业能够在转型升级中统一思想，在危机之中统一思想，在有争议时统一思想，在面对竞争时统一思想，那这个企业就具备了基本的竞争优势。

聪明的人会过滤无关紧要的信息，将思维焦点集中到最重要且紧急的事情上。春秋末期，孙武继承了鬼谷子的心学理论，完成了影响后世的《孙子兵法》，其战争思想就是——“集中力量办大事”。他强调作战之前，首先要有作战动员，制定作战计划，且让所有将士形成共识，立下军令状，每个人都必须按照这个计划来统一行动。我们不妨想想，如果战前没有统一思想，作战计划缺乏明确共识，士兵上了战场之后各自为营，有人冲，有人歇，有人拼，有人躲，那么，战场一定是一片混乱，敌军也会趁乱取胜。

王永庆：管理就是要寻找“最大公约数”

台塑集团创始人王永庆，被誉为台湾的“经营之神”。作为集团的最高领导，他强调最多的是“统一共识，合力发展”。他经常在董事会上寻找不同意见的“最大公约数”。哪怕会议中硝烟弥漫，冲突争吵不断，他都能让各位管理者载笑而归。因为他每次会议总结都这样说：“今天会议取得了许多共识，大家都能顾大局、向前看。这是大家集体智慧取得的成果，来之不易，大家要珍惜这种共识。”面对这样的结束语，即便有些人还有不同意见，但都会尽量调整，折中妥协，或者会后点对点解决，不会在会场上争论不休。

王永庆认为，业绩不是讲出来的，而是团队努力后产生的。他经常强调：团队有共识，思想能统一，员工的使命感才会强，管理就能做得好，自然就会有不俗业绩。他从来不强调业绩，他认为成功经营之道来自对三个方面的重视：

第一，他希望每次会议、每次谈话都能和下属有最大程度的共识，彼此心服口服，而不是阳奉阴违，这样不会有分歧，步调才会一致；

第二，他要求下属不断地调整自己，学会从不同角度理解别人，为他人着想，这样在合作中才能顾全大局，产生共鸣；

第三，他要求下属执行之前反复梳理不清楚、不明白、不同意的事项，逐一进行沟通和确认，没有认同宁可不执行，形成认同后必须严格执行，不允许事前糊涂应允，事后委屈逃避。

在王永庆的治理下，台塑集团在世界化学工业界居50强之列，他个人也屡登台湾首富之位。

管理的原则：完善治理制度

我读过一个《子贱治单》的故事。子贱是孔子的学生，七十二贤人之一，他曾奉命治理单父（今山东菏泽单县）。当他到任以后，却时常弹琴自娱，不管政事，但他所管辖的地方却治理得井井有条，民兴业旺。这使那位卸任的官吏百思不得其解，因为他每天即使起早摸黑，从早忙到晚，也没有把地方治好。于是他请教子贱：“为什么你能治理得这么好？”子贱回答：“你只靠自己的力量去管人管事，大事小事亲力亲为，所以十分辛苦；而我却是借助规制、依靠风俗来顺应民心，我只管一小部分不合规矩之人之事。”

“无为”是追求，“治理”才是道路。对企业来说，真正需要的是一个懂得“治理”的职业经理人。职业经理人要充分利用好公司的管理制度，包括制度的建立、修订、完善、应用等。制度不仅是紧箍咒，同时也是激励手段。履行刚性的管理制度必须融合弹性的企业文化，这才是最好的治理效果。不能只要求员工自发自觉地去工作，而是要不断要求自己有更高超的管理艺术。

治理制度是保障一个企业正常运行的基石，随意践踏制度的管理注定是失败的管理。管理者最忌讳而又最容易犯的错误就是把个人意志凌驾于制度之上，长此以往，制度形同虚设，员工的行为、公司的运行必然产生不可逆转的偏差。

刘邦在治理国家上花费了很大的精力，尤其是对于军功臣子的权责管控、功过制度的设立、法律体系的完善等方面。他不仅采用了叔孙通（汉高祖九年为太子太傅，司马迁尊其为“汉家儒宗”）制定的礼仪标准，还要求陆贾（西汉思想家、政治家、外交家）著书论述秦朝败于天下的教训及治国之道。可见，刘邦是典型的实用主义者，治臣用的是儒家思想，治民用的是法家思想。职业经理人要树立“制度高于一切”的管理原则，把制度的建立和完善始终放在首位，坚决抛弃“法不责众”的思维定式，这样才能将管理落到实处，将每个员工的积极性调动起来，给企业创造更大的实效价值。

管理的目的：效益效率双提升

我经常在职业经理人的培训中指出：职业经理人的价值就是通过你的职业化持续让员工提高效率、企业提升效益。管理的本质是协调，协调的中心是人。那么，管理的真正目的就是：企业效益的提升和员工工作效率的提升。职业经理人要把为企业持续创造价值作为职业的追求。

恩格斯说过：当真理触犯利益的时候，也是谬误。这句话从一定程度上表明了很多人面对利益的时候是如何决策的。一切管理都围绕努力提高效益和提升效率展开，但并不是一切管理都是有效益的。不少企业机构臃肿、流程复杂、闭门造车、不愿创新等都是管理不善造成的成本消耗。因为管理使分散的人、财、物结合在一起，可以产生积极效应，也可能产生消极效应。搞清影响管理效益的因素，对于实现管理目标具有重要意义。管理效益最主要的因素取决于管理者的职业化能力。对于职业经理人来说，一旦管理上的非职业化决策与企业的利益持续冲突，那么这个管理决策一定是错误的。不管以何种方式来管理团队，职业经理人始终都要记住：盈利才是企业的最终目的。

管理的关键：解决实际问题

所有的管理书籍都会告诉我们，管理是一门艺术，也是一门科学。中国企业强调管理艺术，西方企业强调管理科学，其实这两者不矛盾，最好的做法是兼容并蓄。而把这两者结合得最好的是日本企业家，他们把中国儒家智慧与西方管理理论结合，有了诸如稻盛和夫的“阿米巴模式”、松下幸之助的“实践经营理论”等企业管理者风靡学习的管理法宝。管理之所以是艺术，是因为管理需要面对的是充满个性的人；而管理是一门科学，就意味着管理是有规律可循的，管理者所要做的就是要按照管理规律解决实际问题。企业没有问题，也就不存在管理，就更谈不上管理者的岗位了。

俗话说：将帅无能，累死三军。找不到解决问题的突破口，来自企业主和下属员工的压力，会让职业经理人备受煎熬。职业经理人解决企业的实际问题，必须具备四种能力：

（1）敏锐判断企业（行业）问题的爆发点；

（2）快速提出企业系统性的问题解决方案；

（3）打造针对性强的本企业护航管理模式；

（4）查漏补缺杜绝企业再次发生重复问题。

管理本身没有对错之分，只有适合与不适合。职业经理人抱着尝试的心态去管理，代价是很大的。真正核心的，是企业现在和未来面对什么样的问题，需要什么样的管理，有哪些成熟的解决之道，这才是关键。杰克·韦尔奇坚持接班GE（美国通用电气公司）的职业经理人一定要在GE内部产生，因为这样风险更小；而HP（惠普）则坚持新的CEO要空降兵，以期带来新的改变。我们能说选拔接班职业经理人的方法，是GE的对还是HP的对吗？管理的结果是这两家公司在两位新CEO的带领下均保持同行业世界领先的地位。远大空调强调近乎苛刻的管理制度，美的看重的是授权独立的文化，你也无法说他们谁对谁错，因为两家公司在各自的领域都是佼佼者，他们都是用适合自己企业的方式在解决问题，保障企业持续、稳健地发展。

青刚老师课堂语录

- 只有旧的思维方式，没有旧的时代。
- 企业没有问题，也就不存在管理，管理就是为了解决问题。
- 管理者的左手是企业文化，右手是管理制度，软硬兼施，宽严相济。
- 让解决问题的人高升，让制造问题的人让位，让抱怨问题的人下课。

企业GPS：“楚河－汉界”的管理角色定位

彼得·德鲁克先生曾经说过：“企业能够模仿的唯一组织结构就是军队！”

军队的组织结构中，将军的角色定位是：接受统帅下达的任务，并对任务进行分析，确定组织目标，制定执行方案，激发团队士气，带领团队作战，完成目标任务。要完成这样的使命，如果上下错位，就难以形成合力。企业运营系统中，企业主是决策层，职业经理人是管理层，员工是执行层。职业经理人扮演的就是“将军”角色，要不断确认和修正自己的角色，上层管理指挥差一毫，下面执行就会差一米，最后到了客户那里可能效果就会相反。所以，职业经理人要分清与企业主、下属员工的“楚河汉界”，明确自己的能力和角色边界。职业经理人在企业内部扮演四种重要角色：战略设计合作者、变革升级推动者、人力资源开发者、资产增值管理者（见图 1-1）。

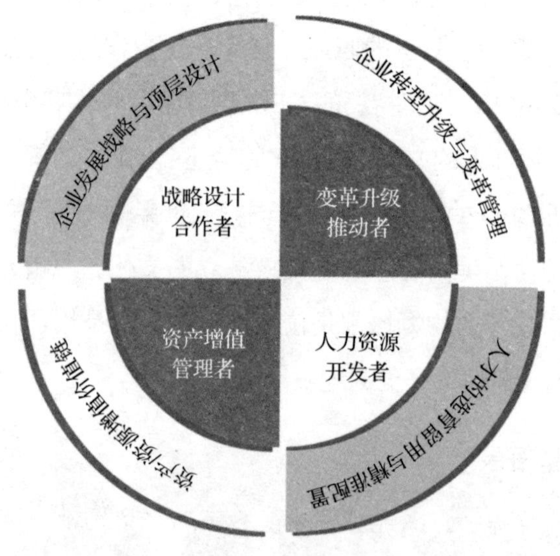

图 1-1　职业经理人的角色定位模型

“将”要做“帅”的“左右臂”

有人说，企业主与职业经理人只能是“情人”关系，好的时候如胶似漆，破裂的时候反目成仇，职业经理人终究没有办法与企业主平起平坐，登堂入室。这个说法我不认可，这就把职业经理人的角色定位搞错了。我认为，最恰当的比喻应该是“君”与“臣”、“帅”与“将”的关系，“君”对“臣”要有信任，

“臣”对“君”要有敬畏；“帅”是“将”的最高决策者，“将”是“帅”最信任的左右手，这样才能君臣合赢，帅将同契。在一个有信仰的企业里，具有相同信仰的职业经理人与企业主一定是优秀的合作者，企业无论是对外环境的适应，还是对内资源的整合，所有工作都必须建立在公司清晰一致的信念体系下。职业经理人是联系企业主和员工之间的桥梁、纽带、通道、翻译。

“千万别和老板讲对错！”这是我为职业经理人讲得最多的一句话。作为职业经理人，首先，要换位思考，站在企业主的角度考虑问题，特别是刚到企业履职的职业经理人，不管事前沟通得多好，不要试图在短时间内改变企业主的想法和做法，更不能在沟通中讲“你是错的”。这是职业经理人情商低下的表现，很多老板的观念很难在短时间内改变。其次，与企业主沟通要用事实说话、用数据说明、用行动证实。积极与企业主沟通，形成工作默契。再次，用职业化的管理方式影响企业主，用建立起来的原则制度反复与企业主确认共识。很多企业主习惯性怀疑，就像大家买东西时习惯性讨价还价。只要你坚持和老板聊这件事，并用肯定的语气和已有的共识去引导老板，他会被影响并重新考虑你提出的方案。

诸葛亮：鞠躬尽瘁，君臣合赢

刘备三顾茅庐请“卧龙先生”诸葛亮出山。自此之后，诸葛亮一心为蜀，三分天下建立蜀汉，舌战群儒，联孙抗曹，用心辅佐刘备，使蜀汉丰衣足食。刘备夺取荆州失败后，诸葛亮并没有另谋新主，依然尽心尽力辅佐刘禅，并率兵北伐中原，最终积劳成疾，病逝五丈原。

在与诸葛亮的合作中，刘备每日“合揖三百躬”（每天双手合十作揖三百次请教诸葛亮），言必称诸葛亮“先生”而自比“学生”，这是刘备的格局与胸怀。诸葛亮也没有让刘备失望，他一生为了蜀汉鞠躬尽瘁、死而后已。即便是在两次北伐失败后最困难的时刻，他也没有放弃，而是竭尽全力完成刘备临终时的托付，也正是诸葛亮的全力以赴，为蜀汉带来了多年的发展与和平，同时也让他留名青史。

再好的搭档，也会有工作上的分歧，诸葛亮与刘备也不例外，如诸葛亮反对刘备伐吴，但这并不影响他们的君臣关系。在中国的封建历史中，功高盖主的臣子有好下场的不多，但诸葛亮是个例外。成都市中心有个蜚声海内外的景点——武侯祠，这是中国封建历史上唯一一座君臣合祠的祠庙，也是君臣和谐相处的典范。试想：在严格的“君为臣纲”的封建制度下，为什么他们能放在一起入祠纪念？没有诸葛亮的努力侍主，没有刘备的高度认可，恐怕我们看不到今天的“君臣合祠”。作为“职业经理人”的诸葛亮，缘何得到“老板”刘备如此敬重，武侯祠有副名联书写了诸葛亮的一生，可以明鉴：

上联：一生惟谨慎，七擒南渡，六出北征，
何期五丈崩摧，九代志能遵教受；
下联：十倍荷褒荣，八阵名成，两川福被，
所合四方精锐，三分功定属元勋。

“将”要做“士”的“知己者”

中国古语云：士为知己者死。职业经理人要做员工的“知己者”，才能让员工自觉、自发、全力以赴投入工作。所谓“知己者”，就是要俯下身，倾听员工的心声，甚至员工的抱怨，并且主动为他们解决实际问题，做一个员工愿意信任、愿意托付、愿意与你共事的“知己”。作为企业的“将军”，职业经理人要有“扶上马，一路同行”的格局，告诉员工如何做好工作，对于做什么，以什么样的方式做都必须要给予清楚、明确的指示，并且制定有效、可行的计划帮助员工执行任务。在执行过程中，员工可能会遇到工作上的困难或瓶颈，职业经理人要竭尽全力帮助员工排忧解难。同时，职业经理人要加强对员工的职业化业务能力和正能量心态（状态）的培养，制定持续性的培训计划，不断提升员工的综合技能。

调查表明：员工的工作能力 70% 是在直接上司的训练中得到的。如果想让下属取得好的工作绩效，职业经理人就必须成为他的教练，在工作中不断地训练和培养员工，而不是嫌弃员工，要让优秀的人才在公司的主战场和第一线感受到自己的价值。作为教练，需要遵循四步原则：

第一步：说给他听（讲清楚要求、规范、原则、完成时间）；

第二步：做给他看（亲自示范，针对重点、难点进行演示）；

第三步：让他说给你听，做给你看（重要事情重申复述、检查工作薄弱点）；

第四步：现场辅导纠偏，反复带教，养成习惯（优秀 = 好习惯）。

以上都是在教会员工如何做事，除了这一点，职业经理人还有一个职责：教会员工如何做人。职业经理人必须信任自己的员工，并培养他们对企业的忠诚度、信任度、责任感和使命感。一旦员工对企业产生了归属感，就会全身心投入地为企业工作。除了要给予信任，还需要体恤员工，鼓励员工，敞开胸怀接受员工提出的合理意见和建议。只有得到了员工的信任和支持，才能够更有效地指挥员工执行有难度的任务。

李广：与士兵同吃同饮同生死

李广是西汉名将，少年从军，抗击匈奴。他作战英勇，汉文帝大为赞赏，乃一代名将。

李广为将，十分廉洁，经常会把自己的赏赐分给下属士兵，且与士兵一起同吃同饮。他做了四十多年的将军，却只有两千石的俸禄，家里没有多余的财物。他从来不爱谈及家财的事情，深受士兵的拥护和爱戴。

李广爱兵如子，遇到任何事情都会身先士卒。他对待士兵宽缓不苛，这种做法使得士兵心甘情愿为他出生入死。在对军队的管理中，他不仅教会了士兵怎么去打仗，更是教会了士兵该如何与人相处、团结队伍。行军中，遇到缺水断食，等见到水和食物的时候，如果士兵没有全部喝到水、吃到饭，他都不会去喝水、吃饭。因英勇善战，匈奴畏服，他被称为“飞将军”，数年不敢来犯。唐德宗李适将李广等历史上功绩卓著的名将供奉于武成王庙内，被称为武成王庙六十四将；宋徽宗时追尊李广为怀柔伯，位列宋武庙七十二将之一。

所以说，真正的职业经理人，需要知道领导要什么，也需要知道员工想什么，并且要同时满足这两者的需求。对于职业经理人来说，需要从以上两个角度来明确自己在企业中的定位，在属于自己的位置上发挥出最大的效用，为企业创造更多、更大的价值。

青刚老师课堂语录

- 再出色的将军，一个人也赢不了一场战争。
- 管理者要用事实说话、用数据说明、用行动证实。
- 你的责任就是你的方向，你的能力就是你的资本。
- 复杂的事情简单做，你就是专家；简单的事情重复做，你就是行家；重复的事情用心做，你就是赢家。

企业 DNA：基业长青的持续内驱力

四流的企业靠关系，三流的企业靠产品，二流的企业靠战略，一流的企业靠文化。企业的 DNA 就是企业文化、管理制度、行动力的力量集合。随着企业竞争的加剧，职业经理人不仅需要胜任管理工作，还要为团队植入与时俱进的文化基因和制度设计。越来越多的实践表明：企业需要的是能够统领全局的“将军”，企业竞争中的“战地指挥家”。

接受任务，制定“兵法”

《孙子兵法》云：“谋定而后动，知止而有得”。管理部署是职业经理人管理的主心轴。企业的决策如同作战用兵，必须做到三思而后行，从而实现“未战而庙算胜”。管理部署不是简单地告诉员工需要干什么，然后等待他们把任务完成、给你交差这么简单，如果职业经理人只会这么带团队的话，团队就只能被动地“应付作战”，而不是“主动迎战”。管理者制定的计划或方案，好比古代军队的将军作战时使用的“兵法”。如果将军没有兵法，不懂作战计划，而是接过统帅下达的任务就鲁莽出兵，士兵怎么知道该怎么打？朝哪儿打？敌人是谁？敌人实力如何？结果，到战场一片混乱，很快就会被敌军打得溃不成军。职业经理人指挥企业军团，战略上听命令，战术上训练有素，上了战场指挥官一声令下，所有人员都知道自己身处什么位置，进攻什么方向，自己的任务是干什么，这样才能快速制胜（见图 1-2）。

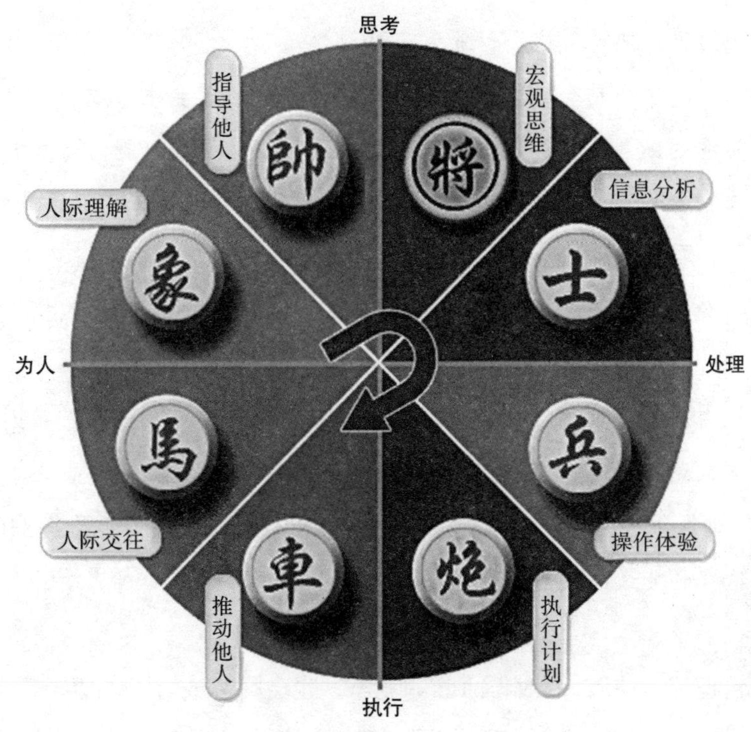

图 1-2　职业经理人岗位能力棋盘模型

商盛斌：三招“基因”改造让企业起死回生

曾为和记黄埔集团招商总监的商盛斌，四次辞职最终获准。之后加盟当时名不见经传又奄奄一息的企业——金月汇精致月子会所，担任总裁，成了跨界最大的职业经理人。此时的金月汇困难重重：高管出走、加盟商解约、员工排队辞职……众目睽睽之下，所有的希望都寄托在了这位空降的职业经理人身上，他能否开好局、起好步，股东的心里还是问号。

作为职业经理人，商盛斌干的第一件事不是借助自身资源拉升业绩，而是选择了一条匪夷所思的路：让原有运营人员重新考核上岗，不合格的退出；然后关门开始做最费力不见效的练内功——内部管理重塑和运营系统优化。他快速从企业病症出发，着手从国家生育政策（当时全面二胎政策呼之欲出）、客户心态调查分析、标准化服务流程、经营模式改革、内部管理团队重建等多方面大刀阔斧地改革，他觉得这个行业大有可为。

随后，在一次全员会议上，商盛斌高调地给一位前台主管发放了 8000 元的奖金，因为他的勤恳工作和优秀的服务得到了客户的高度表扬。与此相对应的，他当场宣布消减中高层领导的工资，补底层员工的工资——“割领导的肉给员工熬汤喝”。有股东担心：这么干高管不干怎么办？商盛斌的回答：如果企业到了革命的生死关头，管理层还只考虑个人利益的话，那他也就是我要革命的对象了。

通过“内部管理重塑、外部市场重建、分配机制重定”三招“基因”改造，这家濒临死亡的企业重新焕发出勃勃生机：业务覆盖全国 20 个省 2 个直辖市，拥有 68 家母婴会所、23 家产后恢复中心，1900 多张床位，年服务 23000 个产后家庭。这家企业最终成为行业翘楚。

懂得管理“兵法”，面对再激烈的竞争，也会胸有成竹。职业经理人的过人之处，就是有一个职业化的管理基因，复制该基因让员工能够齐心协力来完成企业目标。商盛斌就是这个商业战场中临危不乱的管理指挥家。

精心组织，带好自己的“兵”

如何能带出一支训练有素的团队？如何才能挖掘每一个员工的潜力？这是作为一个企业竞争中的职业经理人必须考虑的事情。企业的管理中会遇到各种各样的难题，如果每一个问题都需要职业经理人亲自上阵，就算你是三头六臂，也无法让企业和员工轻装上阵。“将军”要明确自己的定位，组建“招之能来，来之能战，战之能胜，胜而不骄”的优秀团队。在具体管理工作中，积极推崇和强调：汇报工作说结果，请示工作说方案，总结工作说流程，布置工作说标准，关心工作问过程，交接工作讲程序，回顾工作谈感受。善于组建一支优秀的团队，是企业的职业经理人必备的职业能力，而如何去挖掘出团队的潜力，是检验一名职业经理人是否合格的标准之一。

比利时的路易斯·卡夫曼所著《不懂带人，你就自己干到死》一书中谈到管理者带好团队的七个步骤，供大家参考：

（1）建立良好的工作关系，创造积极的工作环境；

（2）调节员工情绪，从积极的角度看问题；

（3）帮助员工设定正确且可实现的目标；

（4）调用自身资源，帮助员工解决问题并达成目标；

（5）赞美员工的某个行为，让员工得到肯定；

（6）让员工对工作进度做自我评估，有效完成任务；

（7）少问“为什么”，多问“怎么办”。

慧眼识金，用好“两书一表”

职业经理人要学会指挥“千军万马”，而不是一个人孤军奋战。这就要求职业经理人必须懂得指挥原则，要知道如何下命令，如何建立督查系统，如何建立复命系统。能快速解决员工关于项目计划或者方案提出来的问题，给予准确而清晰的执行路径。同时，要学会善用职权，要求全员以目标为导向，为成果而工作。将复杂的程序简单化，让计划更具操作性。除此之外，还应该具备的技能是“慧眼识金”，做到让合适的人干合适的事，让专业的人干专业的事，让优秀的人干优秀的事。

职业经理人心中必须明确员工的权、责、利，规范落实“两书一表”[两书：岗位说明书、业务指导书；一表：日清日结工作管理表（见表 1-1）]。全程支持员工全力以赴工作，并及时对其工作进行正确的指导、监督和评价。这样能够保证工作高效、有序并持续地开展，真正做到“个人魅力和职位权力”的完美结合，从而成为一名企业管理战场中游刃有余的“指挥家”！

表 1-1　日清日结工作管理表（OA 版）

姓名：　　　　　　部门：　　　　　　　　　　　　　　年　　月　　日

当日计划工作项目	计划时间	实际时间	完成效果 / 差异分析	解决措施	责任人	整改期限
当日临时工作项目	计划时间	实际时间	完成效果 / 差异分析	解决措施	责任人	整改期限
呈报问题						
明日重点						
自我评级	□A　□B　□C		主管评级	□A　□B　□C		
主管意见						

青刚老师课堂语录

- 职业经理人要以目标为导向，为成果而工作。
- 没有人能逼着别人把事情做好，除非让他心甘情愿去做。
- 职业经理人既是管理制度的“工程师”，又是企业文化的“引导师”。
- 一头狮子带领的绵羊团队，终能战胜一只绵羊带领的狮子团队。

为将之道：叱咤管理靠什么

“善用兵者，屈人之兵而非战也，拔人之城而非攻也，毁人之国而非久也。必以全争于天下，故兵不顿而利可全，此谋攻之法也。”这段话出自《孙子兵法·谋攻篇》。大意为：善于用兵打仗的人，能使敌人屈服而不依靠对垒交兵，拔取敌人的城邑而不依靠强攻，毁灭敌人的国家而不必旷日持久。一定要用全胜之策去与列国诸侯争胜于天下。只有这样，才能既使兵力不受顿挫，又使胜利圆满取得。这就是以谋略攻敌的法则。

职业经理人的“全胜之策”“为将之道”是什么呢？

管理和被管理，是一对矛盾。正是因为企业有问题，才需要管理，也正是因为一般人解决不了问题，才有了专门为解决问题而生的职业经理人。企业发展离不开解决问题和持续创新，中国式的职业经理人必须用中国人的智慧解决管理问题。老子讲“万物负阴而抱阳”，意即矛盾的作用力不仅存在于万事万物之中，也深藏于人的行为、情感和心理之中。管理因企业内部矛盾问题而生，这个“策”和“道”，其实就是不断总结管理矛盾中相生（相互促进）、相克（相互竞争）、转化（相互依存）、共存（相互稳定）、互惠（相互受益）、相比（相互优势）、统一（相互过渡）这七大事物运动和变化的根本规律。

中国式职业经理人要从中国人的人性出发，既要讲原则，又要懂务实，职业生涯才能顺利发展，否则即使干劲冲天，也会面临四面楚歌的境地。中国绝大多数企业是金字塔结构，职业经理人的为“将”之道要赢得上司认可、同僚支持、下属推崇，这样才能让你的管理才华显现，要切记四条禁忌：

（1）不要强出风头，不做企业领袖，企业领袖永远是企业最高领导；

（2）不要替民请愿，企业主请你来管理，不是来裹挟民意颠覆管理；

（3）不做“山大王”，妄自菲薄、唯我独尊，要放下高冷融入企业团队中；

（4）不能有过归人、有功归己，你的责任能承受多大，你的回报就有多大。

方洪波：职业经理人是想干事的人的最大归宿

方洪波，美的集团董事长兼总裁，中国第一代职业经理人的典型代表。他带领美的集团成为进入《财富》世界500强的中国白色家电公司。

起初，学历史出身的方洪波，并未感到特别迷茫。但自从他离开国企，进了美的之后，人生就开始改写了。从广告科的经理到营销公司的总裁，再到美的集团最大业务板块空调事业部的总经理，直到成为掌舵人。在他之前，中国职业经理人的命运还是未知数。在他42岁的时候，已经执着于职业经理人这条伴随荆棘的探索之路，离他之前的文人理想和精神渐行渐远。为此，他还会经常感到烦恼，但企业的发展目标和事业使命让他没有烦恼的时间。他有明确的职业定位，他是一名被信任、被托付的高层管理者，需要的就是坚定信念和明确判断。他认为，美的的平台成就了自己，是自己想成就事业的最大归宿。他在管理中最推崇的理念是：从个人英雄式到体系英雄式的职业化管理。

竞争无涯，唯变是岸——这是方洪波曾经在美的年度销售大会上，作为职业经理人的报告主题。方洪波用自己的话概括自己的职业生涯：走上了一条信誓旦旦、自信满满的不归路，只能向前跑，不能回头。

方洪波的职业生涯故事足以让我们了解职业经理人群体独特的驾驭能力和执着、自信。需要有明确的自我身份确定，更要懂得确认身份后如何“身先士卒”。职业经理人要敢于切断自己的后路，一路向前，砥砺前行。从某种程度上来说，“后路”只是逃避的另一种说法。留后路，就是潜藏着懈怠和自我安慰。作为企业的“将才”，既要埋头兢兢业业地拉车，也要抬头看路，明辨方向，这不仅是一种自我要求，更是在给员工树立榜样。

那么，叱咤管理靠什么呢？

职业经理人不是身处企业的旁观者，而是事业共同体、利益共同体甚至命运共同体。作为职业经理人，你的角色不再是个人贡献者，而是建立正确的环境和条件，让下属发挥极致能力、让团队发挥潜在优势。职业经理人的成功，不再是个人英雄式的自我成功，而是所带领团队、所管理企业的整体绩效增长。评价的标准，不仅要看职业经理人个人的成长速度，更看重其带领团队的成长速度。成功的人总在思考“怎样改变才会比现在做得更好”，失败的人总在思考“怎样做才能稳定地维持现状”。企业转型升级的关键时期，为职业经理人发挥能力、叱咤管理提供了难得的事业平台，职业经理人必须在管理实践中不断积累战略规划能力、驾驭管控能力、处理突发事件应变能力、同频沟通能力、监督执行能力、多维协调能力、创新决策能力等职业化能力。这样才能如不倒翁一样，永立职场不败之地。

青刚老师课堂语录

- 成败听之于天，毁誉听之于人。
- 路在人走，业在人创，事在人为。
- “后路”是职场懈怠和自我安慰的代名词。
- 跟上时代就不惧怕任何逆境，唯有如此才不担心会被淘汰。

第二章

心道赋能：治心修身，强我利他

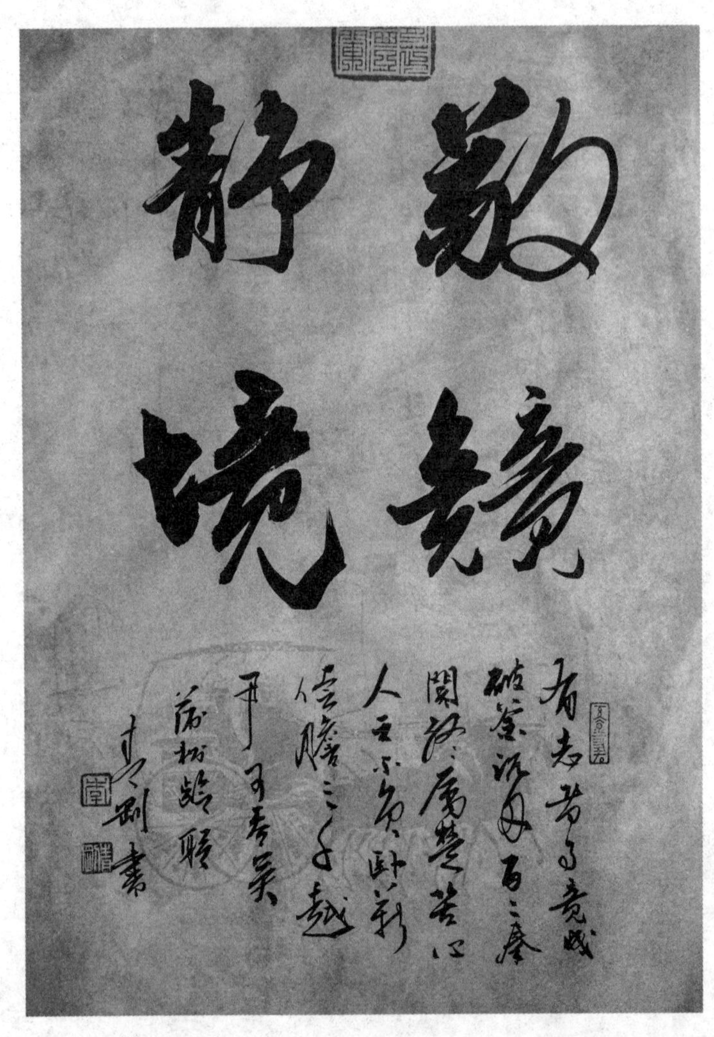

有志者，事竟成，破釜沉舟，百二秦关终属楚；

苦心人，天不负，卧薪尝胆，三千越甲可吞吴。

——《敬竟静境》

自觉：身心过门，自觉归属

分享一个很有意思的故事：洞房花烛夜，当新郎兴奋地揭开新娘的盖头，羞答答的新娘正低头看着地上，忽然间掩口而笑，并以手指地："看，看，看老鼠在吃你家的大米。"第二天早上，新郎还在酣睡，新娘起床一声怒喝："该死的老鼠！敢来偷吃我家的大米！""嗖"的一声一只鞋子飞了过去。新郎不禁莞尔。

从"你家"到"我家"，是新娘心态的转变，算是真正的"过门"了。很多职业经理人都会把"我把公司当自己的公司"挂在嘴边，承诺会以主人的心态去工作。可往往进入角色后，内心里却带着"拿人钱财为人做事"的想法，怀揣的是打工心态。这样的人永远难登企业大任之职。真正将自己和企业融为一体并处处以企业利益优先的职业经理人，他的作为一定会被老板和员工记在心里，关键时刻委以重任。

不止身"过门"，心也要"过门"

企业中常见的管理者有两种做法：其一为"打工忽悠法"，即将工作任务分散给下属员工，事后简单检查成果后便汇报给企业主。只要老板没有提意见，就万事大吉。老板要有不满意或者更高要求，不是想着如何去完善，而是敷衍塞责、顺水推舟，实在不行就盘算"再换一个东家"；其二为"争利避害法"，即满口答应老板的各种期待和要求，但在老板跟前对其他人的能力表现出不屑。而具体工作却全是让别人去完成，汇报业绩硬要说是自己独立完成的，若做得不好的地方，一定会说是员工能力不够造成，以争取自己最大的利益。这两种人仅仅是想个人在企业获利或者混资历，企业发展如何，口头上可能比谁都在乎，内心却觉得与自己没有什么关系。

要想担当企业更高的管理岗位，不是求老板给职位，而是要做到德、能、勤、绩、廉、学同步，得到老板和同事的高度认可。这就要求职业经理人要像古时忠臣良将一般，在其位、谋其事、担其责、成其事。一件事，既然你去做了，就应该去做好，而不是只会发号施令，更不应该处处只为自己着想，凡事应以企业为重，以责任为重，以职业操守为重。问问自己，在企业工作了这么久，你的心真正地“过门”了吗？表 2-1 是一份职业经理人融入企业程度的测试，你可以通过给自己打分，看看自己的身心是否都“过门”了。

表 2-1　职业经理人融入企业程度职业测试

序号	行为 / 心理	10 分	8 分	6 分	5 分
1	主动复命，践行企业文化				
2	保留意见，避免正面冲突				
3	说到做到，绝不夸张承诺				
4	团结同事，创造交流机会				
5	虚心求教，重视别人的价值				
6	绝不抱怨，保持职场正能量				
7	心态调整，最快适应新角色				
8	言简意赅，不浪费别人时间				
9	善于沟通，为他人换位思考				
10	接受挑战，喜欢面对新事物				

注：总分 91 ～ 100 分：胜任；81 ～ 90 分：合格；80 分以下：调整。

企业不只是企业，还可以是家

罗振宇在《罗辑思维》里面有一句话说得很好：我们应该把公司当成一支球队，有些人马上要退役，有些人是新秀，但这并不妨碍我们努力配合赢得一场比赛，因为我们是联盟，我们是一家人。

你进入这家企业为了什么？仅仅是为了挣钱养家？

企业对于你来说意味着什么？老板对于你来说意味着什么？

作为职业经理人，必须坚信自己所在的企业一定能够做好做强做大，自己作为企业重要的一员，一定能够出人头地，为之荣耀。要把企业主给予的信任和托付看成是自己一生事业中的重要平台，同步打造自己职业经理人生涯的品牌。企业是职业经理人终生事业的家，你进入这家企业，就是让自己的事业在这里安家。那些把企业当成“唐僧肉”，把自己的工作看作是出租劳动力换取报酬的打工行为，认为企业的荣损和自己无关，成就不了自己的事业巅峰。这样的“伪职业经理人”就如同将军作战，上了战场后发现敌我实力悬殊太大而不战即降。称职的职业经理人，既然加盟了某一企业，就是企业的主人，就会负起责任，始终坚定不移地走下去。

推脱逃避，不如主动面对

家里的水龙头坏了，你第一时间会修好；

公司的水龙头坏了，你也这样做了吗？

当企业遇到了问题，你在做什么？旁观、嘲笑、牢骚、推脱、逃避？还是主动积极地想办法去解决这些问题？你的心是否放在了企业上面就看你是否拥有主动的心态，就像你是否会主动承担家里出现的问题一样。其实工作和持家一样，称职的职业经理人发现企业的问题后，不逃避、不推脱，主动面对，迎难而上。不能身在曹营心在汉，要将全身心都带到企业中来，投入到工作中去。遇到困难全力以赴，不要用“尽力而为”这种借口来敷衍了事。

责任是职业经理人被信任的第一要义。责任提升能力，只有勇于承担责任才会不断成长。没有责任，工作就没有效率，企业就没有未来。只有负责任的职业经理人能得到公司信任，获得无限的发展空间，也才能在更大程度上提升能力、挖掘潜力。能力展示责任，能力越强，责任越大。公司为职业经理人打造展示能力的平台，能力的发挥就是责任的展示，负责任就是把自身能力转化为生产力，促进公司发展，同时也能够实现自身职业价值。

青刚老师课堂语录

- 旁观者的姓名永远登不上比赛的计分板。
- 职业经理人要把工作当事业，把事业当职业。
- 企业是职业经理人终生事业的“家”，要安“家”先安“心”。
- 自己打败自己是可悲的失败，自己战胜自己是可贵的胜利。

价值：被人需要，价值凸显

《三国演义》中，你是否思考过这样的问题：

诸葛亮从来不问刘备：为什么我们的箭那么少？

关羽从来不问刘备：为什么我们的士兵那么少？

张飞从来不问刘备：兵临城下我们该怎么办？

答案在于：诸葛亮懂得攻心战术草船借箭，关羽能够过五关斩六将、下属将士能够以一敌百，张飞会据水断桥吓退敌兵。他们都知道自己的工作职责和价值，所以，他们不会简单上交问题让刘备去解决。正因为这样，主公刘备要成就一方大业，离不开他们。

我经常问企业管理者一个问题：人生最大的价值是什么？

地位、财富、名誉、爱情……这些可能都是答案。有人开玩笑说：100 岁了照片还没有上墙，这就是价值；300 岁了，照片还在墙上挂着，这也是价值。这句话很有意思。有人反问我这个问题，我的回答很简单，人生最大的价值就三个字：被需要！

每个人都渴望自己被别人需要。你发朋友圈总希望很多人点赞，你出差外地爱人会为你牵肠挂肚，你做完工作总希望被领导和同事认可等，这些做到了就是满满的成就感和价值感。医生被病人需要，教师被学生需要，司机被乘客需要，董事长被企业需要，职业经理人被老板、下属、客户需要。即便是自己没有主动做什么，但你并非毫无价值地活着，被人需要、信赖、依靠、认可的价值是一个人最大的成就感。职业经理人的最大价值，同样来自被企业主和下属团队不可替代的“需要”。

2019年春节上映的科幻影片《流浪地球》，导演郭帆是一位80后，他在面对没有代表作、缺乏资历、资金不足等诸多困难的情况下，拍摄完成了这部人人称赞的影片，足以被写进电影学院的教材。电影杀青的时候，还未知影片上映会如何，他在场记板上写下了这么一句话：如果你想拥有你从未有过的东西，那你就得做你从未做过的事情！

职业经理人需要良好的价值心态。当你安于现状不再对事业有所追求，不再对自己的工作业绩和管理水平有所提升的时候，你对于这个企业来说，价值就在逐渐消失。职业经理人的价值就是对事业的持续热情和执着追求。尺有所短，寸有所长，每个人都有自己出色的地方，被别人需要的地方也不同。首先要端正自己的心态，要相信你所拥有的价值，总会被社会、被企业、被老板、被下属所需要。价值是什么？雁过留声，人过留名。不要总是孤芳自赏或者自叹怀才不遇。为自己想做的事、为需要你的人和你需要的人不留遗憾地去努力，那你的人生便具有了不同于其他人的意义和价值。

末位淘汰制：不断确认自己的价值

企业不养闲人，每一个人都有属于自己的价值，否则就应该被淘汰。“末位淘汰制”起源于GE前CEO杰克·韦尔奇多年的管理实践。他认为，让一个人待在一个他不能成长和进步的环境里是真正的“假慈悲”。因为在公司内部淘汰，他还有机会去寻找新的契机，如果放任自流，他最终很可能被社会淘汰，他的价值就会变得不被认可。

“末位淘汰”这种强势管理的引入，打破了国人喜欢安逸的传统思想，它把企业的压力内化为员工的工作动力，努力在员工中营造一种你追我赶的竞争态势，从而激发企业的活力。通常来说，末位淘汰的周期一般是一年一次，不可太频繁，否则就会出现人人自危的状况。末位淘汰的范围一般以小于5%的比例为宜，即 100 人的企业，一次淘汰 5 人以内。当然，这 5 个人并不是均匀分布的，有些部门可能一个也没有，而有些部门可能有几个，应视具体情况而定。

青刚老师课堂语录

- 唯有不断进步，才能保证勇立潮头。
- 你的人生就是一座富矿，期待你的努力开采。
- 职业价值 120 法则：能力是 100，行动力应该定 120。
- 当你觉得舒服的时候，请记住：其实这是危机最大的时候。

敬畏：敬重职业，敬畏团队

同学聚会，朋友见面，都会问起：在哪里高就啊？

总有个别人回答：在某某公司瞎混。

这样聊天就尴尬了，别人一下子会留下“这个不靠谱”的感觉。当然，如果老板在场的话，听到有员工回答“在公司瞎混”，估计要气坏了。

心存敬畏，就是对理性和良知的秉持。《论语·季氏》曰：“君子有三畏：畏天命，畏大人，畏圣人之言。小人不知天命而不畏也。”意思为：君子应该有三点敬畏：敬畏上天的意志（自然规律），敬畏德高的王公大人，敬畏圣人的言论。小人不知道上天的意志，因而他不惧畏，他轻慢德高的王公大人，蔑视圣人的言论。这里的“畏”就是“敬畏”的意思。放在今天的职场来理解，“畏天命”就是遵循做事的自然规律，“畏大人”就是做事要尊重领导权力，“畏圣人之言”就是用职业道德约束自己。

敬业是对职业的最高敬畏

宋代理学家朱熹说：“君子之心，常怀敬畏。”心存敬畏，才能行有所止。敬畏之心，既是一种人生态度，更是一种思想境界，理当成为职业经理人必备的职业素养。日本著名企业家稻盛和夫一生培育了两个世界500强企业，他的经营哲学集中到一点就是“敬天爱人”，这对今天的职业经理人很有启发。

曾经有一位老总学员，他告诉我一些案例：他招聘销售总监，来面试的人不少，绝大多数人从简历到着装都很重视，这些人即使我没有录用，但是我都记得，甚至最后成了朋友。但有些前来面试的人员，总让人很不舒服。（1）穿着很随意，也不带简历资料，就带着一张嘴来说，让人不由想起个别家庭主妇穿着睡衣去市场买菜的样子；（2）有的人和你谈话的时候，跷着二郎腿，脚尖就对着我或其他同事，还来回晃动；（3）还有的在我的办公桌前明确放着“请勿吸烟”的牌子，还要问我：我抽根烟没问题吧；（4）有的答非所问，谈话不顾及别人的感受，只谈自己关心的事情，比如谈了还没有5分钟，就迫不及待地问薪水和待遇，以及自己不愿意做什么。以上这几类人，我一般当面就会拒绝。不论他销售技能是否优秀，我都会告诉他，他的态度和行为不适合我公司的企业文化。其实，内心里我认为这些人招过来，一定会带坏整个公司的气氛。我不要求应聘者对我敬畏，而是希望他对自己应聘的这份职业、对这个平台敬畏。

敬业是对职业的最高敬畏。敬业是有利于他人与社会的高尚品质，同时也是实现自我价值的最佳路径。敬业的实质是爱，是对工作的热情与投入。敬重自己的职业，方能集大成而铸大业。世界上每一份正当、合法的工作都值得敬重。作为一名职业经理人，你如何看待自己的职业？又是如何去看待他人的职业？其实每一份工作都是高尚的，关键是看你如何去对待，你敬重自己的职业其实也是在敬重你自己，敬重他人的职业也是在尊重他人。职业没有高低贵贱之分，每一个团队都拥有你所想象不到的巨大潜力。在企业文化和制度规则面前无所顾虑，言语无畏而放肆，无疑只能是个散兵游勇，无法委以重任。

小张和小王：敬畏之心关乎事业成败

小张和小王是大学同学。毕业时，两个人都没能找到合适的工作，于是他们只好降低要求去一家工厂求职。当时有家工厂正好缺少两个生产车间的保洁工，在询问他们是否接受的时候，小张思索了片刻便同意了，因为他不想靠救济生活，不想再去等待。而他的好朋友小王，虽然看不起这份工作，但是暂时也找不到合适的工作，便也答应留下来。

虽然都同意留下来工作，但是两个人对待工作的态度却截然相反。小王从心里厌恶这份工作，认为这份工作太过于低贱，自己是一名大学生，怎么能干这种工作呢？因此每天工作的时候马马虎虎，车间主任以为他缺乏锻炼，并没有说什么。但是他在干了三个月后有一次因为自己工作出错但拒不接受批评，和车间主任大吵了一架，他觉得车间主任不会管理，在这里工作没有人能够看到他的能力，便辞职离开。辞职后他到处打零工，每份工作也都没有超过一年的，甚至一年换几份工作。同学、朋友问他为什么老是辞职，他都不屑一顾地回答：那个行业不行，那个企业不行，那个老板不行等，从没有想过他待过的企业给他带来的收获。久而久之，身边关心他的人也就疏远他了，谁也不愿意和一个目中无人还不反思的人长久待一起。

小张和小王是截然不同的做法。他把这家企业当作自己长期扎根学习和工作的起点，带着敬畏心去学习企业文化，他做事认真，敬重这份工作，很快就得到了生产部长的赏识，成为部长助理。因工作负责任，做人谦虚谨慎，主动加班，经常向车间资深员工请教不懂的东西。8个月后，部长就向董事长举荐了小张，小张成了董事长的秘书。在公司总裁办兢兢业业工作的四年时间里，每天领导还没有来他已经到了公司，并把领导上班的准备工作做得妥妥当当；下班后领导已经走了，他还在把领导当天处理的工作进行整理完善，并悉心为领导第二天工作做好计划和准备。工作之余，他周末参加在职研究生的进修学习，并努力提高自己的英语能力。董事长把他的成长都看在眼里，并且在工作内外了解到他大学是学广告学的，还在学校做过校园导演，他的广告创意得到过肯德基的创意奖学金，公司新设备的英文说明书也是他翻译的等。他的出色工作和个人能力得到了董事长及全公司的认可，终于在进入公司的第五个年头，被委以重任，担任公司的企划总监。以不到30岁的年龄正式跨入公司职业经理人的队伍，收入超过同龄人数倍。

担当是对团队的最高敬畏

什么叫团队？我认为，一起经历过风雨洗礼、跌宕起伏、浴血奋战、荣辱与共，依然迎难而上、所向披靡、创造奇迹、完成目标，这就是团队。如果做不到这些，那就是团伙。团队和团伙的区别是什么？团队有共同的目标、方向、使命和责任感，能互补共赢；而团伙最多只有共同的“口号”，口是心非，说而不动，没人担当，不愿同伴互助，一切只顾自己。

“担当”是什么？就是承担责任，遇到矛盾不绕道、碰到困难不退缩。敢于担当、勇于担当的职业经理人在企业中起着表率作用，是团队的主心骨，是勇往直前的核心动力，担当是对团队的最高敬畏。有多大担当才能干多大事业，尽多大责任才会有多大成就。万通控股董事长冯仑曾在一次论坛上谈到：要做“头儿”的角色，需要做到三件事：

第一，指道，给团队指明准确方向；

第二，扛事，敢于承担团队责任；

第三，牺牲，摆不平的事就牺牲自己的利益，就都能摆平。

一人难挑千斤担，众人能移万座山。职业经理人个人能力再优秀，也需要有一个敢于担当的团队和自己并肩作战，共同完成企业使命。一个人的能力毕竟有限，所以不要小看团队的力量，哪怕是一个小的团队，因为你不知道它会在那一天爆发出强大的能量。

敬畏心是对职业底线的坚守

近年来，“职业底线”成为社会热词。没有职业底线，利欲熏心，其实是缺乏职业敬畏心的最大体现。

勿以善小而不为，勿因恶小而为之。每个行业或者职业都有着相关的行为准则和道德规范，职业底线就是对职业操守、职业道德规范的最低要求。一旦缺乏敬畏之心，职业底线将频频被突破，成为“职业下限”，你的职业公信力也就受到最大质疑。明代著名思想家吕坤说：“畏则不敢肆而德已成，无畏则从其所欲而及于祸。”人一旦没有敬畏之心，往往就会变得肆无忌惮、为所欲为，想说什么就说什么，想做什么就做什么，最终必将吞下自酿的苦果。

唐僧：把“团伙”变“团队”的职业经理人

唐僧师徒西天取经，历经九九八十一难，一路斩妖除魔，跋山涉水，风餐露宿，历经万险，为何能够成功?

唐僧作为唐王委派西天取经的“职业经理人”，如何把“团伙”变成了“团队”，完成了取经这一宏伟目标?

《西游记》里的唐僧，有些迂腐甚至是非不分，但他有一颗慈悲心、敬畏心，凭借于此，他一路得道多助，终成正果。唐僧一行能够取得真经，完成其他神仙和妖怪都无法完成的任务，得益于三个方面：一是紧箍咒；二是共同愿景；三是彼此的敬畏之心。

紧箍咒是规矩、是底线，共同愿景是团队取经与个人成佛的完美结合，敬畏心是团队内部的彼此认同和团队外部的虔诚合作。而敬畏心恰恰是保证前两点能够落实到行动上的重要因素。唐僧对于佛法的敬畏之心，感动了天界神灵、地上百姓以及团队成员，让他们心甘情愿地去为他在取经路上保驾护航。作为“职业经理人”，唐僧同时也看到了徒弟们“打零工”最后也不会有什么大的出路，虽各有优长，却缺乏持续的发展平台成就自己。他为徒弟们树立了“成佛”的愿景，得到了徒弟们的一致认可。同样，也是孙悟空、猪八戒、沙僧、白龙马对师父伟大的取经事业（目标）的敬畏之心，让他们甘愿放弃当下的安逸生活，一路信心满满地攻坚克难，和师父一路取得真经，修成正果。

河流有了两岸的约束，才能奔向大海，我们唯有不失敬畏，知晓前行又懂得停步，知晓获取又懂得放弃，才能真正走向更精彩的远方。心存敬畏，是内在精神境界和价值追求的自然外化。在当今社会错综复杂的形势下，在形形色色的诱惑面前，作为一名职业经理人，面对社会、面对老板、面对职业、面对团队，只有心存敬畏，才能知方圆、守规矩，踏踏实实干事、干干净净做人，守住自己的职业底线。身在其位，肩负其责，不要以为自己职位高就看不起人，不要以为自己有些才能就可以恃才傲物。在顺利之时不要忘乎所以，在坎坷之时不要妄自菲薄。

青刚老师课堂语录

- 心存敬畏，坚守底线，方能心安理得。
- 只有发自内心的敬畏，才会无怨无悔地付出。
- 知道看人背后的是君子，知道背后看人的是小人。
- 居于高位，不要看不起别人；处于低谷，不要瞧不起自己。

创业：同驱同力，强我利他

任何一个人走向自信的过程，必然是与有梦想、有情怀、有憧憬、有打拼、有挫败、有坚持的团队一路同行，最终成就受人尊重的自己；任何一个人走向正能量和影响力的过程，必然是源自他在自我的认知中，不断地去验证、去反省、去顿悟、去进行内心的自我对话，伴随追逐与奋斗的事业，激情面对跌宕起伏、惊心动魄、全力以赴、波澜壮阔的创业过程。只有抱着“为他人工作的同时，也是在为自己工作”这个事业理念，才能心平气和地将手中的事情做好，也才能最终获得超出预期的回报，赢得同事的尊重，实现自身的价值。

创业心态是“解决问题”，而打工心态是“解释原因”。对于职业经理人而言，没有创业心态，再努力地打工，也只是延缓被淘汰的结局而已。团队成员对于你来说意味着什么？仅仅是上下级的关系？不，要有一颗利他之心。他们对于你来说是共同奋斗、值得托付的战友。你们之间应该是同心协力、共同进退的关系。“将”和“士”能共患难、同安危，以一人之心争取万人之心，这样团队上下才能团结一致，所向披靡。

利他之心：成就团队协作的“聚宝盆”

在一个寻找“福气”的研讨会上，有 50 个人报名参加。50 个人走进一个装满气球的教室，主持人提出一个非常奇怪的要求：给每人一个气球，要求大家在气球上用笔写上自己的名字。接着将气球收集起来，放到另一个大房间里。

然后大家被带到那个房间，要各人分别找到写着自己名字的气球，限时 3 分钟。每个人都在疯狂地找寻自己的名字，大家碰撞、推挤，现场一片混乱。3 分钟过去了，在场只有 4 个人在规定时间内找到自己的气球，其他 46 位都没有找到。主持人喊停！要求大家随便找个气球，然后把气球递给上面有名字的人。不到 1 分钟，大家都接到了自己的气球。

主持人总结说：这就是我们的人生！每个人都疯狂寻找自己想要的东西，但没人知道它在哪里。福气其实取决于周围的人：给予他人想要的，你就会得到你想要的，这就是生命的意义！所以，心中有多少恩，就有多少福！上等人互相捧，下等人互相整！你把身边的人看成草，你被草包围，你就是“草包”；你把身边的人看成宝，你被宝包围着，你就是“聚宝盆”！

共享经济时代，企业间的竞争内部靠人才，外部靠服务，这已经是一种共识。职业经理人的价值是由团队共同创造的。而这个价值的前提，首先，你的个人能力一定要得到团队成员的高度认可（信任力）；其次，你管理的出发点是调动每一个团队成员让他心甘情愿去完成（影响力）。作为企业内部关键岗位上的人才（职业经理人），比别人多掌握优势能力就可以保证自己在竞争中占有优势。有些职业经理人并不愿意将自己所掌握的东西分享给别人，或者说不愿意无偿地分享给别人，这种观念要改变。请你记住：管理者的业绩成果是由管理对象创造的。唯有做到“强我 + 利他”（见图 2-1），将知识、技能、精神复制给团队成员，才能让团队成员敢于付出，乐于付出，以高效率做出满意的成绩。将军练兵、用兵，最终赢得胜利，这不是无偿给予，而是彼此双赢。

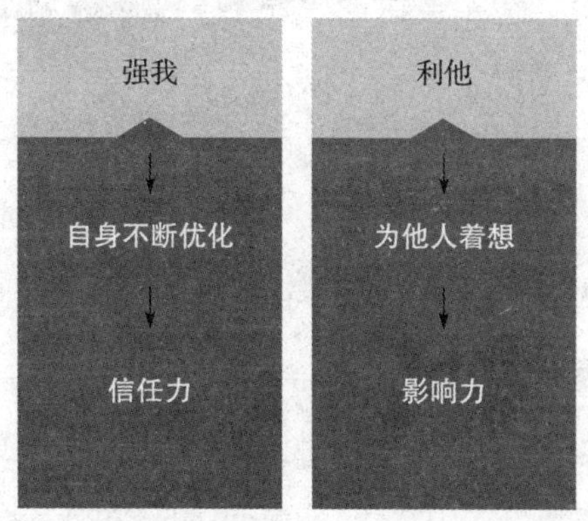

图 2-1　职业经理人“强我 + 利他”双驱动力

青刚老师课堂语录

- 管理细节是对事，细节管理是对人。
- 要走得快，一人独行；要走得远，与人同行。
- 帮助别人的难处，欣赏别人的长处，放大别人的好处。
- 你认可团队，就会被团队认可；你否定团队，就会被团队否定。

共赢：平台共建，事业共生

爱尔兰剧作家萧伯纳曾说，你有一个苹果，我有一个苹果，我们交换一下，一人还是一个苹果；但你有一个思想，我有一个思想，我们交换一下，一人就有两个思想。今天我们处在共建、共享、共创、共赢的时代，随着知识体系向纵深方向发展，社会分工越来越精细，人不可能再成为百科全书式的人物。每个人都需要借助他人的智慧完成自己人生的超越，所以这个世界既充满了竞争与挑战，又充满了合作与快乐。

企业主和职业经理人的双向合作，是个摸着石头过河的渐进过程，企业主的信任度、职业经理人的能力和投入程度都是影响合作的主要因素。江浙民营企业引入职业经理人时，经常会讨论忠诚第一还是能力第一。我相信企业主们对经理人的要求，首先是要忠诚，忠诚以外再谈能力。企业的发展必须引入新鲜血液，这就需要在企业主和引入的职业经理人之间建立起一种互信共赢机制。共赢是一种有远见的和谐发展，既利人，又利己；既合作，又竞争；既相互比赛，又相互激励。今天这个时代，如果你还在孤芳自赏地看问题，不为长远平台考量，其结果将会使自己的团队离心离德，止步于成功线外。

树立共同愿景，是永葆职业经理人忠诚度的秘方。在数学中，1+1 = 2 在算式上是正确的，但在实际工作中，但凡事业上成功的人都懂得“1+l > 2”的道理。成大事者善于合作，因为他们明白，两个拳头和一个拳头的作用是不同的。社会大概分为三种人：第一种是自己不作为，处处依靠别人来完成自己要做的事；第二种是一个人不声不响地蛮干，独立打天下；第三种就是彼此合作，相互依赖，靠群策能力达到成功。第一种人因缺乏专业能力很容易被社会淘汰，第二种人缺乏团队管理能力难担重任，作为一名职业经理人，需要做第三种人，通过平台共建，团队合作实现事业共赢。

小强创业：共建共赢的联想内部事业平台

企业如何保持创新的“发动机”永不停歇？联想给出了一套解决方案——打开内部创业通道，激发内部创新活力，实现企业与员工共赢发展，同时也能有效化解优秀员工流失问题。“小强创业”是联想集团内部创新创业加速平台，在这个平台上，正在有越来越多的内部员工涌入，第一季招贤榜刚一发出，就有 286 人揭榜。

在这个大众创业、万众创新的时代，越来越多的人投身创业大潮。联想内部曾经对参与“小强创业”的员工做过调查，在回答“如果没有‘小强创业’，你会怎么样”时，不少员工的选项都是“离职创业”。“小强创业”为内部员工提供了一个识别人才的新视野，这些人可能就是未来某个领域的领军人物。

联想集团高级副总裁乔健认为，与其被动接受优秀员工的“出走”，不如用更开放的态度，鼓励员工利用企业资源自主创业，做事业合伙人。“况且，创业并不是一件容易的事情，外面的风浪并不是每个人都能抗得过去。如果在内部的路演会上就发现自己目前并不适合创业，这些员工可能会对工作有一种新的认识。”从这个角度讲，“小强创业”帮助联想留住了不少员工。对于联想来说，鼓励内部创新创业不仅是一种开放的勇气，更能开辟一条企业与员工共赢发展的新路径。

共赢则两利，分裂则两败。三国初期，曹操实力强大，而刘备和孙权实力弱小。当时曹操为了统一天下，决定南下去消灭刘备和孙权。面对曹操的大军来势汹汹，刘备和孙权都不具备抗衡之势，于是两家便联合起来，共同对抗曹操。最终在赤壁一战，孙刘联军以三万人击败曹操二十万大军。试想，如果当时刘备和孙权没有合作，那么他们最终都避免不了被曹操消灭的下场。正是因为两军联合，以少胜多打败曹操，由此奠定了三分天下的基础。

匹夫之勇，很难成就大事。共赢不是逃避现实，也不是拒绝竞争，而是以理智的态度求得共同的利益。工作中遇到问题，不能开口就是“员工的执行力太差了”。作为团队的领导者，你都不认为你的员工能做到，那他怎么能做到。其实，每个员工都具有他独特的能力，就像楚汉时期的刘邦团队，韩信擅长兵道，张良擅长谋划，萧何擅长管理。他们都比刘邦优秀，但是，最终刘邦成了皇帝，原因就在于刘邦选择了与团队共建事业平台，合作共赢。相反，项羽四面楚歌，最重要的一个原因就是他刚愎自用，独断专行，总喜欢一个人解决问题。

青刚老师课堂语录

- 莫学蜘蛛各结网，要学蜜蜂共酿蜜。
- 合作并不代表全无冲突，而是借此管理冲突。
- 别人因你而温暖，你也会因别人而享受阳光。
- 能用众力，则无敌于天下；能用众智，则无畏于圣人。

归零：顺境理智，逆境意志

经常有人抱怨自己所在的行业多么不景气，领导多么无能，同事和下属多么糟糕等。我细细听完之后，都会回问一句：你觉得自己做得怎么样？绝大部分人都会不假思索地回答：我没有问题啊！我做得很好啊！是这些身边糟糕的人和事影响了我。只有一小部分的人会反思：是不是我的心态出了问题？

时钟每到子时，就需要从零开始。人最大的敌人莫过于自己，所谓“归零”，即跳出思维固有模式，重新从零开始，寻找一个新的起点。作家刘震云说过：“归零”就是让自己把自己所经历的一切清空，把已经拥有的一切剥除，一切回归到最初。这是一种对人生放空后的吐故纳新。有时候“舍”是为了更好地“得”，适时把自己“归零”，就会不断重新开始；如果不愿意“归零”，就无法重塑。

不忘初心，方得始终。不会“归零”，就会因小失大。顺境的时候沾沾自喜，逆境的时候惧前怕后，这样其实是负重前行，活得很累。吐故方能纳新，空杯才能盛水，放下才能超越。追求的目标达到了，就应当持有归零心态，不然的话，会忘乎所以，自以为是，自高自大；取得荣誉了，也应当归零，把这作为新的起点，否则，会助长自己的骄横，躺在功劳簿上，整天飘飘然，丧失了进取之心。

史玉柱：人生下半场的“从头再来”

史玉柱的创业史可以分为上下两个半场——1997 年之前的巨人集团和 1997 年之后的巨人集团。1997 年之前是天不怕、地不怕，高呼口号“要做中国的 IBM”，横冲直撞，最后惨败。留下一栋荒草肆虐的烂尾楼，外加几亿元巨债。创业死过一次后，才知道死亡的滋味。

上半场创业失败的史玉柱，痛定思痛，陷入苦苦的思索：我究竟错在哪里？人生下半场该怎么办？他怕自己想不彻底，把报纸上骂他的文章一篇篇接着读，越骂得狠越要读，看看别人对他失败的“诊断”，还专门组织“内部批斗会”，让身边的人一起向他开火。在各种猛药的“外敷内服”下，他终于输了个坦然，输了个明白。

从1997年后的20多年，史玉柱开启了人生下半场的“从头再来”。他总结教训，如履薄冰，又不失信心，坚信自己能成。他重新分析自己的优劣势，重新定位产品，步步为营。他卖脑白金，投资银行，进军网络游戏，做保健酒，在一片废墟上，从原来的“中国首负”再起航，成就了超过500亿元的财富。他的成功，被称为“史玉柱式”的东山再起。

史玉柱的“从头再来”靠的是什么？就是他为自己制定的三项“铁律”：

第一，永远保持事业初心，让自己“归零”从头再来；

第二，时时刻刻保持危机意识，随时防备最坏的结果；

第三，懂得接受批评，不得盲目自信、冒进和草率决策。

人生之路，有坦途也有陡坡，有平川也有险滩。职业经理人处在“坦途”“平川”的顺境中，可能呼风唤雨拥有自己想要的一切。但是，如果这个时候不能心智笃定，坚守初心，那么很可能下一步等待你的就是摔翻马下、痛不欲生。身处顺境中应当让自己保持清醒，居安思危，关键的几步路要走好。一个人不可能只有顺境而没有逆境，也不可能只有成功而没有失败。身处顺境，可能会迷失心智，而身处逆境，可能会失去更多。这个时候，更要勇于“从头再来”，放下曾经得到而今变成负担的东西，患得患失只会让你犹豫不前。学会从零开始，重新面对自己。就像每一次搬家或者大扫除一样，将没有意义、没有价值的东西东搬西挪，舍不得扔，又不知道留着何用，这反而成为自己的负担。

加拿大物理学家罗伯特在进行环球考察时，来到智利北部一个十分干旱而又荒凉的小村子。他发现一种奇怪现象：这里除了蜘蛛没有任何生物。蜘蛛四处繁衍，生活得很好。蛛网处处密布。为什么只有蜘蛛能在如此干旱的环境里生存下来呢？借助电子显微镜，他发现这些蛛网有很强的亲水性，极易吸收雾气中的水分。而这些水分正是蜘蛛能在这里生生不息的源泉。可见，从来没有真正的绝境，有的只是绝望的心态。只要心灵不曾干涸，再荒凉的土地，也会变成生机勃勃的绿洲。

雨果有句名言："痛苦是孕育灵魂和精神的力量，灾难是傲骨的乳娘，祸患则是人杰的乳汁。"逆境并不可怕，可怕的是你的心态，你会是从此一蹶不振、自暴自弃，还是从零开始、浴火重生？你有什么样的选择就会有什么样的结果，调整好自己的心态，最终你一定会走出逆境，迎来更好的自己。职业经理人适时把自己"归零"，把每一步都当作第一步，把取得的每一个成绩当成下一步的台阶，就能持续取得新的成绩。

青刚老师课堂语录

- 在顺境中需要理智，在逆境中需要意志。
- 不必在乎你失去的，因为它从未真正属于过你。
- 删除心灵的垃圾，每天刷新自己，这样才能重获新生。
- 攥紧拳头，手里什么都没有；张开双手，就会拥有整个世界。

自治：自我驾驭，做事到位

犹太牧师的教义里有一个观点：每一个失败者，总是不知道自己是谁，也不知道自己在做什么；而成功者，他们总是能非常清晰地认清自己。失败者是一个无法确定地对情境做出反应的人，而成功者却是一个值得信任、敏锐驾驭的人。

职业经理人有两种能力很重要，一种是自知；另一种是自治。前者要求对自己不断反省，以求自知之明；后者要求自我管理，做事不越级、越位、越权。职业经理人要学会驾驭自己，这样才会立于不败之地。有些人认为自己很有才能，觉得自己见多识广，自己的判断才是正确的，自己做的要比别人好得多。于是遇到事情便自作主张去处理，结果上不得老板的支持，下不得员工的认同，最后落个胆大包天、自作聪明的名声，甚至葬送了自己的职业前程。

“位、责、权”相统一

有一句话叫做“老板天天干基层，员工天天谈战略”。从侧面反映了现在企业中存在的问题。位、责、权失衡会给企业带来五大弊端：

（1）责重权轻——巧妇难为无米之炊；

（2）责轻权重——站着说话不腰疼；

（3）利寡责重——丧失工作动力之源；

（4）利丰责轻——有过归人，有功归己；

（5）责权不清——糊里糊涂，没有目标。

职业经理人在管理工作中，要警惕以上五种失衡带来的问题。工作中应该提纲挈领地按照员工的职位高低、职责轻重和职权范围进行统筹安排，使“位、责、权”组成相称关系。根据职位的高低、责任的大小，赋予相应的职权。职位越高，职责越重，职权也相应地越大；不能位高权大而责轻，也不能位低权小而责重。避免职权脱节，甚至滥用职权的现象。企业各级管理的权限，在上下级之间必须有明确的划分，越级、越位、越权是对公司管理制度最大的破坏。

分清“分内”和“分外”

企业管理好比一支乐队，职业经理人是乐队指挥，通过指挥者的努力、洞察及引导，将各种乐器的演奏配合成有节奏的乐章。指挥者是熟识乐谱并指挥乐队依谱演奏的人。若是指挥者觉得某个乐器演奏得不好而去亲自演奏，或者不经同意擅自修改乐章，就会让乐队成员心生不宁，因为修改乐谱改一“符”而动全“谱”，打破了乐队原有已经形成的默契。糟糕的管理者往往没有将自己的分内事处理好，分外事又指手画脚，插手过多，导致企业内部管理流程形同虚设，效率降低。同时，职业经理人在“分内”与“分外”的工作分配中，要力争做到人尽其才，才尽其用，要避免三种管理心态：

（1）父母型：我会，你不会；

（2）成人型：我会，你也会；

（3）儿童型：我不会，你会。

不可轻越管理“雷池”

管理有边界，职业经理人要有原则，与企业主随时保持同频共振。遇到自己不明确的任务时要多做请示，切不可按照自己的直觉来办事。很多职业经理人从“为公司考虑，为老板分忧”的角度出发，却总是在“猜”中完成工作，甚至做错了也不以为然。所以，在做一件不明确、不熟悉的事情前，应当要先问清楚再做事，这样才能避免越位出错而不自知。

张涛：超越权限自作主张的代价

这是我亲历的又一个案例。南昌的某家药品生产企业正在洽谈一家三级甲等医院，按照正常的流程，药品通过了招标入选，在一些具体的合作细节上进行最后的磋商。

营销总监在听取汇报中得知，公司行政主管张涛和对方谈判代表是同乡又是同学，为了加快合作进度，尽快签订合同，营销总监便带着他一同去见客户，希望在饭局上加快敲定签约时间，张涛也信心满满，自告奋勇参与谈判，为公司贡献自己的一分力量，同时他认为这是自己职业生涯的一个好机会。在酒桌上，张涛和对方代表见面后，谈天聊地，完全像变了个人一样，也忘了自己的身份，不断在营销总监和谈判代表跟前吹牛。推杯换盏、酒过三巡过后，正事还没有谈，张涛又擅作主张提出去高档KTV娱乐。因张涛不了解公司的营销接待经费预算，在营销总监的多次提醒和阻拦下，张涛还是不管不顾。结果花费超出了公司规定的市场费用近4倍，不少项目违反了公司的营销和财务管理制度。

事已至此，因为还没有签下合同，营销总监没有办法让张涛停止工作，只是提醒张涛：后面不能再越权行事。张涛立功心切，嘴上说一定注意，心里还是没有当回事。得到了张涛的肯定答复，并且双方约定签订合同就在第二天上午，因公司有急事，总监反复交代后赶回公司。在第二天的合作洽谈中，为了尽快签订合同向领导表功，加上觉得对方是自己的老乡同学，张涛无意间向对方透漏了公司产品的成本体系。对方以此为理由坚持在原定价格上下调6%，否则不签合同。其实对于已经招标入选的项目来说，医院方这样的要求是不合理的。但遗憾的是，张涛自认为下调价格后公司损失不大，在没有和营销总监商量的情况下，擅自同意合作价格，和对方签订了合同。

张涛拿着合同美滋滋地回到了公司。他觉得为了公司能签下合同，总监不仅会理解自己对于合作价格的灵活处理，还会在全公司表扬自己，很有可能还会提拔自己到营销部门当经理。当营销总监看到合同后，气得一句话都说不出来。“自信”的张涛这时候问总监：“领导，我的能力没有让你失望吧？”总监冷笑着说：“你觉得呢？”

结果，张涛被辞退；营销总监也因擅离职守，被公司警告处罚。

古人云：治人者必先自治，责人者必先自责，成人者必先自成。职业经理人要做到工作到位不越位，关键是要做到自治。时刻提醒自己该做什么和不该做什么，工作的边界在哪里，做好自己职责内的事。心中有自己的想法、有自己的判断，在没有得到授权的情况下也不能一意孤行，以自治的心时刻提醒自己所属的角色，切记不要越位、越权抢风头。

青刚老师课堂语录

- 唯有尊崇规矩，方能顺其自然。
- 做任何事情前，先确定权、责、利再行动。
- 驾驭得了自己的内心，才驾驭得了事业之车的方向盘。
- 管理者三时三势：与时俱进，与时偕同，与时俯仰；因势而变，顺势而为，乘势而上。

谦逊：容言容事，容人容己

“尺有所短，寸有所长”“金无足赤，人无完人。”谦逊，既是一种豁达的生活态度，也是一种睿智的处事方式。学习书法二十多年，平时的每一次临帖，都是一次向古人请教的跨时空对话。在受邀题写招牌或者创作主要作品的时候，我依然很有压力。每次创作都是四五遍以上，写出来后悬挂对比，反复斟酌，再从中选出能过关的。有朋友问我：这么多人向你求字，你总说自己写得不好不给别人；一幅作品写了撕、撕了写，反反复复好几遍。其实没有几个人懂，你何必这么较真呢？在我心里，提起毛笔写书法是件很神圣的事情。因为中国文字是全世界唯一的音、形、意三者结合的文字，依附于中国文字的书法距今已经数千年了，难道不值得谦虚对待吗？提笔就能龙飞凤舞的人，不是书法家，那是“江湖杂耍”。学习书法一旦深入其中，领略古人先贤的人文情怀，再把自己和古人比较，没有几个不敬畏古人的。

其实不光是学习书法，做人做事也是一样的道理。学习越深入，发现自己知道得越少。而不学习的人，毫无谦虚之心，因为总觉得自己都会都懂。当下社会，很多人逐渐失去了谦逊的品德，变得越来越傲慢无礼。世界上没有绝对优秀的人，如果只会不断地炫耀自己的优点而缺乏谦逊之心，那么你的自负和傲慢，只会成为别人茶余饭后的谈资和笑柄。

所谓容言，就是好话、坏话、刺儿话都能入耳。虚心听取他人的意见和建议，这是风度，更是心胸坦荡。让人把话讲完是大度，是谦逊，是强而不锐。容言需要勇气，也需要耐心。没有勇气就听不进批评和建议，没有耐心就听不到真言。所谓容事，即易事、难事、好事、坏事、乐事、苦事，事事都能平静对待，坦然面对。易事认真去做，难事努力克服，把好事做好，实事做实。不要因为容易就轻视，不要因为困难就放弃。

唐太宗是唐朝贞观之治的开创者，他最为贤德的一点就是虚心纳谏。每次他做了错事或者执意要去做不好的事情，就会有大臣站出来指责他的不是。有一次，他准备修建一座宫殿，结果一名叫张素的谏官指责他说："唐朝刚刚建立，百废待兴，现在大兴土木，其昏庸程度堪比隋炀帝！"张素并非高官显爵之人，但敢于向皇帝直谏。而当时说出这种话会被株连九族。但唐太宗非但没有怪罪他，反而重赏于他，并取消了修建宫殿的决定。这也成了朝中百官直谏敢言、皇帝容言纳谏的例证，并开了大唐盛世兼听则明、兼容并蓄的好风气。

萧何月下追韩信，徐庶走马荐诸葛，这些容人容己的典型早已成为千古美谈。秦朝李斯所著《谏逐客书》曰："泰山不让土壤，故能成其高；大海不择细流，故能成其深。"容人是一种修养，不是懦弱，也不是胆怯，而是谅人所难，扬人所长，补人之短，恕人之过。容人是一种美德，也是一种善待。容己，就是接纳自己。不因自身优势而骄傲，也不因自身缺陷而自卑。人最好的朋友和最大的敌人都是自己。如果一个人不能接纳真实的自己，就是在跟自己作对，与自己为敌。不但影响自己的心情，还会使自己不断地排斥和厌恶自己。人各有所长，管理者取人之长、补己之短，才能相互促进，有所发展。

子舆：不以物喜、不以己悲的豁达

《庄子·大宗师》中讲了这样一个故事：子祀和子舆是好朋友。有一天，子舆生了一场怪病，子祀去探望他。见面之后，子祀发现子舆竟然变成了驼背，大吃一惊。但他怕子舆伤心，依然不动声色。谁知子舆一见到子祀就说："上天竟然把我变成了驼背的模样。背上生了五个疮口不说，脸也因为佝偻而贴到了肚脐，两肩高高地隆起，高过了头顶，脖颈则朝天突起。”

子祀无奈地问他是不是非常讨厌这种病。子舆却悠闲地说：“不，我为什么要讨厌它呢？如果我的左臂变成了一只鸡，我便用它来报晓；如果我的右臂变成弹弓，我便用它来打斑鸠烤着吃；如果我的尾椎骨变成了车轮，我的精神变成马，我便可以乘着它遨游四方，无须另备马车了。再说，得是时机，失是顺应。安于时机而顺应变化，哀乐自然不容易侵入心中。这就是自古以来的解脱。那些不能自我解脱的人，就要为外物所奴役束缚了。物不能胜天，当我改变不了它的时候，为什么要讨厌它呢？”

人生不如意事常八九，可与人言仅二三。智者应当像子舆那般豁达。豁达是一种历练后的成熟，是职业经理人应该有的格局和胸怀。人生如旅途跋涉，难免会与凄风苦雨相伴。对于人生的不如意，不同的人有着不同的理解方式。有的人会自怜自艾，怨天尤人。豁达的人则会把它当成锻炼自己的机会，能换个角度去思考。不遮瑕丑，不扬孤傲，学会接纳真实的自己，依照自己的本心积极向上生活，才能在职场和生活中活得更加出色。

青刚老师课堂语录

- 容人才能得人心，容己才能更洒脱。
- 不因有功而自傲，也不因无过而自喜。
- 总是吹嘘自己不得了的人，等于在宣扬自己的无知。
- 谦逊的人的朋友圈，除了比自己优秀的人，就是和自己一样努力的人。

荣辱：表功从下，认错从上

公司的配车福利，首先服务于谁？是上级！

公司派人参加培训，首先考虑谁？是上级！

公司赚钱了发奖金，谁发的最多？是上级！

既然如此，那么当公司出现了问题需要承担责任的时候，由谁来？当权、责、利明确后，任务的下达人是管理者。如何规划完成这个任务则是管理者需要考虑的事，员工只是按照你既定的规划和要求去做而已。既然如此，为什么出现了问题要员工来承担相应的责任？若非员工的能力不行而导致的业绩下滑、工作失败，那么真正应当承担责任的应该是权责利等位的管理者。职位越高，责任越大，承担的自然也就越多。

职业经理人身在“将”位，要敢于为团队担当，荣辱与团队共在。若颠倒过来，暗存夺功、夺利之心，出错却不愿担当，有过归人，有功归己，这样就会把团队成员放在自己的对立面，让他们失去去拼、去闯、去主动干的动力，这样一来，团队还有几人愿意主动付出？

张亚玲：共荣辱、同进退是管理者立职之本

SONOS是世界领先的家庭智能无线音响制造商。2018年7月向美国证券交易委员会提交了IPO招股书，计划在纳斯达克股票交易所上市。SONOS中国区董事总经理张亚玲，在之前任职爱可视亚洲董事总经理时，将MP4引入中国市场并在商业上大获成功，被称为“中国MP4第一人”。

风靡欧美的MP4作为当时的新生事物，刚一进入中国市场遇冷。当自己公司的产品做得不好的时候，张亚玲压力很大，但她从来不会去责罚员工，因为她知道不是员工不努力。她和员工一道彻夜分析市场，分析客户心理和渠道商的需求，并不断检讨自己的管理方法和营销战略，她从来不当着员工的面将自己的能力高高标榜。就是这种与员工共荣辱、同进退、不放弃的精神，成就了MP4在中国的蓝海市场。

张亚玲讲过两句话。第一句：我其实不是真正的老板，只是一个职业经理人，我要对股东负责、对事业负责。第二句：在中国，一个领导以身作则、以德服人，就是一种共荣辱、同进退的担当品质，是立职之本。

2010年张亚玲受邀加入SONOS公司，她加速将风靡欧美的SONOS品牌、SONOS无线HiFi系统及全新的“云端HiFi音乐”聆听方式带入中国，再次创造一个无线HiFi新行业，成为行业领军企业，更成为外资品牌和新兴技术企业在营销道路上的榜样。

职业经理人要学会把员工当“金子”，把自己当“镜子”，真正做到表功从下，认错从上。时刻看到员工身上的优点和长处，360度放大使用员工的优点和长处，让员工觉得自己受到重视，在成长中提升工作价值。学会欣赏和褒奖员工，表扬员工也不能只是泛泛而谈、敷衍了事，要让员工知道你对他的尊重以及对他具体表现的重视。当员工或者团队取得进步或成绩时，最好能当场赞扬，并将员工的奖励和成绩记录在案。同时对员工的奖励要有始有终，说到做到，切忌虎头蛇尾，不了了之。不要放不下面子，要主动、及时地去对员工进行认可和鼓励，这对整个团队的士气都非常重要。

世间万物都有其规律。冬去春来，春去夏至，夏逝逢秋，秋收冬藏。身为职业经理人，在工作中难免会有得失。不甘落后是好事，但是，如果太过于追求个人名利而忘了团队荣辱，那么最后可能会因为失去名利而失去更多。对于职业经理人来说，遇事不仅要主动承担、不断反省，更要对下属多体谅、多鼓励。以一颗看淡得失、荣辱不惊的心态去面对自己的管理之路。

青刚老师课堂语录

- 先义而后利者荣，先利而后义者辱。
- 不要吝啬对员工的表扬，这是你获得支持的捷径。
- 管理者要学会欣赏和赞美别人。赞美别人＝复制别人的优点。
- 没有经过苦难的团队不会强大，没有经过泪水的团队不会有生命力。

卓越：所向披靡，领航先锋

林肯说过："我一直认为，如果一个人下定决心要去获得某种幸福，那么他一定能获得这种幸福。"人与人之间原来只有微小的差异，但却造就了彼此之间多年后的巨大差距。造成这种差异的正是你是否具有永续卓越的心态。那么，什么是卓越呢?

著名主持人吴小莉在自己的著作《吴小莉：与卓越同行》中说："卓越"不是什么超凡入圣、不可企及的质地，它是在某一时刻、某一个临界点，比大部分人多出来那么一点点坚持。人的一生应该是从普通走向优秀，如果可以的话，还应该追求更加卓越的态度。

我们正处在21世纪的转变巨浪中，各个行业都需要卓越的领军者。互联网的产业化，信息时代的加速，为普通大众提供了"四两拨千斤"的难得机会。职场的竞争表面上是知识、职位、业绩的竞争，实质上却是职业心态、职业能力和人生机遇的竞争；企业和市场的竞争表面上是产品、服务、价格、品牌的竞争，实质上却是企业团队的品质、能力、责任和心态的竞争。职业经理人如将领兵，栉风沐雨，披星戴月，忍辱负重，鞠躬尽瘁。在瞬息万变、残酷激烈的商战之中，既有鲜花和掌声，又有失败和沮丧。伴随着企业的荣辱兴衰，职业经理人也在经历着人生的起落成败。没有良好的心态怎么能做出伟大的事业?

一个人有什么样的心态，就有什么样的人生。英国著名作家狄更斯说过：一个力求卓越的心态比一百种智慧都更有力量。职业经理人在竞争加剧的企业转型升级中，扮演着无人能够替代的角色，随时随地都会碰到困难、问题、压力、失落、焦虑、挫折甚至失败。唯有保持百折不挠的卓越心态，激发内心强大的力量。遇到困难的时候才不会妥协，不会去怀疑自己的能力。

曾经有这样一则公益广告：清晨，一个很喜欢跳舞的农家女孩在皑皑白雪的院子里翩翩起舞，她梦想着有机会能够在真正的大舞台上尽情地表演，旋转那优美的舞姿。于是她一直跳着，不断地旋转，不断地努力。从农家小院跳到大众舞台，从孤身一人跳到万人共舞。我们不会忘记那句经典的广告词："心有多大，舞台就有多大。"

青刚老师课堂语录

- 态度决定高度，思路决定出路。
- 不要用过去的成与败来衡量今天的幸与不幸。
- 如果刀刃怕伤了自己而不与磨刀石较劲，就永远不会保持锋利。
- 不要生气要争气，不要看破要突破，不要嫉妒要欣赏，不要心动要行动。

第三章

智道赋能：革故鼎新，合力智赢

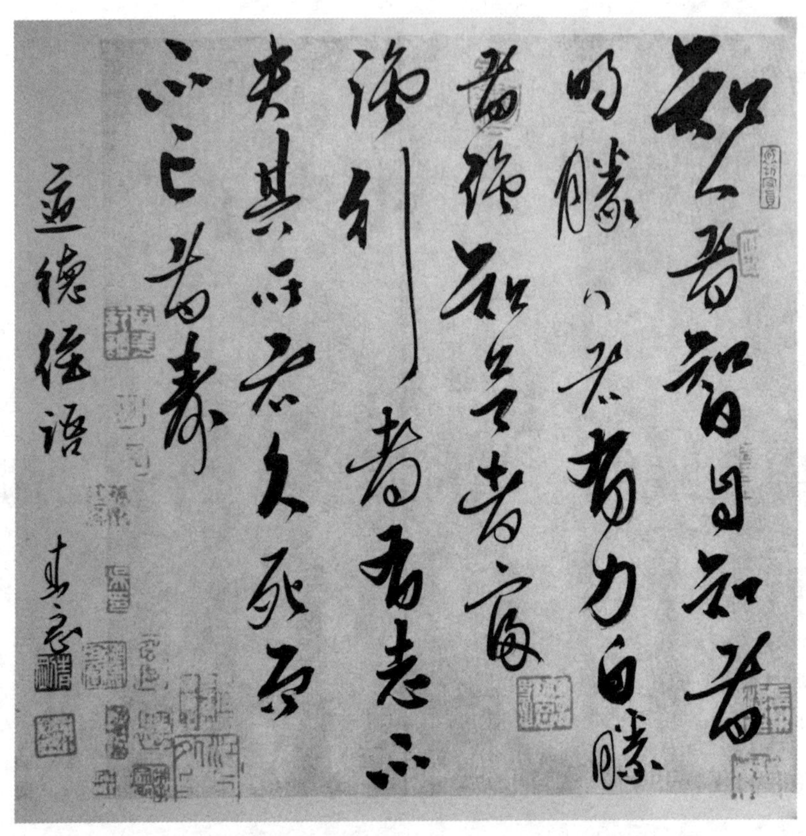

知人者智，自知者明。胜人者有力，自胜者强。知足者富，强行者有志，不失其所者久，死而不亡者寿。

——《道德经》

学习力：为生而学与为学而生

ETC 的到来，不需要收费员了；自动驾驶的到来，不需要司机了；在线支付的到来，不需要收银员了；机器人的到来，不需要银行柜员了。总有人抱怨：都怪马云、马化腾这些人，他们的产品让我们的职业受到了威胁。其实想一下：我们生产挖掘机，不就是为了替代锄头吗？我们生产机器人，不就是为了代替人的重复工作吗？这有什么问题？不是社会发展让你失业，而是你不愿意学习、不愿意与时俱进而被替代。

今天，我们进入了共建共享的商业时代，社会在发展，人类在进步，社会对每个人、每个企业的要求愈加苛刻，人和企业必须学会适应社会环境的变化。职业经理人如何在这个竞争激烈的社会环境中立于不败之地？一切改变始于学习。

21 世纪最重要的不是学历，而是学习力（见图 3-1）。学历只能证明你拥有曾经消费过某一款大学产品的发票，而学习力是一个人持续不断经营和开发自己潜能的过程。《克雷洛夫寓言》讲到：河流常年奔流，善于吸收途中的溪水，越来越壮大；水池懒于运动、安于现状，最后就干涸了。寓言最后指出："才能不利用就要磨灭，不吸取新鲜养料就要落后。若是一旦让懒惰和无知支配，它将一事无成！"

我们每个人都不同程度地处在这个时代独有的知识焦虑中。还在学校踌躇满志准备上"战场"的大学生，一出校门却发现这个社会已经是"核弹时代"。学校里学的知识永远不够用，终身学习已成为新时代的必然趋势。学习力是一个人事业进步的防腐剂。为生而学，即为了生存、生活、生计而学习；为学而生，即为了有意义的人生活到老，学到老。职业经理人要明白，学习的重要性取决于自己对社会、事业、人生的认知度，以及自身对于知识的理解度，通过学习明白自己的不足之处。学习的态度取决于自己对未来是否充满期待，更重要的是取决于自己是否热爱学习，是否想改变，是否认为自己有学习的必要。

毫无疑问，不学习的企业会落后，不学习的人会被淘汰。

图 3-1 学习力三大核心因素

财经作家吴晓波曾经说：企业家最让人敬佩之处就是善于学习。当下，部分职业经理人缺乏学习的紧迫感，总是以忙为由失去了学习的动力。自认为自己到了一定的职业高度，不再需要继续学习了。或者认为学习只是员工的事情，学习是浪费时间和精力。正是这种心态，让很多职业经理人的职业生涯停滞不前，甚至走下坡路。所以，为了职业前途，职业经理人必须时刻保持学习的动力。

（1）保持学习的意识。职业经理人作为企业的管理者，必须增强与时俱进的学习意识，把学习摆在重要位置，因为学习是提高管理者知识水平、理论素养、管理能力的最佳途径。职业经理人在平时的工作中获得的是管理经验，而持续学习是让你的管理实践不断升华的重要手段。激烈的市场竞争中，只有保持学习意识和学习动力，不断更新自己的“CPU”，不断地提高自身综合能力，才能适应更高职位和更重要工作的需要。

（2）自觉投入学习。职业经理人该如何学习？从哪里学习？今天这个时代，获取知识的渠道非常通畅和丰富，只要你愿意，学习的机会随处可见：参加管理系统研修培训（MBA、MPA、DBA、总裁班、专项训练营等），向管理专家持续求教，向成功企业家取经，花时间阅读职业经理人相关的经典著作，阅读最新最前沿的管理书籍，立足管理向身边的领导、同事、下属开展讨论交流甚至求教学习等。把学习当作一种责任、一种觉悟、一种素养，当作自身管理能力的现实需要和竞争时代的职业要求。

（3）在实践中学习。实践出真知，什么是真知？当你走出校门，具体知识忘光之后所剩下的内容。这剩下的内容是什么呢？是思想、观念、方法、品德、人格。如果把在实践中学习定位于人的成长，那么，思想、观念、方法、品德、人格就是人成长的各种要素。职业经理人要明白，成年人学习的根本目的在于运用，不要学而不习，习而不学，要把学习到的知识运用到实际的管理工作中，以此来提高自己分析问题和解决问题的能力，增强工作的预见性和创造性。

青刚老师课堂语录

- 职场学习力，什么时候开始都不晚。
- 学习力就是一个人事业进步的防腐剂。
- 学习力就是职业经理人事业航舰的加速度。
- 学习是为了在未来竞争中遇见更强大的自己。

愿景力：共赴使命的追梦情怀

唐僧靠什么把团伙变成了团队？

宋江靠什么领导了 107 位好汉？

刘备靠什么打动了诸葛亮的心？

王熙凤为什么搞垮了家族集团？

《四大名著》里这些问题的答案，都在于团队是否有共同愿景。管理者经常遇到这样的问题：员工做事没有积极性，凝聚力不强，执行力极差等。归根结底，导致这一现象最关键的原因是管理者在带领团队的时候没有建立共同愿景。

所谓“共同愿景”，指团队所有人共同秉持的信念，是团队共同追求的最高目标。通过建立共同愿景来凝聚团队是企业巩固发展最有力的保障。为了增强团队成员的凝聚力和执行力，打造公司从上到下的愿景力，职业经理人需要带领整个团队去追“梦”。

激励个人愿景：让员工为“梦”工作

企业不要“三等”公民：等下班、等工资、等客户。很多员工在进入企业一段时间以后，每天都只是按部就班地上班，对工作没有激情。对这样的员工来说，工作就是上班等下班，月初盼月末，拿工资养活自己。这样的员工在企业中大量存在，他们缺乏梦想，没有追求。职业经理人需要改变员工的消极被动想法，帮助员工树立个人愿景，让员工为“梦”驰骋。

那该怎么做呢？我认为，创造愿景的过程就是一种历程，而不是一锤子买卖。有些企业，你发现他把企业愿景挂在墙上、贴在网站上、写进报告里，但管理者对这个愿景缺乏自信或共识，不研究这个愿景与员工个人需求之间的关联，不能为这个愿景提供长期、有效的激励和指导；更糟的是，有些企业愿景与员工的个人需求严重脱节，这种愿景只会让员工感到厌烦和被嘲弄。愿景的执行是一个动态的过程，你需要让它时时保持活力，就要调动所有人去相信它，并与自己的切身利益产生紧密关系。这就需要不断地谈论它、认同它。马克斯·杜普雷曾任美国第一大办公家具制造企业董事会主席，也是《领导艺术》一书的作者，他曾经说过：在他扮演愿景角色的过程中，他不得不像一个三年级的老师那样一直不停地说，直到员工正确、正确、再正确地理解这个愿景并步步为营地去执行。

共同愿景就是为员工的职业梦想插上翅膀。一个为追求梦想而工作的人，他在工作中积极孕育无限的创造力，激发强大的自驱力，并主动适应团队，形成长期凝聚力。当团队的员工都了解到企业未来的发展规划以及美好愿景后，他们在工作中目标更加明确，事业路线更加清晰。在这种工作氛围下，员工能在工作中做出正确且明智的选择，激发出工作热情和实现个人愿景的强烈渴望。

塑造共同愿景：带团队“追梦”行动

马斯洛曾说：“每一个自我实现的人都献身于某一事业、号召、使命和他们所热爱的工作。”马斯洛晚年曾从事对杰出团队的研究，发现他们最显著的特征便是具有共同的愿景与目标。而且在特别出色的团队里，个人目标与团队愿景已经无法分开了。激发个人愿景，让员工为“梦”而工作，是职业经理人为团队建立共同愿景的前提。光有个人的梦想最好的结果是成就一个人，而企业真正意义上的愿景是在企业内部形成最大“公约数”，画出最大“同心圆”，齐心协力去“追梦”，因此，职业经理人需要塑造企业与个人沟通发展的共同愿景。

任正非：为员工画最大的“同心圆”

华为是近年来中国发展速度最快的企业。如果你有朋友在华为工作，你不管什么时候问他在干什么，得到最多的回答是：加班。那员工自动加班的动力是什么呢？

在董事长任正非的治理下，华为形成了具有强大内核基因的企业文化。华为一直以来把员工的成长放在重要位置，驱动员工与企业共成长共发展，形成了具备独特基因的华为团队共同体“同心圆”(见图 3-2)。

华为将团队由内向外分为四个共同体。①居于组织核心的人是命运共同体关系。如果大领导、大老板是孤家寡人，那就自担命运。②外边一层是事业共同体，为了组织的目标在奋斗，他们把组织的目标认定为自己的事业，他们可以摆脱简单的利益羁绊。当然，这不是说他们不要利益，而是在他们眼里，不仅仅有利益，利益和事业是交互一体的。③在事业共同体外面是利益共同体。这个部分的人会特别多，员工与企业是缔结在利益上的合作关系。④最外一层是职业共同体。组织中更多的人是在职业的共同体上面，员工与企业是依从和归属关系。

在这四个同心圆中有某些点，围绕着这些点，又会有一些小圆，这就是组织中的那些小团队。上一级圆中的点，就是下一级大圆的中心。其实，从整体上看这些圆，也就是小团队的位置，这个组织中的多数人是为利而来，还是为事而来，就一目了然了。职业经理人就是努力通过有效的价值观和文化建设，让靠近组织中心的部分，圆更密，力量更强，产生的团队效益更大。

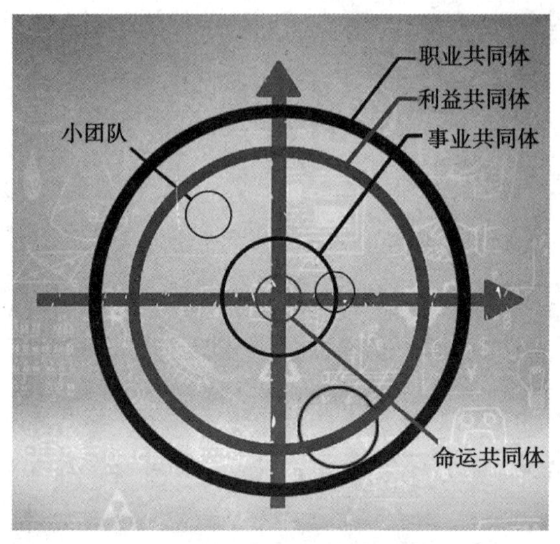

图 3-2　华为的团队共同体“同心圆”

任何一个组织都需要共同愿景来统一思想和行动，否则就会缺乏凝聚力和内驱力，更缺乏持久的战斗力。微软的愿景是“使每一个人桌上都放置一台电脑”，福特汽车的愿景是“使汽车大众化”，阿里巴巴的愿景是“让天下没有难做的生意”。这些企业的愿景都非常形象生动，不仅触动员工和团队，还影响了广泛的消费者并与之形成认同，成了全社会的普世价值观。

青刚老师课堂语录

- 从愿景到行动，你只差不回头的勇气。
- 相信梦想是价值的源泉，相信生命的质量来自决不妥协的信念。
- 春天不播种，夏天就不生长，秋天就不能收割，冬天就不能品尝。
- 成事者常改变方法而不改变目标，失利者常改变目标而不改变方法。

战略力：预见危机的顶层设计

大浪淘沙始见金。战略力是指在错综复杂的形势下为实现战略意图和最高目标所具有的战略自信、意志和毅力。但凡历史上有作为、有成就的杰出人物，其“战略力”往往也是超出常人的。在他们身上，是面对寂寞坚守时“直挂云帆济沧海”的远大志向，是面对磨难逆境时“咬定青山不放松”的顽强毅力，是面对挫折打击时“泰山崩于前而色不变”的钢铁意志，是面对质疑嘲讽时“任尔东西南北风”的执着追求，是面对名利诱惑时“富贵不能淫，贫贱不能移，威武不能屈”的高尚情怀。

《危机管理》的作者罗伯特·希斯所做的调查发现，80% 的世界 500 强公司的 CEO 认为，现代企业界面对的危机，就如同死亡一样，几乎是不可避免的事情。有 55% 的受访者认为危机影响了公司的正常运转，而危机困扰公司的时间是平均历时 8 周半。改革开放后，中国企业的发展取得了巨大成就，越来越多的企业在国际市场腾飞，可影响和制约中国企业的危机从未离去，甚至越来越多。中国企业同世界一流企业的差距越来越小，但不能忽视柯达、摩托罗拉、惠普、诺基亚等这些曾经辉煌的企业遇到的危机，面对这些问题，我们也无法独善其身。越成功的企业往往越固执。为什么温水能让青蛙葬身？因为青蛙贪图安逸，没有预见危机的能力。面临产业转型与升级的挑战，中国的企业管理者必须用战略眼光预见危机，用顶层设计化解危机，避免企业在危机面前“全军覆没”。

程浩：互联网时代危机唯快不破

程浩从杜克大学毕业之后在硅谷工作，于 2001 年回国加入百度；2003 年年初和大学同学邹胜龙联合创办迅雷；迅雷于 2014 年在纳斯达克上市。2016 年 1 月，程浩正式宣布离职，2018 年 5 月，成立远望资本，聚焦人工智能领域投资。

很多人觉得创业就是为了打造能够持续自动盈利的企业。而程浩认为，互联网就是因危机而生，为危机而变，自己所做的各种战略调整和角色变化，就是预见危机前的创新。程浩是典型的技术专家，他创立的迅雷，大幅提高了数据的下载速度，成为了家喻户晓的下载“神器”，用户数达数亿人，但尴尬的是多年来迅雷一直没有找到盈利的方向。

干锅烧柴，柴尽锅凉。缺乏商业模式，是互联网公司最痛苦的处境。在外界风平浪静的情况下，程浩意识到这是迅雷最大的危机。互联网技术有优势，但商业模式非常关键，若晚人一步，技术的优势也弥补不了商业模式的不足。他深谙解决互联网时代的危机——唯快不破。他把技术交给别人，疯狂加速往头脑里导入企业管理的各项“大数据”：从技术、产品、运营、HR 等各方面，除了法务、财务这类专业性较强的业务，程浩几乎把其他所有迅雷的业务做了个遍，把各个岗位经验迅速装入大脑；并在公司内展开“诊断式”聊天，上至高管，下至程序员，程浩都摸得非常清楚。

有了大量的数据做支撑，程浩心中有数，开始在商业模式上进行了尝试，如广告、游戏联营等。从 2008 年开始，迅雷尝试做会员，取得了不小进展，并开始谋求上市。经过一系列波折，企业上市了，企业创始人及高管有了更好的回报。出人意料的是，2016 年 1 月，参加完迅雷第十三个年会后，程浩以内部邮件的形式向员工通告辞职。他在辞职信中说：“无论是当年从美国回到北京，还是之后离开百度创立迅雷，我始终认为，人生最大的风险就是从不冒险。”

信号识别：认清危机

危机发生前，大多都会出现征兆，职业经理人要有敏锐的观察力。预警信号包括：竞争对手日益强大；财务指标持续异常；库存增加，产品积压；人力资源费用负担过重；客户投诉，索赔增加；产品市场持续萎缩等。职业经理人要善于从这些预警信号中采取措施，不能只顾埋头拉车而不抬头看路。当危机已经到来时，仔细研判，快速明确其发展形势，以“最好”和“最坏”两种假设结果去寻找应对策略。

准备方案：对策预案

《礼记·中庸》云：“凡事预则立，不预则废。事前定，则不困；行前定，则不疚。”认清危机后，就需要制定危机管理的应急预案。这好比人体进行计划免疫。企业通过制定预案未雨绸缪，在危机管理中做到有备无患。制定预案时按照灾害经济学的“十分之一”法则：在灾前投入一分资金用于灾害的防范，通过降低灾难发生的概率或者避免灾难的发生，可以降低十分的损失。从机会成本角度看，降低十分的损失，就是有十分的收益。对灾害的防范性投入，能够提高防御企业灾害的能力，从而有利于企业的稳定和发展。

危机并不可怕，只要处置得当，危机也可以是契机，甚至有希望转化为胜机。职业经理人通过调查与情报分析，确定潜在危机问题；设计解决问题的可行性方法和选择；在制定战略决策的基础上，进一步研究与确定危机发生时的行动计划等，制定相对完备的对策预案。预案的制定关系到整个危机事件处理能否顺利和有效地进行。

落实行动：应对原则

危机的处理，考验职业经理人的企业运营管理水平。应对危机的一系列行动要遵循以下原则：①中心立场原则。公司最高决策层根据危机可能出现的后果的主要态度；②责任指挥原则。危机现场首要任务是确定第一责任指挥官，授予“现场最高处置权”；③ 6×24 时效原则。以每 6 小时为危机响应时间，24 小时为危机处理单元，向领导及外界通报，保证内外信息对称；④ 360 度大局原则。危机中 360 度考量企业利益、客户利益、合作伙伴利益及舆论感受，以大局为重，处理好善后工作；⑤媒体友好原则。媒体是危机传播的主要渠道，向公众传播相关信息也是传媒的责任和义务，不要打压和封闭，这样会适得其反。及时、高效、有针对性向媒体就关键事实发布情况，避免以讹传讹。

青刚老师课堂语录

- 管理者的战略力是企业重要的生产力。
- 企业的安全感始终建立在危机感之上。
- 乐观的人在危机里看到机会，悲观的人在机会里看见危机。
- 安而不忘危，存而不忘亡，治而不忘乱，是以身安而国家可保也。

决策力：远见卓识的精准判断

比尔·盖茨在年轻的时候，总觉得一个人有很好的头脑就是天才。而当他40岁的时候，他认为要想成功，最重要的是要有明确的决策能力。中国有一句古话："将之道，谋为首。"决策力贯穿了职业经理人经营企业的全过程，是工作的核心，是管理意志的具体体现。麦肯锡咨询机构曾针对企业做过一项调查分析：

增加一个普通工人，可以取得 1∶1.5 的经济效果；

增加一个技术人员，可以获得 1∶2.5 的经济效果；

增加一个高层决策者，可以获得 1∶6 的经济效果。

好的决策比劳动力和技术更具价值。德鲁克认为，决策始于看法，而非始于"真相"。简单地说，决策其实就是判断，是在各种可行的方案之间进行最佳的比选。但是很少在正确和错误之间进行选择，主要是在"几乎正确"和"可能错误"之间进行选择，而这两者之间做抉择显然不是一件简单的事。职业经理人的决策力是依据内外部的信息，通过一系列科学分析手段，提炼有价值的决策信息，确定准确决策结论。

看：精准发现问题

问题的本质是什么？这是职业经理人决策前首先要明确的。举例来说，最近团队业绩下降，但是业绩下降并不是问题的根本，它只是问题的表现形式，真正的问题是造成业绩下降的原因有哪些。这些原因到底是产品问题、竞争对手或者团队内部配合等哪个方面。需要职业经理人做全面、详细、准确的分析。在此过程中，为了弄清楚问题的本质，职业经理人需要多思考几个问题："为什么会这样？""这个问题的重点是什么？""类似问题是偶发还是重复出现？"不断自我发问，不断确认答案，以确保你在一开始就能找到决策的方向。

思：设定决策目标

决策目标首先必须符合企业利益，如果目标设定不当，会影响后续一连串行动的合理性。同时，必须结合上下级关于决策目标共同的意见和感受，不能武断专行。设定决策目标最好的办法是，由职业经理人召集相关成员，共同收集、研判项目内外部的情报信息，然后，在团队成员中进行集体讨论，最后设定一个达成共识的明确目标，清楚说明利害关系获得企业主支持。决策目标一定要保持一致性，统一关键岗位管理人员的思想。很多时候，失败的原因不在于决策错误，而在于决策目标不断变化，使先前的决策变得不合时宜，这同样要求职业经理人要有预先判断、反复调适的决策意识。

定：选定行动方案

决策是行动的基础。在罗列出所有可行的方案后，下一步就需要分析这些方案的优劣性。对所有的情况进行分析和全面了解后，简明扼要地写出特定方案与特定目标之间的契合关系，再去淘汰不适宜的决策方案。选出了最佳行动方案，接下来要做的就是影响决策成败的关键——执行。职业经理人要在团队中选择最合适的执行者，并明确行动的权、责、利，以此来获得团队成员的高度认同与支持，全力以赴完成既定方案。

彼得·德鲁克在《卓有成效的管理者》中谈到，除非一开始就将所需实现的行动包括在决策之中，否则决策不会变得卓有成效。若将决策转化为行动，必须先回答这些问题：决策必须要让谁知道？必须采取什么行动来贯彻落实？应由谁来采取行动？这一行动应该包含哪些执行内容？决策行动必须与执行决策者的能力相适应。

评：评价决策效果

行动方案付诸行动后，职业经理人需要制定监督与回馈机制，反复检视决策效果。执行决策过程中，执行者需要定期向决策者反馈执行情况，这样，职业经理人能够追踪检查执行的结果是否符合预期的要求。决策执行评价的准确，离不开标准的科学和程序的得当。决策执行评价的目的是对执行结果进行总结，对执行过程进行调整，对执行参与人进行成绩评价。这是在渐进中使决策制定与执行不断优化的螺旋过程。

青刚老师课堂语录

- 战略越精炼，就越容易被彻底执行。
- 思考问题的方法决定了决策的质量。
- 经营的核心是管理，而管理的核心是决策。
- 英明的决策也会有反对的声音，没有反对声音的决策风险很大。

应变力：处变不惊的职业素养

恐龙高大，但它在地球上绝迹了，弱小的蜥蜴却生存了下来。蜥蜴是最能适应环境的高手，面对各种各样的生存环境，它的身体结构能随之做出最适应的改变。它可以生活于海洋、栖息于树上、游玩在沙漠、潜藏在土壤。所以，职业经理人要向蜥蜴学习，要有随顺适应的应变力。

应变力，顾名思义就是在遇到突发情况时，对事情处理表现出的态度和方法，也就是应对事物发展应变的能力。达尔文曾经说过："应变力也是战斗力，而且是重要的战斗力。得以生存的不是最强大或最聪明的物种，而是最善变的物种。”

“变”每时每刻都在发生着，世界唯一不变的就是“变化”。佳能公司认为，“你改变不了环境，但你能适应环境；你调整不了别人，可你会调整自己”。每个人的应变能力主要有两个方面：应对内部变化和应对外部变化。职业经理人的一个管理指令，关系到团队里执行这项任务的每一位员工，甚至影响公司后续的发展与成败。所以说，处变不惊的应变力，无论对职业经理人还是对企业来说都是不言而喻的。

温商：适者生存的“10倍速时代”

经济学家张五常说过：千规律，万规律，经济规律仅一条，就是适者生存。决定一个人的生活境况、富贵贫贱的因素，始终脱离不了“优胜劣汰”的原则。“温商”在中国商邦中是引领中国商业的重要力量。其适时而变的商业精神是一种水的精神，随势而动，不拘一格，逆势反思，顺势而为。当今社会瞬息万变，温商创造的一个又一个商业奇迹被称为“10倍速时代”。

吴建海：把“中国商城”开在非洲的温商

吴建海是最早走出国门做生意的温州商人。早在1995年，他带着几皮箱的样品和一本叫《绝处逢生术》的书只身踏上非洲的漫漫征途。当时的喀麦隆条件极其落后，而他已年逾不惑，并且对非洲的语言、风俗一窍不通。生性坚韧的吴建海不仅很快地适应了，并且站稳了脚跟。他在喀麦隆创办了首个“中国商城”，并担任起喀麦隆华侨华人工商总会的副会长，担当起中国和非洲友好贸易往来的民间大使。“经常听说喀麦隆是非洲一颗灿烂的明珠，到了那儿才发现，在喀麦隆杜阿拉市还没有中国商店，但中国货却很受当地人欢迎。”吴建海以“敢为天下先”的精神成为在杜阿拉开商场的中国内地第一人。

郑莱毅：八次赴欧美取经的康奈皮鞋“设计师”

一双鞋怎么做，无论是传统手工制作，还是机械化生产，或者高端定制……这些在温州创二代的康奈集团总经理郑莱毅看来，追求品质是第一位的，就是要坚持专注和精益求精的工匠精神，耐心专注地把鞋做好，“守正”才能

“出奇”，“适变”才能“引领”。

康奈非常重视设计队伍的建设，仅专业设计人员就有100多人。在康奈研发中心，听到最多的一个名词是“科研创新”。十多年来，负责研发工作的郑莱毅，带领研发人员八次远赴欧美市场调研，研究世界皮鞋流行趋势与最新鞋材的科技运用，并将康奈申报成功的包括鞋底透气等十几项专利技术，分别融入产品设计中，引领了皮鞋消费个性化、时尚化、休闲化、时装化的趋势。时至今日，康奈每年推出的男女皮鞋款式达到2900多种，平均每天面世8款。康奈的技术创新引起了国内外同行与媒体的高度关注。

王麟权：“厕所里淘黄金”的商业敏感

温州商人王麟权的创业史，展示了温州人非凡的创新能力和商业敏感度。王麟权是南山陶器厂的下岗工人。一天，家里的坐便器堵了，这一“堵”激发了王麟权的创新灵感。他虽然只有初中文化，但因长期在陶瓷厂工作，天天和卫生洁具打交道，有接触过化学试剂的经验，更重要的是他要靠此自立自强，他身上有一种“干出个人样、干出个业绩、不荒废一生”的锲而不舍精神。

经过反复试验，他终于研制出了专门用于便池除垢、下水道疏通的化学制剂“洁厕精”与“塞通”两种产品，这两种产品因当时属于国内首创而双双获得专利，他用自己的房间号为产品申报了商标“406”。“洁厕精”和“塞通”研制成功后，王麟权当即用不多的存款办起了小作坊，一边挂出公司的牌子加紧生产，一边申报专利保护。坐便器自然家家有，坐便器的堵塞也自然是常有的事。产品对路，需求大，销路自然也就很快打开。当时国内还没有厂家生产同类产品，王麟权的产品迅速行销国内市场，尽管公司规模一再扩大，但还是供不应求，订单堆满……自强自立、立新求变的精神使他的产品顺利地走进了千家万户，王麟权成了从“厕所里淘黄金的人”。

只有快速反应，提高应变力，才能在变幻的商业管理中生存。“温商精神”像沙漠中一粒晒干的种子，只要一场小雨，就会生根发芽、蓬勃生长。职业经理人要向“温商”学习，只有不断适应新的环境，才能让自己在社会中永远立于不败之地。职业经理人如何在工作中培养自己的应变力呢？我想，有以下七只动物会给你树立参考榜样：

（1）执着热情的“喜鹊”；

（2）务实尽职的“蜜蜂”；

（3）高度敏感的“变色龙”；

（4）信息传递的“信鸽”；

（5）诚信忠实的“牧羊犬”；

（6）细节入微的“猫头鹰”；

（7）温馨沟通的“百灵鸟”。

职业经理人理解了以上参考榜样，具备了处变不惊的应变力，才能让企业这艘大船稳舵前行。应变力其实也是企业风险管理中的重要能力，应变需要职业经理人搜集企业内外信息，掌握行业发展趋势，以便不会在突如其来的风险面前方寸大乱。如果平时你广泛收集行业上下游的各种信息，能充分掌握大环境的改变趋势，当你再遇到突发事件时，一定不会措手不及，因为一切都掌握在你的意料之中。

青刚老师课堂语录

- 竞争是常态，应变是方法。
- 明者因时而变，智者随事而制。
- 以未来的眼光带领现在的团队，塑造当下的自己。
- 你向上的路并不拥挤，拥挤是因为选择了安逸。

自知力：调适得当的情绪管控

课堂内外，听职业经理人说得最多的一个词就是“纠结”：纠结于做大池里的小鱼还是小池里的大鱼，纠结于留在北上广还是二线城市，纠结于要不要再深造学历等。纠结是焦虑的表现，究其原因，还是对自己的认知不够，严重的纠结会让自己寝食难安。

自知力又称自省力，是一个人对自己心理、思维、行为、知觉的自我判断。职业经理人要学会自我反省，自我调适，以正能量的管理状态面对企业主和团队成员。一把鹅毛扇不能给诸葛亮带来奇异的本领，但是却能让诸葛亮处之泰然、保持冷静，这是胜于所有本领之上的最大智慧。情绪有正面和负面之分，情绪化的管理就如“坏苹果原理”一样，成为企业发展的障碍。管控情绪对职业经理人来说是一种智慧，也是一种艺术。职业经理人要学会调整自己的情绪，做好自己情绪的管理专家。

一个人的情绪认知和管控商数即为情商（EQ）。情商只能根据个人的综合表现进行判断。情商水平高的人具有如下明确的自知能力：社交能力强，外向而愉快，不易陷入恐惧或伤感，对事业投入，为人正直，富有同理心，情感生活较丰富但不逾矩，无论是独处还是和许多人在一起时都能怡然自得。可见，自知力就是用正能量去开发自己的潜能和目标，启发我们内在最深处的价值与渴望，转化心中所想为实际行动。

哈佛大学情绪（情商）测试（标准版）

哈佛大学心理学系博士戴尼尔•高尔曼根据行为学及心理学分析，开发了以下测试，让您获得关于情绪（情商）的感性印象。请静下心来，诚实回答。最后请把得分相加，即为所获总分。测试问题共 10 个，计分标准见后文，最高分数为 200 分，一般人的平均分为 100 分，如果您得了 25 分以下，最好另找个时间重测一下。分数越高，正向情绪越强；分数越低，负面情绪越强。

表 3-1　哈佛大学情绪（情商）测试题

题序	测试题	行为选项（单项）	选择项
1	坐飞机时，突然受到很大的震动，你开始随着机身左右摇摆。这时候，您会怎样做呢	A. 继续读书或看杂志，或继续看电影，不太注意正在发生的骚乱 B. 注意事态的变化，仔细听播音员的播音，并翻看紧急情况应付手册，以备万一 C. A 和 B 都有一点 D. 不能确定——根本没注意到	

（续表）

题序	测试题	行为选项（单项）	选择项
2	带一群4岁的孩子去公园玩，其中一个孩子由于别人不和他玩而大哭起来。这个时候，您该怎么办呢	A. 置身事外——让孩子们自己处理 B. 和这个孩子交谈，并帮助她想办法 C. 轻轻地告诉她不要哭 D. 想办法转移这个孩子的注意力，给她一些其他的东西让她玩	
3	假设您是一个大学生，想在某门课程上得优秀，但是在考试后却只得了及格。这时候，您该怎么办呢	A. 制订一个详细的学习计划，并决心按计划进行 B. 决心以后好好学 C. 告诉自己在这门课上考不好没什么大不了的，把精力集中在其他可能考得好的课程上 D. 去拜访任课教授，试图让他给您高一点的分数	
4	假设您是保险推销员，访问一些有希望成为您顾客的人。可是一连15个人都对您敷衍，并不明确表态，您很失望。这时候，您会怎么做呢	A. 认为这只不过是一天的遭遇而已，希望明天会有好运气 B. 考虑一下自己是否适合做推销员 C. 在下一次拜访时再做努力，保持勤勤恳恳工作的状态 D. 考虑去争取其他的顾客	
5	您是一个经理，提倡在公司中不要搞种族歧视。一天您偶然听到有人正在开有关种族歧视的玩笑。您会怎么办呢	A. 不理它——这只是一个玩笑而已 B. 把那人叫到办公室，严厉斥责他一顿 C. 当场大声告诉他，这种玩笑是不恰当的，在您这里是不能容忍的 D. 建议开玩笑的人去参加一个有关反对种族歧视的培训班	
6	您的朋友开车时，别人的车突然危险地抢到你们前面，您的朋友勃然大怒，而您试图让他平静下来。您会怎么做呢	A. 告诉他忘掉它吧——现在没事了，这不是什么大不了的事 B. 放一盘他喜欢听的磁带，转移他的注意力 C. 一起责骂那个司机，表示自己站在他那一边 D. 告诉他您也曾有过同样的经历，当时您也一样气得发疯，可是后来您看到那个司机出了车祸，被送到医院急救室	
7	您和伴侣发生了争论，两人激烈地争吵；盛怒之下，互相进行人身攻击，虽然你们并不是真的想这样做。这时候，最好怎么办呢	A. 停止20分钟，然后继续争论 B. 停止争吵……保持沉默，不管对方说什么 C. 向对方说抱歉，并要求他（她）也向您道歉 D. 先停一会儿，整理一下自己的想法，然后尽可能清楚地阐明自己的立场	
8	您被分到一个单位当领导，想提出一些解决工作中困难问题的好方法。这时候，您第一件要做的是什么呢	A. 起草一个议事日程，以便充分利用和大家在一起讨论的时间 B. 给人们一定的时间相互了解 C. 让每一个人说出如何解决问题的想法 D. 采用一种创造性地发表意见的形式，鼓励每一个人说出此时进入他脑子里的任何想法，而不管该想法有多疯狂	

（续表）

题序	测试题	行为选项（单项）	选择项
9	您 3 岁的儿子非常胆小，实际上，从他出生起就对陌生地方和陌生人有些神经过敏或者说有些恐惧。您该怎么办呢	A. 接受他具有害羞气质的事实，想办法让他避开他感到不安的环境 B. 带他去看儿童精神科医生，寻求帮助 C. 有目的地让他一下子接触许多人，带他到各种陌生地方，克服他的恐惧心理 D. 设计渐进的系列挑战性计划，每一个相对来说都是容易对付的，从而让他渐渐懂得他能够应付陌生的人和陌生的地方	
10	多年以来，您一起想重学一种您在儿时学过的乐器，而现在只是为了娱乐，您又开始学了。您想最有效地利用时间，该怎么做	A. 每天坚持严格的练习 B. 选择能稍微扩展能力的有针对性的曲子去练习 C. 只有当自己有情绪的时候才去练习 D. 选择远远超出您的能力但通过勤奋的努力能掌握的乐曲去练习	

表 3-2　哈佛大学情绪（情商）测试答案及解释

题序	最佳答案	答案解释	测试得分
1	A 或 B 或 C	选择答案 D 反映了您在面临压力是经常缺少警觉性	A=20，B=20，C=20，D=0
2	B	情商高的父母善于利用孩子情绪状态不好的时机对孩子进行情绪教育，帮助孩子明白是什么使他们感到不安，他们正在感受的情绪状态是怎样的，以及他们能进行的选择	A=0，B=20，C=0，D=0
3	A 或 C	自我激励的一个标志是能制订一个克服障碍和挫折的计划，并严格执行它	A=20，B=0，C=20，D=0
4	C	情商高的一个标志是面对挫折时，能把它看成一种可以从中学到东西的挑战，坚持下去，尝试新的方法，而不是放弃努力，怨天尤人，变得萎靡不振	A=0，B=0，C=20，D=0
5	C	形成一种欢迎多样化的气氛的最有效的方法是公开挑明这一点。当有人违反时，明确告诉他您的组织的规范不容许这种情况发生。不是力图改变这种偏见（这是一个更困难的任务），而只是让人们遵照规范去行事	A=0，B=0，C=20，D=0
6	D	有资料表明，当一个人处于愤怒状态时，使他平静下来的最有效的办法是转移他愤怒的焦点，理解并认可他的感受，用一种不激怒他的方式让他看清现状，并给他以希望	A=0，B=5，C=5，D=20
7	A	这是使愤怒引起的生理状态平息下来的最短时间。否则，种状态会歪曲您的理解力，使您更可能出口伤人。平静了情绪后，你们的讨论才会更富有成效	A=20，B=0，C=0，D=0

（续表）

题序	最佳答案	答案解释	测试得分
8	B	当一个组织的成员之间关系融洽、亲善，每一个人都感到心情舒畅时，组织的工作效率才会最高。在这种情况下，人们才能自由地做出他们最大的贡献	A=0，B=20，C=0，D=0
9	D	生来带有害羞气质的孩子，如果他们父母能安排一系列渐进的针对他们害羞的挑战，并且这种挑战是能逐个应付得了的，那么他们通常会变得喜欢外出起来	A=0，B=5，C=0，D=20
10	B	给自己适度的挑战，最有可能激发自己最大的热情，这既能使您学得愉快，又能使您完成得最好	A=0，B=20，C=0，D=0

青刚老师课堂语录

- 成熟最大的敌人，就是缺乏对情绪的控制。
- 如果对手让你生气，说明你还没有战胜他的把握。
- 纠结时给自己列个“问题清单”，像扎气球一样去各个击破。
- 职场是一面镜子：皱眉视之，它也皱眉看你；笑着对它，它也笑着看你。

感染力：凝聚共识的团队力量

《孟子·公孙丑上》曰：“以力服人者，非心服也，力不赡也；以德服人者，心悦诚服也。”基于权力之外的人格感染力，是让周围人敬佩、信服的一种感召力量。对于职业经理人来说，这既是一种素养，也是一笔宝贵的财富。职业经理人要从“细”处给予员工走心的体贴和关爱，从“大”处积极培养共同的企业价值观，凝聚起攻无不克的团队精神，始终以先进的思想鼓舞人，以正确的理念引导人，以务实的作风带动人，以真诚的关心凝聚人，以严格的管理规范人，以优秀的文化吸引人。那么，这个团队就一定能凝心聚力，所向披靡。

以德聚人

具有高尚品行、宽广胸怀、过人学识的职业经理人，才能吸引德才兼备的人，让团队形成人才聚集效应。如何才能做到以德聚人？首先，人格感染力是一种默契认同。职业经理人对团队确认的共同目标要有坚定不移的态度，不能朝令夕改，要给团队成员带来“志在必得”的坚定信念。其次，人格感染力是一种正向力量。这种潜移默化的力量表现在平时的处事态度中。职业经理人对工作的激情会激发团队潜在的动力。最后，人格感染力是一种职业表率。无论是在顺境还是逆境中，职业经理人都应该保持一种处变不惊、胜不骄、败不馁的态度，给团队的每一位成员以示范和指导，稳定人心，驾驭全局。

周莹：以德聚人的商业典范

“如果我以你对待我的方式对待你，恐怕你早已离去。”这是热播电视剧《那年花开月正圆》中秦商周莹的经典台词。

周莹出生于陕西三原，据传天资聪颖，进入泾阳安吴堡大户吴家，并嫁给吴家少爷吴聘，后其夫吴聘和其公公均因故去世，吴家逐渐家道中落，她历经坎坷建立起陕西吴氏“商业帝国”，也成为当时唯一把生意做到富可敌国的成功女商人。

秦商周莹广济百姓的义举和远见卓识的经商理念，至今还被陕西商界广为流传，影响颇深。周莹经商之路，五大人格魅力助其成功：灵活变通、坚韧不屈、真诚善良、心胸豁达、幽默乐观。她德行为先，随和开朗，三教九流、达官显贵都能和她搭上话并且成为朋友，二虎、韩三春、千红姑娘、吴漪妹妹、吴聘、图尔丹、克劳迪都愿意信服她。她在吴家即便受到诸多不公，被嫌弃、诬陷、打压、沉塘、夺权，当吴家遭遇危险时她还会挺身而出，以德报怨。土匪韩三春绑架她，她却发现他是个仁义之士，不计前嫌，给他自己生意三成股份；吴遇在迪化要置她于死地，但周莹还是放他一条生路；为了百姓，与沈家的恩怨说放下就放下，一笑泯恩仇，这等胸襟在当下商场难能可贵！

秦商周莹的传奇一生，是以德聚人的商业典范。不加辨别、盲目滥用善行的行为确实不应该提倡，那并非真正的“德”。这里的“德”不是简单的宽恕、原谅，而是奉道而行，化解怨恨。能放下过往，以德报怨，化敌为友，主动做个相互伤害的终结者，绝对是大智大勇之人。

以诚待人

易中天在《百讲讲坛》中评价曹操：“曹孟德会用人，这在历史上是公认的，可以说是深知以诚取义的用人之道。”那么，历史上（非文学作品）的曹操是如何用人的呢？

其一，知人善任，唯才是举。比如崔琰、毛玠清廉正派，曹操就让他们选拔官吏；枣祗、任峻任劳任怨，曹操就让他们负责屯田。

其二，推诚取信，用人尊才。许攸从袁绍转来投奔他，他赤脚迎接，以示平等。

其三，令行禁止，赏罚分明。自己率先垂范，“以发代首”的故事被全军将士牢记于心。

鉴于此，易中天用八句话评价曹操的用人之道：

真心诚意，以情感人；推心置腹，以诚待人；
开诚布公，以理服人；言行一致，以信取人；
令行禁止，依法治人；设身处地，以宽容人；
扬人责己，以功归人；论功行赏，以奖励人。

曹操的为将之道，正是今天职业经理人的学习之法。以诚待人者，人亦诚而应。与员工保持和谐、融洽的人际关系，会让员工的心情更愉快，工作更加得心应手。反之，如果管理中一直保持一种高高在上，让人难以靠近的姿态，你的管理目标一定得不到积极的响应。职业经理人作为团队人际关系运营的核心角色，在与下属的交流中，摆低姿态，放下架子，融入自己的团队中，使下属能主动敞开心扉，直言不讳，真心沟通。除此之外，及时了解并认真倾听下属的意见，感应下属的情绪，与下属建起感情桥梁，主动表态并坚定做到帮助员工处理问题。

以身服人

《论语·子路》曰："其身正，不令而行；其身不正，虽令不从。"职业经理人的"身教"胜过"言传"。以身服人需要广纳良言，坚持民主，想在人前，干在人先，乐在人后。如果只会夸夸其谈，说得多，做得少，必然会让下属对其失去敬畏。为了增强凝聚团队的感染力，职业经理人需要以身作则，凡事走在前面；团队遇到危机，能迎难而上，为员工作出表率；如果自己出错，不回避不隐瞒，坦诚承认并改进。这样必能产生威信，又能给员工带去真切的正能量，于无形中提高自己在团队中的威望。

蔡总：形同虚设的制度是对管理的践踏

这是山东一家化工企业。有一次，因在同一城市其他单位刚讲完课，我路过这家企业门口，准备进去拜访一下企业的总裁蔡总（职业经理人，常在微信上互动交流）。进门前看到公司门口写着：来客请出示身份证登记。我正准备掏身份证，保安问我：你找谁？我回答：找蔡总。保安马上笑着指着里面的四楼一个办公室说：蔡总在四楼 401 办公，您从这边进去上电梯。我问：不是要登记吗？保安答：不用不用，找蔡总不用。

从进入公司一直到蔡总办公室，一路看到很多管理制度的牌子与标语，有墙的地方都有这些提示。公司很多地方都有"严禁烟火"的提醒内容。在蔡总办公室和会议室，我却都看到了烟灰缸。我问蔡总：你抽烟吗？答：不抽。我又问：不抽烟为什么放烟灰缸？答：个别客人有时会抽烟，领导开会偶尔也抽烟。我问：那员工能抽吗？答：坚决不允许。

因蔡总马上有会，我回酒店休息，约好晚上一起吃饭。出公司门口的时候，知道我是蔡总的朋友，保安老远就给我发烟，我说我不会，保安还是很客气地递给我。这时候我很尴尬：我看到离保安一米附近的位置挂着另外一块牌子：厂区内严禁吸烟。

经历这几个事情以后，晚上吃饭时，我将进出公司门口保安的做法给蔡总做了讲述，并把在蔡总办公室看到烟灰缸的情况谈了我的感受。蔡总认真听完后问我：李老师，这些事情不严重吧？到公司找我的客人比较多，我给保安讲过，凡是找我的不用登记；制度是管员工的，领导和来访客人偶尔在公司抽烟，我觉得问题不大吧。再说了，公司花很多钱，到处都安装了消防设施，没有发生过安全事故，这些设施一次都没有用过。您不用这么小题大做吧？

我很担心这家企业。我不认可“制度是管员工的”这样的观点，我也不觉得装了消防器材天天用就是好事，一次没有用就是坏事。管理其实就是上管下理，上行下效，正所谓“己所不欲，勿施于人”。再优秀的制度，如果管理者带头破坏，形同虚设的制度还不如没有。因为虽然有这个制度，但很多人都会觉得无所谓，遵守制度和破坏制度的人没有区别，那遵守制度又有什么必要？所有人都会为所欲为践踏和破坏制度。以身服人就是要职业经理人“高标准、严要求”，而不是把制度挂在口中或写在报告里，没有人执行和落实。

以情动人

“动之以情，晓之以理”是中国人一直保持的处事态度。胸怀开阔，以情动人，能够化干戈为玉帛，是职业经理人重要的素养和品质。在员工犯错的时候，首先要耐心倾听员工的说法，搞清楚为什么犯错，是什么性质的错误，再帮员工分析问题，共同面对错误。如果不是员工故意犯错或者员工首次犯错，要以宽慰的态度，来安抚员工的情绪，告知其努力改正错误，承担责任，并相信他下次能做到更好。如果员工重复犯同一个错误，那么职业经理人就一定要反思自己的管理方式了，可能是员工没有引起重视或对承担错误的责任意识不够，需要加强工作沟通，强化制度处理。如果处事过程中斤斤计较，刚愎自用，缺乏换位思考，单凭命令和处罚的方式管理团队，必然会导致员工抱怨连天，人心涣散，优秀人才也会渐行渐远。

经常有职业经理人问我：在刚性制度与柔性情感方面，哪种方式更好管理员工？我的答案是：这两个方面不冲突，为什么不能恩威并施、宽严相济呢？

使用刚性制度不代表就是大棒挥舞，严声厉色；使用柔性情感也并不代表没有原则，稀里糊涂。把管理制度、执行原则与企业文化、员工状态结合起来，以理服人，以情动人，让员工既能认识到自身的错误，又增强了员工改正错误的动力和决心，这将会起到事半功倍的效果。

青刚老师课堂语录

- 以力服人服一会儿，以利服人服一阵，以理服人服一生。
- 管理者要做钟表的电池，保证时针、分针、秒针和谐运转。
- 轻财足以聚人，律己足以服人，量宽足以得人，身先足以率人。
- 处世以德聚人，以身服人，以情留人；为人以道为方向，以法为准则，以术为策略。

沟通力：和谐高效的共融合作

普林斯顿大学对 10000 份毕业生人事档案进行分析，结果发现：专业技术和工作经验只占成功因素的 25%，其余 75% 取决于良好的人际沟通。

哈佛大学职业辅导局针对毕业生的调查报告显示，在 500 名被解职的应届毕业生中，因人际沟通不良而导致工作被认定为不称职者占 82%。

连续 11 次再版的畅销书《沟通力》讲道：99% 的矛盾是由误会造成的，99% 的误会是由于沟通不畅造成的。

麦肯锡公司研究表明：管理人员平均每天花 89% 的时间在沟通上，其中听占 45%，说占 30%，读 16%，写 9%。

借问人间愁寂意，伯牙弦绝已无声。沟通是一个寻找“知音”、双向互动的过程，沟通是否有效在于双方是否达到“共鸣”。沟通将个人整体的内在想法表现于外，让双方能充分了解彼此，进而达成具有建设性的共识。图 3-3 是沟通漏斗效应及解决办法，通过这几种方法，可以提高我们的沟通能力。在企业管理工作中，我们经常会遇到沟通不畅的问题。有的经理人在走上更高的管理岗位后，逐渐失去了和员工平心沟通的渠道和耐心，只根据自己的主观意识管人管事。久而久之，员工就被放在了管理的对立面，最终的结果必然是管理失败。那么，职业经理人如何在与员工的沟通中，让他们认同你的主张、按照你的要求做事呢？

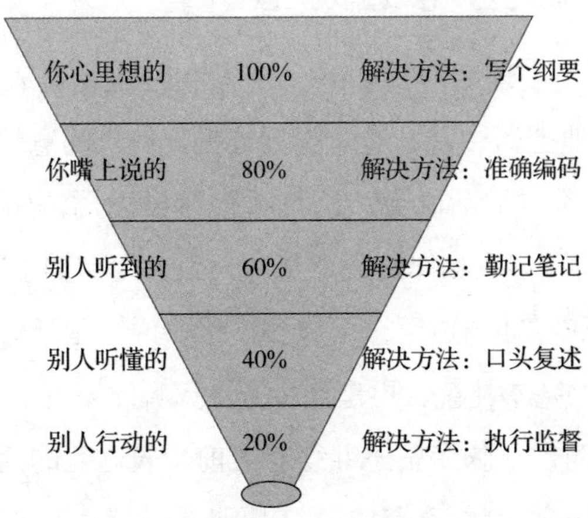

图 3-3 沟通漏斗效应及解决办法

尊重对方的意见，别说“你错了”

在人际沟通中，破坏力最强的莫过于三个字：你错了。你也许不具私心，而是出于情感，真诚地指出别人的缺点，以为这样做是为了别人好，但这会置别人于你的对立面，引起怨恨。所以言语婉转，给对方留有余地，是必要的沟通技巧。你直言对对方的否定，带来的不是感激，而是对方的不满。如果你直接向对方说“你错了”，那么，对方极有可能会因羞而生恼，后面你讲什么，他都不会听进去，他一定会在你的这句话上产生对立情绪。

以“我们”代替“你”“我”“他”

在东北的餐馆点餐，服务员推荐菜品的时候，口中经常会说“咱们家 × ×

菜是特色，您一定要尝一下”“我们家餐厅开了二十多年了，您放心点吧”。言语间让陌生人有了宾至如归的感觉。以“我们”“咱们”“大家一起”代替“你”“我”“他”这种称呼，在与人沟通中，找到了最大的语言共性，以“我们是一个团队”“我们是一家人”作为双方沟通的暗示语，让双方沟通自然搭建起了信任的桥梁，面对面的管理沟通更是如此。

让对方多说话，让对方有表达成就感

心理学上有一个心理定势：如果一个人在特定场合表达观点，他就会启动心理定势，直到他把话讲完，他才能听进去其他人的意见。所以，当你与人沟通时，最好先让对方把话说完，认真听他讲过之后，用语言予以肯定，比如“你的观点太棒了”“我和你的观点基本一致，太默契了”，让对方有一种表达的成就感。与下属沟通一定要让下属多说话，说心里话，中间不打断对方说话。这样既是做人的基本礼貌，更是让对方认真听你接下来说话的关键。否则，对方在听你说话的时候，脑海里还继续着之前未表达完的话题，怎么能够认真听你说话呢？如果沟通中迫不得已要打断别人说话，一定要表达歉意，说明原因。

求同存异，避免在细微地方争辩

沟通的结果就是为了达成共识。沟通双方存在严重分歧时，多使用“是……，但是……”句型，首先找到和对方的共识点，比如“我们今天领带的颜色一样啊”“我曾经在你家乡的城市工作过，我非常喜欢那里”等。释放融洽的气氛后，再转入沟通的话题，效果要好得多。在难度较大的沟通中先绕开敏感话题，设身处地为对方设想，这样对方在精神上就会处于开放和放松的状态，也会客观地理解和评价你的看法和观点，沟通的目的也就容易达到了。有时双方的立场冲突很大，这时也需要设身处地体察和领悟对方特定境遇中的情感，用太极的方式做到“推己及人”，形成情感的认同感。

不预设立场，避免给对方贴标签

你在公司中提出一个方案，担心老总不通过或者曾经有过类似没有通过的前例，这个时候你也许会预设结果。沟通中一旦预设立场，那么你的沟通一定是负面的，容易激起矛盾，因为心底里你本来就想验证“你看，我早就觉得他一定不同意。”与人沟通中，一定要注意不要因个人的喜好和价值观去评判对方，或者以沟通对象身上的年龄、性别、专业、民族、信仰、来自地区等因素给对方贴标签，强加自己的立场和观点给别人，这会让人第一时间失去对你的亲近感。

如果自己有错误，干脆尽快承认

坦诚是一个人可贵的品质。沟通中对事不对人，有助于你赢得良好的认可。职业经理人直面自己的过错，敢于在下属面前承认自己的错误，这不仅不会影响自己的管理威信，反而会让下属感受到你的真诚担当。如果沟通中一遇到不同意见或者做错了、说错了被发现，就像个刺猬，恼羞成怒或者视而不见，这样只会让别人觉得你心胸狭隘，缺乏自省。经验表明，在对方面前勇于承认自己的错误的人，常常会让对方不再针对你。诚恳地检讨和反省，会为你赢得广泛的支持和无限的声誉。

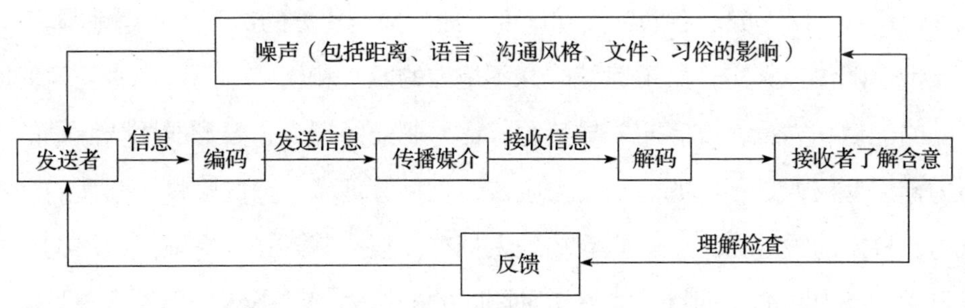

图 3-4　沟通信息传递示意图

青刚老师课堂语录

- 学会倾听是管理者的沟通必修课。
- 信为人际交往的绿灯，诚是心灵沟通的桥梁。
- 沟通的关键是听出别人的言下之意、弦外之音。
- 沟通出现障碍，不妨换个角度、换个心情、换个时间、换个环境。

号召力：达成目标的团队激励

汉高祖刘邦曰："夫运筹帷幄之中，决胜千里之外，吾不如子房；镇国家，抚百姓，给馈饷，不绝粮道，吾不如萧何；连百万之众，战必胜，攻必取，吾不如韩信。三者皆人杰，吾能用之，此吾所以取天下者也。"

《诸葛亮将苑》云："夫为将之道，军井未汲，将不言渴；军食未熟，将不言饥；军火未然，将不言寒；军幕未施，将不言困。夏不操扇，雨不张盖，与众同也。"

刘邦取得天下，诸葛亮号令朝野，靠的是众将归心的号召力。

人格：给员工能量

管理者如何形成号召力？换句话说，如何才能让你的员工死心塌地跟着你，忠诚地追随你？其实，员工追随的并不是你的职位和权威，而是你身上他们所认同的能量和力量，或者叫领导魅力。作为职业经理人，要形成团队激励的号召力，光有权力是不够的。号召力应该建立在管理者宽广的胸怀、强大的人格魅力、科学的领导力之上。职业经理人拥有的权力其实是"有限授权"，但是，号召力却是无限的。拥有了能够激励团队的号召力，就必然会形成一个强大的抗干扰磁场，从而创造更多的团队奇迹。

语言：给员工鼓励

良言一句暖三冬，恶语伤人六月寒。可见语言的力量多么强大。优秀的管理者都拥有强大的语言魅力，言语间充满感染力，能用激情鼓励和点燃他人对成功的渴望。在日常团队管理中，说出去的话，要承诺做到，不能让下属觉得自己是一个随意承诺而疏于兑现的人，一旦让下属认为你说话不算话，那么号召力就无从谈起。除此之外，要学会赞美和鼓励员工，这是对其工作能力和工作状态的肯定。语言上的鼓励能给员工带来意想不到的力量。

关爱：给员工温暖

被重视、被需要、被认同，是员工工作中最希望获得的价值感。南风法则告诉我们：温暖胜于严寒。运用到管理实践中，南风法则要求管理者要尊重和关心下属，时刻以下属为本，多点"人情味"，多注意解决下属日常生活中的实际困难，比如准确记住员工的名字，主动为员工庆祝生日，亲自探望生病住院的员工，主动关心员工发生的变化，为员工创造惊喜等，使下属真正感受到管理者给予的温暖。这样，下属会自然而然形成与企业及管理者的默契认同，自觉发挥正向能量为企业工作。

唐骏：从微软到微创的"职业标杆"

2018年9月，马云宣布辞任阿里巴巴董事局主席后的第一时间，被称为"中国第一职业经理人"的唐骏在接受媒体采访的时候说："我要为马云鼓掌。因为他，因为阿里巴巴，中国不只是开创了一个互联网的时代，更是引领了一个让中国企业发展更好的职业经理人制度的时代。我非常期待有一天，中国的企业都能由职业经理人来管理。正如马云所说，爱自己的公司，就要让比你更懂这家公司的人去驾驭，因为只有这样才能让企业有着更长期稳定的发展。"随后马云也对唐骏的"点赞"做了肯定回应。

1994 年放弃创业加入微软，从一名普通技术员做起，到 2002 年出任微软中国公司总裁，到 2004 年出任盛大网络总裁，再到 2008 年出任新华都集团总裁兼 CEO，再到 2015 年出任微创（中国）董事长兼 CEO，20 余年的职业经理人生涯，成就了无人能够复制的唐骏。

成功转行的背后，也曾被质疑。“学历门”事件刚出来的时候，有媒体采访唐骏：“有人说你被拉下了神坛，你认同吗？”一向严肃的唐骏，笑着回答：“不要迷恋我，我也不是传说，但江湖有我的传说。神坛是你们塑造的，不是我要的。但我希望我的传说能让一批又一批职业化的经理人走上中国企业的台前而不是深藏幕后。因为职业经理人自带号召力，是一个企业的文化在内外得到认同的见证。”记者问他：“你为什么第一时间不回应别人对你的质疑？”唐骏回答：“你要是我，你就知道一个职业经理人该干什么，怎么过有意义，我实在没有那么多时间花在娱乐新闻上。”

今天看来，用一张学历证书否定一个优秀的职业经理人的事业，甚至攻击中国逐步壮大的职业经理人队伍，多么可笑。一路走来，唐骏的职业生涯，中国的职业经理人依然无人能够超越。他是微软公司历史上唯一两次获得“比尔·盖茨杰出奖”的人。这背后，是他矢志不渝的修炼、高度的职业化以及过人的智慧。

唐骏在公开演讲中经常谈到，职业经理人要不断塑造自己的团队号召力，用“职业标杆”的力量去激励前仆后继的职场伙伴，他鼓励年轻人成为下一个“唐骏”。他把中国职业经理人的价值重新做了定位，让国内企业投资人看到了职业化管理人才不可或缺的力量，他为中国职业经理人明确了发展道路。

青刚老师课堂语录

- 你的一句话，可能改变别人的一生。
- 职业经理人的一句激励，胜过千万句的说教。
- 同心同德、同舟共济、同甘共苦是百战百胜的团队基因。
- 优秀团队的管理者，最重要的是能聆听得到沉默的声音。

授权力：各司其职的权责清单

在总裁班上，有一位企业高管，每年企业销售额达6亿元。上课期间频繁接电话，有一次课间在咨询我问题期间，就接了好几个电话。我在旁边听着：公司上千万的厂房设备需要他签字，办公室不到百元的办公用品采购需要他签字，他不签字，这些事都办不成。接完电话后，他一脸自信地对我抱怨：实在没有时间来听课，太忙了。我原本以为他的管理方法有问题，给他做了授权管理的建议，几次过后发现他的管理方式一点也没有改变，越管越累。后来我才发现，不是我的方法有问题，是他“恋权”所致，他很享受这种“公司没有我，就没法运转”的绝对控制状态。

不少职业经理人的管理方式还停留在传统的“指令型”管理。这种管理方式需要一人独挑大梁，对下属的工作不信任、不放心，特别注重过程管理。“集权统筹式”管理会给下属造成巨大的心理压力，同时也培养了下属的依赖性，降低了员工的自觉行动力。在指令授权中无法放手去做的下属只有唯命是从，做不了任何决策，也不愿意负任何责任。虽然看上去管理者是煞费苦心，但是最终的结果只会让整个团队丧失正能量和创造力，导致目标能否达成与团队成员没有太大关系，全系独揽大权的管理者身上。这样下达的指令授权，其实没有真正的授权。那么，如何厘清权、责、利，让员工各司其职、自觉投入工作呢？

员工是一个个有思想的个体，那么管理就不能只“管”不“理”。制定团队目标前，职业经理人必须与下属进行充分的沟通和协商，多花时间与团队成员进行讨论，摸清员工的真实想法，确定每一位成员对目标的认知是一致的。在此过程中，需要注意的是讨论的重点在于目标的量化和预期的结果，而不在于具体执行和操作方式，这样彼此才能取得足够的默契和共识，制定出的目标才更具落地性和实效性。除此之外，职业经理人还需要跟下属对完成目标的期限给出明确时限。

制定完目标，需要实施共享共信授权（见表 3-3）。职业经理人授权必须结合员工本职岗位的权、责、利，要在规范流程的授权限度内完成任务。规范流程有三点需要注意：第一，避免规定太多太细致，对下属造成了太多约束，这样就失去了授权的意义，回到了“指令型”授权。第二，不能授权过度，总是说“放心、大胆干吧，不会有事的，出事我担着”等，这种过度放任让团队失去控制。第三，对实现目标中可能出现的难题和障碍，职业经理人要事先预判并告知下属，事前寻求解决预案，让团队成员做好充分的心理准备，避免误时误工的摸索。

表 3-3　共享共信授权四维法工作事项表

指导型工作事项（意愿高 + 技能低）	委派型工作事项（意愿高 + 技能高）
1.______ 2.______ 3.______ 4.______ 5.______	1.______ 2.______ 3.______ 4.______ 5.______
指示型工作事项（意愿低 + 技能低）	**辅导型工作事项（意愿低 + 技能高）**
1.______ 2.______ 3.______ 4.______ 5.______	1.______ 2.______ 3.______ 4.______ 5.______

青刚老师课堂语录

- 不懂得如何授权，执行力就是伪命题。
- 放权≠放弃：管理者授权要对结果负责。
- 真正的职业经理人是把员工培养成“职业人”。
- 授权就像放风筝，部属能力弱就收一收，部属能力强就放一放。

第四章

术道赋能：点金有术，管理有方

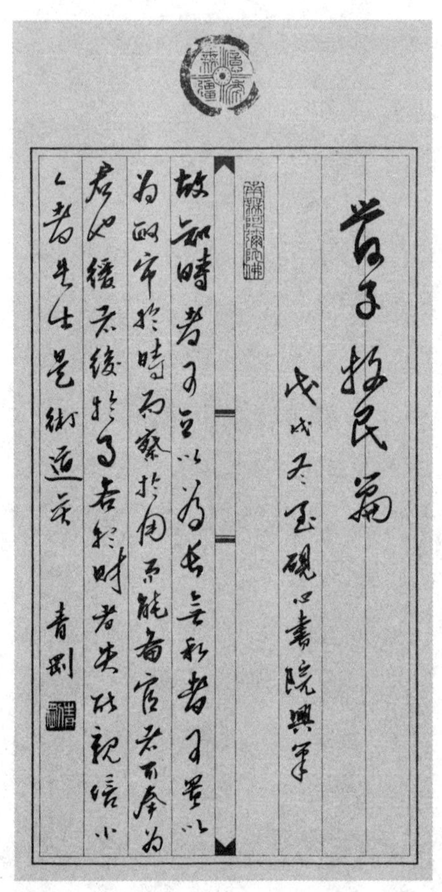

故知时者，可立以为长；无私者，可置以为政；审于时而察于用，而能备官者，可奉为君也。缓者后于事，吝于财者失所亲，信小人者失士，是术道矣。

——《管子·牧民篇》

计划管理：预见的科学化

如果想泡壶茶喝，当时的情况是：开水没有，水壶要洗，茶壶、茶杯要洗；火生了，茶叶也有了。那么，怎么才能很快喝到这壶茶？

甲：洗净水壶，灌上凉水，放在火上，坐待水开；水开了之后，急急忙忙找茶叶，洗茶壶茶杯，泡茶喝。

乙：先做好一些准备工作，洗水壶，洗茶壶、茶杯，拿茶叶；一切就绪，灌水烧水；坐待水开了泡茶喝。

丙：洗好水壶，灌上凉水，放在火上；在等待水开的时间里，洗茶壶、洗茶杯、拿茶叶；等水开了，泡茶喝。

哪一种办法省时间？我们能一眼看出丙的办法好，前两种办法都误了工。水壶不洗，不能烧开水，因而洗水壶是烧开水的前提。没开水、没茶叶、不洗茶壶茶杯，就不能泡茶，因而这些又是泡茶的前提。由此可见，做任何事情，都需要计划流程，不要盲目去干。所谓的计划管理，是指在特定时间段为实现团队的共同目标，做出的统筹性策划安排。那么，企业为什么要强调计划管理？预见的科学化的意义在哪里？

企业经营活动中，计划书或工作方案的目的，是为了企业的经营活动在执行前就经过科学分析、预测评估和统筹规划，以及在执行过程中如遇特殊情况，针对可能出现的偏差制定相应应急措施或保障方案，确保整个项目实施的可控性。计划的编制是基础，审计是手段，执行是保障，考评是结论。企业要想不断提高经营效益和工作效率，首先要确保计划管理水平的不断提高。因此，提高计划编制的科学性、计划审核的独立性、计划执行的有效性和计划考评的公正性和合理性，是计划管理的主要内容。一个完善的、科学性的计划管理，分为三个阶段。

事前管理：计划审核

制定计划之前，职业经理人需要跟团队成员之间进行反复讨论，对计划的操作性、可控性和可靠性形成完善的审核体系，以确保预估效果，从而保障计划的高效落实。计划审核体系包括数据统计、实施分析、历史对比（纵向）和行业对比（横向）、建议性结论这四个基本环节。很多职业经理人在实施计划管理过程中，并未将事前管理的审核体系有效且全面地掌握和运用。因此，加强对这一过程的关注度，有利于确保计划有效落地，为事中管理提供操作依据。

事中管理：效率至上

审核评估生效后，职业经理人需要对计划执行的过程进行监督和管理，并不断优化执行效率。首先，要对计划中可能出现的偏差做到科学化的前瞻预测；其次，要对这些预测做好有效的预防措施；再次，要对执行的效果进行追踪，从而确保计划的有效落地。事物在运行过程中可能出现多种变化，如果预先没有考虑相应的应急管理措施或保障方案，很有可能造成过程管理的失控，导致执行效率严重降低，执行效果也会不尽人意。

事后管理：成果考核

市场竞争的变化，要求职业经理人的管理方式必须从粗放型过渡到精细化——以事后考核的方式进行成果检验。事后管理主要是对计划实施后的结果进行考核。特别是未按计划执行或按计划执行未达标的情况，严格按照“四个不放过”执行，即：找不到问题产生的责任人不放过；找不到问题发生的原因不放过；找不到问题的解决措施不放过；事后未形成教训不放过。在此基础上，如果结果离目标差别很大，就需要总结经验，吸取教训；如果顺利完成成果突出，需要分析团队及个人优势所在，并为下次做到更好形成制度要求。

青刚老师课堂语录

- 要想不做事务的奴隶，请先做好计划。
- 没有人计划失败，但失败总追随没有计划的人。
- 计划管理就是先筛选“对的事情”，再“把事情做对”。
- 计划是连接团队目标（起点）和成果（终点）之间的桥梁。

目标管理：目标的成果化

我曾多次在企业管理课堂上针对“职业经理人对目标管理的困惑有哪些”进行调研，结果如下：

不明白老板的战略目标，或目标大而空，执行起来困难（24%）；

各部门目标得不到下属们的共识，分解费时（21%）；

下属无目标，都在等着分派工作，不主动（19%）；

要随时查看工作的进展情况，很累（17%）；

工作业绩无法准确评估（11%）；

目标变来变去（8%）。

德鲁克认为，先有目标才能确定工作，企业的使命和任务都必须转化为目标。如果一项工作没有目标，那么这项工作一定会被忽略。经典管理理论对目标管理（MBO）的定义为：目标管理是以目标为导向，以人为中心，以成果为标准，而使组织和个人取得最佳业绩的现代管理方法。

职业经理人必须掌握目标管理这一工具。团队确定目标后，必须对其进行有效分解，按照目标管理“七要素”（见表 4-1），转化成部门目标以及岗位（个人）目标，管理者根据分解目标后的完成情况对下级进行考核、评价和奖惩。这一过程，其实就是将目标成果化。

表 4-1　目标管理七要素（以经营连锁餐厅为例）

目标要素	英文标识	实施内容	具体操作指标
为什么定这个目标	Why	制定目标的预估依据	提升业绩，增加收益
目标是什么	What	实现目标的中心思想、项目名称	提高销售额、毛利润
达到什么程度	Which	达到的质、量、状态	销售额 5000 万元 毛利润 1600 万元
怎么做	How	采取的措施、手段、方法	1. 在城南新开一家分店； 2. 增加新菜品开发，实现新增销售收入 500 万元； 3. 通过提升服务品质，将上座率提高 10% ～ 15%
谁去做	Who	合适的人干合适的事 专业的人干专业的事	各司其职，权、责、利到位
何时开始 何时完成	When	开始时间、完成期限、预定计划表、日程表	1 月：…… 2 月：…… …………
是否达成既定目标	Yes/No	完成成果的评价	实际销售收入 5450 万元 毛利润：1810 万元

通用电气最先采用目标管理法，并取得了明显效果。其后，目标管理法在美国、西欧、日本等许多国家和地区得到迅速推广，被公认为是一种先进的科学管理方法。近年来，目标管理成为中国企业管理课堂上的重要内容。那么，职业经理人如何全面贯彻落实目标管理呢？

从上至下的目标设定，设定容易，执行难；从下至上的目标设定，执行没问题，但可能偏离方向。要让目标成果化，首先不是执行的问题，而是目标是否有效（符合 SMART 原则，即 S—具体的，M—可衡量的，A—可达到的，R—有关联的，T—有明确期限的），是否认同，是否形成共识。无效的目标必将产生无效的管理，没有目标的执行也难以产生好的成果。

为了保证目标的有效性，首先应该在公司范围内传达公司的总体目标；接着，根据每个部门的业务职责与人力资源情况，在总体目标里为每个岗位做工作设想（角色模拟），设想预估最好结果与最差结果；明确评估后再分部门（由部门负责人）跟每位员工反复沟通统一目标思想；最后，职业经理人就总体设想征询执行线上关键节点意见及困难点问题，调整后达成一致意见，由部门和员工把总体设想做具体展开，得到属于公司与个人共同高度认可的长、中、短期目标，保障目标的有效实施。（见图 4-1）

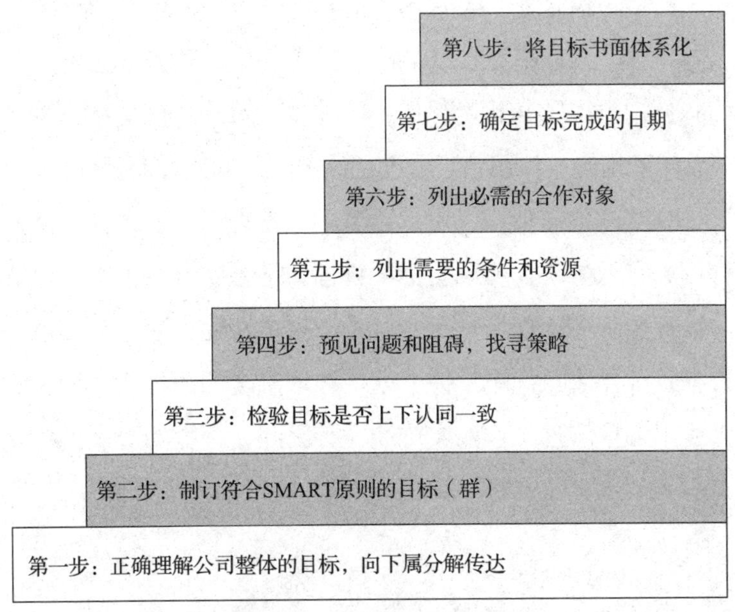

图 4-1　目标管理“八步法”

青刚老师课堂语录

- 以目标为导向，为成果而工作。
- 没有目标的团队必然会丧失战斗力。
- 成功的“稻穗”会向那些有目标和远见的人点头。
- 不要让下属为你干活，而要让大家为团队共同目标干活。

标准管理：制度的流程化

在海南三亚、陕西西安、黑龙江哈尔滨、新疆乌鲁木齐等全国各地的麦当劳店里点同一款麦辣鸡腿堡，味道一模一样，没有丝毫偏差；在全国任何一个星巴克店里点同一款咖啡，口味也一模一样，不会有差别。这也是他们的店可以开遍全世界每个角落、同时可以线上线下都卖得很好的重要原因。

在中国人接受的教育里，从小父母就要求孩子“站要有个站样”“走要有走的样子”，这个“样”其实就是“标准”。从古至今，儒家、法家、道家的传统文化经典为我们树立了道德标准，但中国在企业管理方面的标准参差不齐。很多行业都缺乏像麦当劳、肯德基、星巴克这样的标准化管理。

标准化是制度的最高形式，可运用到生产管理、开发设计、客户服务等方面，是一种行之有效的工作方法。标准管理，是指对企业内需要协调、统一的技术要求、管理要求和工作要求制定标准，阶段性固化后进行贯彻、实施、监督的一种过程管理要求。简单地说，就是管理制度的流程化。通过流程化的制度，可以表达出各项管理工作的实施途径。因此，制度的流程化能让职业经理人的日常管理工作更细致、更具体、更有效。

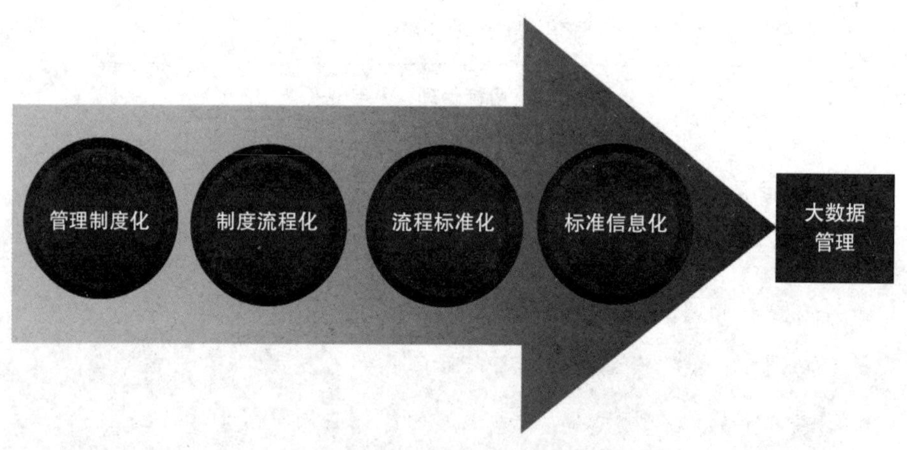

图 4-2　企业标准管理数据化系统

如图 4-2 所示，标准管理的核心是制度的流程化。流程管理模式所强调的管理对象是业务流程，强调以流程为目标，以流程为导向来设计组织框架，同时进行业务流程的不断再造和创新，以保持企业的活力。标准流程是企业管理模式改造中最关键的一环，任何远景的实现、信息系统的导入、企业文化价值观的具体呈现，终将落实到标准流程。流程化管理也是大数据管理的前提。职业经理人在团队的管理中，需要对企业的所有流程、制度、表单进行系统梳理，导入内部信息系统，保证企业内部管理信息和数据流转的及时、高效。

“标准”不能缺席于管理

三流企业卖产品，二流企业卖品牌，一流企业卖标准。从这句话中，我们不难看出“标准”的价值。企业标准化管理体系涉及企业管理制度的方方面面，包括职业素质标准、岗位职责标准、岗位考评标准以及企业形象管理、组织层级管理、行政保障管理、人力资源管理、技术研发管理、生产管理、设备管理、质量管理、财务管理、物控管理、营销管理、合同管理等方面，是企业管理运行完备的制度体系，为企业步入良性、快速的发展轨道奠定了坚实的基础。

ISO：带领全球企业发展的国际标准化组织

我们进超市、商场、商店买东西，包装上都会有一个条形码，手机扫进去，就是企业的产品信息。很多企业包装上还会写着“本企业通过ISO某某标准”几个字，这些都是产品标准化和企业标准化的信息化呈现。

国际标准化组织（International Organization for Standardization）简称ISO，是一个全球性的非政府组织。成立于1946年，中国是ISO的正式成员，代表中国参加ISO的国家机构是国家质量监督检验检疫总局。ISO的宗旨是：在世界上促进标准化及其相关活动的发展，以便于商品和服务的国际交换，在智力、科学、技术和经济领域开展合作。在2008年10月的第31届国际化标准组织大会上，中国正式成为ISO的常任理事国。ISO作为一个整体担负着制订全球协商一致的国际标准的任务，其制订的标准实质上是自愿性的，这就意味着这些标准必须是优秀的标准，它们会给工业和服务业带来收益，让客户在最短时间内了解产品和服务的真实信息，所以，很多企业自觉使用这些标准，进行ISO达标管理。

当前中国企业常用贯标的十大标准管理体系有（一般简称后会注明版本，如 ISO9001：2015 版）：

（1）ISO9001：质量管理体系；
（2）ISO14001：环境管理体系；
（3）OHSAS18001：职业健康安全体系；
（4）ISO10012：测量管理体系认证；
（5）ISO22000：食品安全管理体系；
（6）ISO27001：信息安全管理体系；
（7）ISO/TS16949：汽车行业技术规范；
（8）ISO20000：IT 服务管理体系；
（9）ISO13485：医疗器械质量管理体系；
（10）ISO26000：社会责任管理体系。

构建标准化管理信息系统

标准管理工作是一项系统工程，要取得好的成效，认知是前提，团队是关键。如何让标准管理的基础变得更加扎实呢？首先，要配备标准化的工作人员（标准内审员），努力做好统筹规划、指导监督、组织协调、考核检查等工作，使标准管理工作在组织机构上形成一个完整的工作体系。其次，在管理过程中，要完整建立企业标准化管理信息系统（OA 系统及 ERP 系统），把技术、生产、财务、采购、供应链等工作标准体系操作明细表等内容囊括其中。这样的系统最好为企业定制开发，能与手机系统兼容，既要符合企业生产、经营、管理的实际，也要具有复合型、人性化和可操作性。

全力到位的对标落地培训

制定出来的制度和标准体系不是为了挂在墙上，不是为了写进项目报告里，而是要落实到实际的管理工作中全面执行的。因此，职业经理人要做好企业管理标准化的培训。对于企业来说，再好的标准想让员工做到，首先要做的是让员工从内心认可。企业在制定相关标准后，各级管理层必须做好宣传和培训工作。定期举办标准化知识学习培训、标准化知识有奖竞答或达标考试，这样既能调动员工的积极性，也让员工了解到企业的标准化制度。通过学习和培训，让员工提高对标准化的认同感，增加对标准化管理的敬畏心和行动力。

优化完善企业标准管理体系

企业在发展，新问题不断。没有哪一个制度或体系建立之后是完美的，所有的体系都是在执行过程中发现问题并不断完善，完善后才能更好地服务于企业。因此，为了保证企业建立的标准体系能够有效且持续地运行，职业经理人要根据团队的实际情况制定标准化监督和考核机制，查明和消除不合格原因，采取纠正措施，强化标准认同，防止标准之外的“意外事件”发生。达标监督和考核结果需要跟薪资挂钩，这样才能促进员工工作的积极性，更好地认同并做好标准执行。

青刚老师课堂语录

- 工匠精神就是严格按标准把工作做到极致。
- 管理者是标准的制定者，不能成为标准的破坏者。
- 标准管理就是把复杂的事情简单化，把简单的事情重复做到位。
- 标准流程不是写在墙上、说在嘴上，而是记在心里、落实在行动上。

时间管理：时间的效益化

时间对谁都公平，每天都是 24 小时，最主要的是你如何驾驭时间？你的时间效益如何？做一次下面这个行为测试题，你可能就有答案了。

时间管理行为能力测试题

对下面的每个问题，请你根据自己的实际情况，如实地给自己评分（计分方式：选择“从不”为 0 分，选择“有时”记 1 分，选择“经常”记 2 分，选择“总是”记 3 分。）

1. 我在每个工作日之前，都能为计划中的工作做充分准备。（ 分）
2. 凡是可交派下属（别人）去做的，我都交派下去。（ 分）
3. 我利用工作进度表来书面规定工作任务与目标。（ 分）
4. 我会尽量一次性处理完毕每份文件或每份工作。（ 分）
5. 我每天列出一个应办事项清单，按重要顺序排列依次办理。（ 分）
6. 我尽量回避干扰电话、不速之客的来访以及突然的约会。（ 分）
7. 我会按照生理节奏变动规律曲线来安排我的工作。（ 分）
8. 我的日程表留有回旋余地，以便应对突发事件。（ 分）
9. 当被干扰，而我又必须处理更重要的事情时，我会说“不”。（ 分）

总分： 分

测试结论：

0 ～ 12 分：你自己没有时间规划，总是让别人牵着鼻子走。

13 ～ 17 分：你试图掌握自己的时间，却不能持之以恒。

18 ～ 22 分：你的时间管理状况良好，请继续保持。

23 ～ 27 分：你是值得学习的时间管理典范。

时间管理的目的是决定“该做什么”“不该做什么”以及“什么时候来做”，将时间的效益发挥到最大化。在管理工作中，职业经理人最大的困惑来源于外界的干扰，如果不加梳理，随时都可能让你放下手中重要的工作去做其他的事情。管理工作有很大一部分需要与外界互动，外界的干扰就成了伴随工作的一部分。该采取什么方法让时间产生管理效益呢？

时间四象限法

日常工作中，很多人见到什么就马上做什么，做到哪里算哪里，导致最后该做的并没有做，该晚点做的提前浪费时间做。把工作按照“重要”和“紧急”两个不同的程度进行划分，分为四个“象限”。

（1）既紧急又重要。

如客户投诉、财务危机、即将到期的未完成的重要任务等；

（2）重要但不紧急。

如月度团队人员培训、例行拜访重点客户、建立人际关系等；

（3）紧急但不重要。

如下班前的家庭电话、临时朋友聚会、节前给朋友送祝福等；

（4）不紧急且不重要。

如不重要的邮件、个人游戏、无聊的闲谈、漫无目的地看手机等。

如果每天的工作大量处在“既紧急又重要”中，不要误认为自己日理万机角色不可替代，恰恰出错的概率会非常高，每天也会身心疲惫，管理者就像个消防员一样，精神和行动高速运转，随时准备“灭火”。怎么让这个区域的事情越来越少呢？时间“四象限”法强调要把主要的精力和时间集中处理“重要但不紧急”的事情上，做好前瞻计划；选择性处理好“紧急但不重要”的事情，不要被这些事情耽搁大量时间。这两个区域的事情做到了，“重要且紧急”的事情就越来越少，做到了未雨绸缪，防患于未然。

时间 ABC 分类法

有句俗话是“捡了芝麻，丢了西瓜”，说的就是不会应用时间 ABC 分类法的人。面对纷繁杂乱的处理对象，如果分不清主次，鸡毛、蒜皮一把抓，可想而知其效率和效益是不可能高的。而分清主次，抓住主要的工作对象，采取不同的工作力度，准确评估工作时间，一定可以事半功倍。职业经理人用时间 ABC 分类法处理日常事务，高效率和高回报是显著的。如果将管理工作上的事情按照“轻重、缓急、主次”来划分，通常情况如表 4-2 所示。

表 4-2　时间 ABC 分类法

类别	事态	采取行动	预估时间	实际时间	差异分析
A	突发、紧急、重要	马上去做	____小时	____小时	
B	次要、常规、惯例	按部就班	____小时	____小时	
C	简单、可做可不做	择空再做	____小时	____小时	

根据工作性质对号入座，并粗略估计出每项工作所占的时间比例，记录实际消耗的时间。然后，将每日计划时间安排与实际耗用的时间进行对比，分析时间运用效率，下次重新安排自己的不同类别的工作时间，让工作能够更有效率。

"不确定"预防法

工作是无限的，时间却是有限的，时间是最宝贵的财富。如果没有时间规划，工作计划再好，目标再高，能力再强，也是空谈。突访来客、应急电话、临时安排等，是工作中最常见也最让人受干扰的"不确定"状态，是打破职场"按部就班"状态最烦的事情。计划没有变化快，工作中要为不确定事件留时间。有三个预防此类事件发生的方法：第一是为每件计划都留有多余的预备时间。第二是可以训练自己在不留多余时间，又经受干扰的情况下完成既定工作。这并非不可能，事实上，工作快的人通常比慢吞吞的人做事更精确到位。第三是另外准备一套应变计划，牢记已规划工作的时限，迫使自己在规定时间内不受干扰地完成工作。切记一句话：管理如徒步行走，要紧随领队人的步伐；走到哪里歇在哪里，永远都是落后于别人到达终点。

时间效益提升法

每个人的精力都是有限的，有效的时间管理意味着合理安排各项工作。所谓有所为、有所不为，把自己的精力和时间用在最能体现工作价值的方面。时间效益提升法强调做到以下十条：

（1）搭档合作；

（2）优先次序；

（3）杜绝拖延；

（4）任务清单；

（5）调整压力；

（6）设定期限；

（7）一次做好；

（8）及早开始；

（9）劳逸结合；

（10）懂得拒绝。

青刚老师课堂语录

- 从不浪费时间的人，没有工夫抱怨时间不够。
- 生命就是时间的延续，浪费时间就是浪费生命。
- 回顾是进步的必由之路，复盘是最大地节省时间。
- 人从出生就进入倒计时，假如时间是一所银行，你的余额还有多少？

示范管理：参照的标杆化

日本著名企业家松下幸之助认为，要提高商业效益，首先管理者就要以身作则，成为团队的靶心，为团队起好核心辐射作用。模仿是一个人、一个团队的重要工作能力，参照标杆，学习标杆，最后才能成为标杆甚至超越标杆。那么，模仿谁？模仿什么？如何模仿？示范管理简单来说就是管理者身先士卒，起到示范作用，为团队成员提供模仿样本。职业经理人要努力让自己成为一个可靠的“自我管理”的榜样，成为员工模仿的标杆。

柳传志：“罚站一分钟”的示范效应

联想一向以严格的管理和雷厉风行的作风而出名。在联想集团内部，有一个延续了快30年的规定，即无论是谁，如果开会迟到了就要罚站，迟到多久就罚站多久。这是联想集团的规矩，每位员工都要执行，这一规矩是柳传志接棒集团总裁之初就定下的。因为在这之前，每次会议总有人迟到，开会时间到了仍有许多人忙着手里的事情不予理会。

规矩定下后不久集团要开会。上午10:00会议正式开始，柳传志扫视了一眼齐刷刷坐着的员工，颇有几分高兴，他心里想：想不到罚站这一招还挺奏效的。他清了清嗓子，刚说完会议的大概内容，会议室的门开了，一个人抱着一小摞资料站在门口，柳传志望过去，不禁吃了一惊。站在门口的不是别人，正是自己原来的一个老上级，多年来栽培自己快速成长的人。在规定“迟到罚站”制度后的第一次会议上，他居然迟到了。

员工们也看到了这位老上级，先是一愣，继而小声议论起来：“算了吧，会议才刚刚开始呢”“那怎么行？领导迟到了也要罚站才行”。这事的确让柳传志为难了，看着勤勤恳恳工作的老领导，柳传志心里极为矛盾。他走到老领导面前，接过手里的资料，说：“您迟到了6分钟，按照规矩，您要在这里站6分钟，今天晚上我到您家门口，给您站两个小时。”老领导满脸尴尬。看着柳传志满脸坚定的表情和额头上的汗水，老领导理解柳传志的做法，默默在会议室门口站了6分钟，随后在会议上表态：以后绝不迟到了。从此以后，没有人敢姗姗来迟，偶有迟到的，不管什么原因，自觉罚站。

后来有一次，联想集团召开高层领导人会议。柳传志早早准备好材料，进了去会议室的电梯。不巧，电梯突然卡在两层楼之间不再上升了。柳传志被困在电梯里，要上上不去，要下又下不来。“我只有等他们（维修人员）赶来把故障排除，在里面耗着，干着急。”电梯很快就修好了，柳传志迅速冲上楼，可是他赶到会场时，会议已开始好一会儿了。看到大家都坐在会议室等着自己，柳传志十分愧疚。他一句话都没有解释，自觉接受惩罚，在会议室站了自己耽搁的时间，并向大家表示了歉意。

任何一个人的成长都离不开别人的领路和帮扶。职业经理人走过了绝大多数普通员工还在走的职业道路。首先要准确定位自己，使自己成为团队成员愿意跟随的领导，成为团队的标杆。要想成为团队成员的榜样，就要做好团队的引路人，带领团队找对方向，然后才能走得正、踩得准。这样，当员工们踩着你的脚印前行时，才会将事情做好。当一个团队上下一心时，你的管理就轻松多了。

示范管理需要在企业内部建立“标杆环”管理法（见图 4-3），包含四个步骤。

（1）立标：在企业内外寻找最佳学习样板，可以是人或团队，也可以是具体方法、某个流程、某个管理模式；

（2）对标：对照标杆进行分析，发现自身或所属团队的短板，寻找差距，探索达到或超越标杆水平的方法与途径；

（3）达标：依照对标思路和措施，对自己或所属团队的工作进行改进落实，在实践中达到标杆水平或实现改进成效；

（4）创标：步步为营固化成果，形成新的更先进的实践方法，以自身或团队明显优势进入下一个标杆环，直至成为标杆。

图 4-3　企业标杆环管理法

无论是在生活中，还是工作中，我们不缺少“想象的强者”，缺乏的是“行动的巨人”。再有价值的梦想没有落实于行动，依然会胎死腹中。职场管理者讨厌那种夸夸其谈、只会说不会做的人，这样的人得不到认同和机会。同样，工作中员工也最不喜欢这样“务虚”的管理者，他们会觉得跟着这样的领导学不到真东西，是在浪费时间。作为企业的管理者，不要在下属面前唱高调、吹牛皮。对任何事情都要说到做到，以自己的行动来带动员工的行动。当员工发自内心对你认可时，你便成了一个优秀的榜样，做起事情来就易如反掌了。

青刚老师课堂语录

- 良好的示范能够给员工带来更强的说服力。
- 板着面孔批评员工，不如身体力行影响员工。
- 说给他听，做给他看，让他说说看，让他做做看。
- 命令只能指挥人，而榜样却能让员工心甘情愿地自觉自发。

行动管理：业绩的落实化

日本管理学者石田淳所著《从行动开始》一书，从分析日常生活中的“认知偏差”入手，指出改变一个人最简单的方法是：一天花三小时去“想”，不如一天花五分钟去“做”！的确，有想法不如会行动，这么简单而实用的道理，很多管理者却不懂。

行动管理是指通过计划、组织、领导、控制等手段，整合有效的管理资源（人、财、物、技、讯、时），将意图转化为现实的行为管理过程。对职业经理人而言，行动管理就是把想法变成行动，把行动变成结果，把结果变成成果。如果没有行动，无论多么宏伟的蓝图，多么正确的决策，多么严谨的计划，最终的结果都是纸上谈兵。诸葛亮能掐会算，没有关羽、张飞这一干猛将执行到位，那也只能对空叹息。

杨丽娟：海底捞的“中国最牛服务员”

伴随着2018年9月26日海底捞敲钟上市，作为海底捞最早的员工之一，从服务员一步一步做起的杨丽娟，按照海底捞上市的828亿元市值计算，她所持股份价值约30亿元，堪称中国“最牛服务员”。2018年1月，杨丽娟调任公司非执行董事，并被任命为首席运营官。如今在海底捞的高管中，1995年加入的杨丽娟是唯一一位与老板张勇一同打江山，名副其实的老员工。

1994 年，海底捞在四川简阳从四张桌子开始创业。1995 年 1 月 1 日，17 岁的杨丽娟加入海底捞，从服务员做起，成为海底捞最早的员工之一。工作中的杨丽娟干活麻利，吃苦耐劳，还颇具管理才能。每天她总是早早到店，经常最后一个离店，有时候店里忙，她就直接住店里。伴随着海底捞的快速发展，勤奋的老员工杨丽娟逐渐受到重用。1997 年 6 月，辛苦打拼了两年多的杨丽娟被提拔为四川海底捞经理。2001 年，她又作为核心员工在四川海底捞注册登记时成为十大原始出资人之一，出资比例为 0.2%。2014 年前后，董事长张勇向杨丽娟发放股权，忠诚的“悍将”杨丽娟也因此成为集团董事，持股 3.68%。

做服务员时的杨丽娟看不出有什么与众不同。但到关键时刻，她的干劲和魄力让人佩服。当初海底捞把分店开到西安的时候，面对恶意醉酒闹事的客人，杨丽娟冲到最前面，带领一百多名员工，与六十多名大汉隔路对峙，最终对方放弃离开。而当警方问及此事的负责人是谁时，杨丽娟毫不犹豫地回答：“西安的事，我负责。”试想，哪个老板不想要这样有魄力、能扛事的员工？

有人说，杨丽娟的成功得益于她的选择，跟对了老板才能有今天的成就。选择固然重要，但是努力也不可缺少。杨丽娟 17 岁加入只有四张桌子的海底捞，从服务员做起，无论她当时的眼光有多么犀利，恐怕也不会预想到海底捞会有今天这样的发展。所以，我们讨论她当时的选择，以期获得些许借鉴意义是徒劳的。而真正令人佩服的，是她凭着自己的努力、勤奋、执着，靠着超过常人的行动力，把服务员和每一个岗位的工作做到了极致。

三分战略，七分执行，没有行动力就没有竞争力。不解决执行问题，再美丽的蓝图也只会是水中月、镜中花。行动力强弱取决于两个要素——个人能力和工作态度，能力是基础，态度是关键。所以，提升个人行动力，要通过加强学习和实践锻炼来增强自身素质，而更重要的是要端正工作态度。

拼：积极进取，增强责任意识

今天我们所处的时代，努力只能及格，而拼命才能卓越。责任心和进取心是敢拼敢闯、突破重围的首要条件。责任心强弱，决定行动力度的大小；进取心强弱，决定执行效果的好坏。因此，要提高行动力，就必须树立起强烈的责任意识和进取精神，坚决改正不思进取、得过且过的心态。把精神状态调整到最佳，认认真真、尽心尽力、不折不扣地履行自己的职责，绝不消极应付、敷衍塞责、推卸责任。养成认真负责、追求卓越的良好工作习惯。

快：只争朝夕，提高工作效率

互联网信息时代，快人一步，步步为“赢”。要提高行动力，就必须强化时间观念和效率意识，强化“立即行动、马上就办”的工作理念，坚决改正工作懒散、办事拖拉的恶习。每项工作都要立足一个“早”字，落实一个“快”字，抓紧时机、加快节奏、提高效率。把握好做事的关键节点的节奏，有效地进行时间管理，逐步从“一指禅”向“弹钢琴”的工作方式转变，时刻把握工作进度，做到争分夺秒，赶前不赶后，培养雷厉风行、干净利落的工作态度。

新：开拓创新，改进工作方法

未来已来，你不改变，将会被改变。面对竞争日益激烈、变化日趋迅猛的今天，创新应变能力已成为推进事业发展的核心要素。只有改革，才有活力；只有创新，才有发展。不能一直用旧思维、老经验去抵触新问题，反对新做法。管理者应让自己养成勤于学习、善于思考的良好习惯，敢于突破思维定势和传统经验的束缚，不断寻求新的思路和方法，使执行的力度更大、速度更快、效果更好。坚决克服无所用心、生搬硬套的问题，充分发挥主观能动性，创造性地开展工作、执行指令。

实：脚踏实地，树立实干作风

天下大事必作于细，古今事业必成于实。发扬严谨务实、勤勉刻苦的精神，克服夸夸其谈、评头论足的毛病，用平常心做非凡事。真正静下心来，从小事做起，从点滴做起。一件一件抓落实，一项一项抓成效，干一件成一件，积小胜为大胜。虽然每个人的岗位可能平凡，分工各有不同，但只要努力投入、兢兢业业就能干出一番事业。好高骛远、作风漂浮，结果终究是一事无成。同时，作为管理者，更不能让团队中的“老实人”吃亏、伤心。

行动管理如何做到业绩落实？以下四个趣味案例或许可以给职业经理人启示。

案例 1：买复印纸的困惑

老板叫一员工去买复印纸。员工就去了，买了三张复印纸回来。老板大叫：三张复印纸，怎么够，我至少要三摞。员工第二天就去买了三摞复印纸回来。老板一看，又叫：你怎么买了 B5 的，我要的是 A4 的。过了几天，员工买了三摞 A4 的复印纸回来。老板骂道：怎么买了一个星期才买好？员工回：你又没有说什么时候要。一个买复印纸的小事，员工跑了三趟，老板气了三次。老板会摇头叹道：员工的行动力太差了！员工心里会说：老板能力欠缺，连个任务都交待不清楚，只会支使下属白忙活！

管理启示：管理者分配工作一定要讲清要求和考核（验收）标准，沟通到位，下属执行才能分毫不差。

案例 2：忙碌的农夫

有一个农夫一早起来，告诉妻子自己要去耕田。当他走到田地时，却发现耕耘机没有油了。他原本打算立刻去加油的，突然想到家里的三四只猪还没有喂，于是转回家去。经过仓库时，他看见旁边有几个马铃薯，他想起马铃薯可能正在发芽，于是又走到马铃薯田去。他经过木材堆时，又记起家中需要一些柴火。正当他要去取柴的时候，看见了一只生病的鸡躺在地上……这样来来回回跑了几趟，这个农夫从早上一直到太阳落山，油也没加，猪也没喂，田也没耕……很显然，最后他什么事也没有做好。

管理启示：紧盯执行目标，做好行动顺次，是提升执行效率的保障。

案例 3：张三和李四的差距

张三和李四同时受雇于一家饭店，拿同样的薪水。可是一段时间以后，张三青云直上，而李四却仍在原地踏步。李四到老板那儿发牢骚。老板一边耐心地听着他的抱怨，一边在心里想怎样向他解释清楚他和张三之间的差别。“您去集市一趟，看看今天早上有什么卖的东西。”老板对李四说。李四跑了一趟，从集市上回来向老板汇报说，今早集市上只有一个农民拉了一车土豆在卖。“有多少？”老板问。李四赶快又跑到集市上，然后回来告诉老板说一共有 40 袋土豆。

“价格是多少？”李四第三次跑到集市上问来了价格。回来后老板对他说：“现在请你坐在椅子上别说话，看看别人怎么做。”老板当着李四的面，给张三布置了同样的工作。张三很快就从集市上回来了，向老板汇报说：“到现在为止，只有一个农民在卖土豆，一共 40 袋，价格是 1.2 元 / 斤；土豆质量很不错，我带回来一个让您看看。按照咱们饭店的量，我觉得今天买 6 袋够一个星期用了。我和他讲了价，可以给咱们 1 元 / 斤。这个农民一个钟头以后还会运来几箱西红柿，我在市场上对比了，价格非常公道。所以，我不仅带回了一个西红柿做样品，而且把那个农民也带来了，他现在正在外面等回话呢。”此时，老板转向李四说：“现在你知道为什么张三的薪水比你高了吧？”

管理启示：缺少结果思维，导致有苦劳无功劳。执行不是看过程，而是要成果。

案例 4：谁去给猫挂铃铛

有一群老鼠开会，研究怎样应对猫的袭击。一只被认为聪明的老鼠提出，给猫的脖子上挂一个铃铛。这样，猫行走的时候，铃铛就会响，听到铃声的老鼠不就可以及时跑掉了吗？大家都认为这是一个好主意。可是，由谁去给猫挂铃铛呢？怎样才能挂得上呢？这些问题一提出，老鼠都哑口无言了。

管理启示：管理如果脱离实际，就成了空喊口号，根本谈不上执行。

青刚老师课堂语录

- 责任是打开问题之锁的万能钥匙。
- 纠结是浪费时间，行动是治疗纠结的良药。
- 每天三件事：必须做的事，应该做的事，可以做的事。
- 合理的要求是训练，不合理的要求是磨炼，无论合不合理都是锻炼。

公关管理：价值的最大化

公关管理的意义就是如何让组织的价值最大化或损失最小化。公关管理即公共关系管理，是对组织的公众传播沟通活动进行决策、计划、组织、指挥、控制、协调和监督等。公关管理能够帮助企业树立良好的形象，妥善处理商务活动中的各种纷争。因此，掌握一定的公关管理知识，是对现代职业经理人的必然要求。当前很多职业经理人对公关管理的认识还不够，公关意识薄弱，公关人才也缺乏。

马斯克："特斯拉起火"后的公关取胜

2017 年 10 月，一辆 Tesla Model S 型豪华轿车在西雅图南部的公路上发生车祸起火，事故现场的图片迅速传遍网络，引发一片质疑。特斯拉是新概念车的代名词，它的目标是颠覆人们对汽车的认识，给人们带来全心体验和感受。对于新生事物，很多人总是抱以质疑的态度，很明显，而此次车祸将会给特斯拉带来危机。

面对突如其来的危机，特斯拉第一时间由其全球公关总监伊丽莎白•贾维斯•辛在汽车起火发生当天的股市收盘之前发表了紧急声明，声明反复解释：这辆车是在发生严重撞击之后才起火的，并不是自燃。因为特斯拉的安全设计是所有品牌里面做得最好的。但她没有告诉公众特斯拉的安全性体现在哪里？如何在特斯拉车上处理安全事故？所以，她的声明没能阻止股价的下跌，股票在两天里累计下跌达 10%，公司市值被削掉 23 亿美元，负面报道越来越多。

在这种情况下，原本不打算就此事发表意见和评论的特斯拉 CEO 马斯克，在事件发生后的第三天公开发表了博文，向公众解释特斯拉汽车起火的前因后果。马斯克还引用数据给公众吃下了一颗定心丸：平均每 2000 万行驶里程发生一起汽车火灾，而特斯拉则是每 1 亿行驶里程才发生一起火灾。驾驶传统汽油车遭遇火灾的可能性是驾驶特斯拉的 5 倍。在文章的结尾，马斯克还附上了事故车驾驶员与特斯拉一位副总裁之间的电子邮件记录，驾驶员提出："汽车电池经历了一次'可控燃烧'，但是互联网上的图片显然夸张了。"

有事故前因后果的详细说明，还有数据对比，以及事件亲历者的"证词"，马斯克的声明马上就有了回响，投资者的信心又被找了回来。马斯克成功将事件转危为机，反而增强了消费者和投资者对特斯拉的信心——特斯拉比普通燃油汽车更安全。当天，特斯拉股价强劲反弹。

危机公关就是通过沟通形成理解、共识，重新取得信任。特斯拉之所以能转危为机，有两个关键因素：一是成功打造了马斯克个人的品牌形象，马斯克有一众坚定的支持他的粉丝，所以，马斯克的解释为大多数人所相信；二是马斯克很坦诚地讲述了事情的前因后果，把事实的真相公之于众。从特斯拉处理这起危机的过程中，我们也能得到一些经验。

公关领导：个人品牌

危机发生后，出面公关的人首先是被大家所信任的、喜欢的。当然，公关工作要讲究表达的态度和方式方法，不应该把听众当作傻瓜一样企图瞒天过海。在危机时刻，一个有影响力的企业管理者的表态往往能起到决定性的作用。公关不光是危机，还有企业的正面形象宣传。所以对企业来说，树立一个为公众所信任的领导人形象也是非常重要的一门公关课。职业经理人要调整被动应对企业危机的意识，设置企业新闻发言人机制，否则，猝不及防会给企业带来品牌伤害及信任危机。

公关舆论：重点关注

一些职业经理人缺乏公关意识的一个主要原因是，缺乏对行业发生变化的持续分辨和判断。首先，中国消费者在变，消费者理性维权意识日渐成熟。一个品牌越有知名度，消费者对其的美好预期也就越大，一有负面消息，消费者就会特别关注，继而决定是否继续选择。其次，中国媒体在变，媒体现在强调“聚焦热点”“关注民生”。对“问题”性质的新闻直面追击，大胆揭露，起到了社会舆论监督作用。再次，传播方式在变，有了互联网，有了微信，有了各类自媒体，“问题”更容易飞速传播。所以，职业经理人要持续关注所在行业的焦点事件，以及所在企业及产品的舆论评价，制定预案第一时间响应涉及本企业的焦点舆论或负面舆论。

公关态度：坦诚主动

企业在市场风浪中持续发展，遇到危机在所难免。有责任、有担当、有诚意地去面对和解决问题，是取得谅解唯一的途径。互联网时代，企业的市场行为没有可以永久“掩盖”的事实，采用坦诚、主动的公关态度，比一味地否认或者回避效果好。不要将消费者、客户及社会关注度置身于“放任”空间，这样的猜测对品牌的折翼非常大。如果犯错了就坦白地承认错误，及时主动寻找解决之道。即使没有犯错，被消费者质疑或误会，也要第一时间坦率地说明事情的前因后果，化解疑惑。

公关时效：及时高效

公关工作最好是在事情发生后的 24 小时内给出合理说法，切记不能一味地回避，时间长了，在消费者心目中的糟糕甚至对立的印象都定型了，再解释都没有任何意义了。2017 年 8 月，海底捞北京劲松店和太阳宫店被曝存在卫生问题。4 小时内海底捞官方微博通报称，经公司调查，媒体报道中披露的问题属实，向各位顾客朋友表示诚挚的歉意。涉事两家店面已主动停业整改，全面彻查。通报还称，通过此事件，海底捞将在每个店做“明厨亮灶”统一管理，对现有监控设备进行硬件升级，实现网络化监控。随后两家店贴出告示全面停业整改，并愿意承担相应的经济责任和法律责任。这一及时、快速的响应，没有影响海底捞的整体品牌声誉。改造完成后，海底捞的客流很快恢复甚至超过了往年同期的上客率。

青刚老师课堂语录

- 危机公关中，坦诚面对是化解矛盾的金钥匙。
- 公关不是为了雄辩和驳斥，而是为了取得理解和支持。
- 如果你是对的，就要温和地、巧妙地让对方同意你的意见；
  如果你是错的，就要迅速地、真诚地让对方相信你的真诚。
- 人们接受犯错但坦诚认错的人，绝不接受犯错还狡辩的家伙。

创新管理：路径的多元化

移动通信方式从最早出来的“大哥大”到今天的全智能手机，就是一个伴随我们创新升级的全过程。手机从最初的打电话发展到今天，用途已经多元化：看电视、听音乐、学语言、炒股、读书、购物、导航、游戏、点餐、理财……十年前，很多人都不会想到今天我们的生活方式被一部手机改变了，这是创新的结果。

创新是现代企业进步的源动力，能够给企业的发展提供多元化的路径，从而增强企业的综合竞争力。创新要从解决用户痛点开始，为创新而创新，容易让工作定型。有时小步快跑，从专注解决一个用户痛点开始，往往更有效果。职业经理人要把握管理创新的新趋势和新要求，适时对企业的管理进行创新升级，实现企业“弯道超车”或“换道超车”。

张小龙：创新是互联网时代企业的唯一出路

微信由腾讯广州研发中心产品经理张小龙（现任腾讯公司高级副总裁）领导的团队打造。它甚至不是中国发布最早的同类产品，比小米科技开发的“米聊”晚了几个月。腾讯发布的2019年第一季度信息显示，微信用户数量超过11亿。伴随微信应运而生的“扫码支付”技术，被评选为影响中国现在和未来的“新四大发明”之一。

我们很难想象，今天的手机没有了微信，我们会怎么样？被称为“微信之父”的张小龙，他是如何做到让一款软件风靡全球，成为每一个人手机上的无可替代的必备工具呢？

张小龙在管理中特别推崇“敏捷管理”，微信团队从成立初期就坚定使用这种管理方法。产品要快速迭代，团队就要保持敏捷性，突破思维界限，打破按部就班的思维方式。他用这种方法让QQ邮箱业务起死回生，从行业排名十多位跃居第一，一统江湖；他负责微信2018、2019春晚抢红包技术开发，竞争对手注重抢红包的流量，而他的团队注重客户抢红包的“快速”愉悦体验；微信加载项目不是如何多赚钱，而是让客户离不开，因为客户离不开，公司自然会盈利，这只是商业模式问题。他的这些创新做法屡见奇效，甚至让他的团队最高效率提高了8倍。

张小龙曾在内部邮件里说：“创新是互联网时代所有企业的唯一出路。让用户驱动用户，是互联网思维的第一抓手，也是今天所有企业升级管理的最重要途径。不要排斥任何新东西，不要用20世纪甚至上个月的思维看待今天和明天的变化，这注定会让你失去安全感。”

20世纪90年代初期，麻省理工学院的新发明不断涌现。他们的速度之快可以归功于一个新规定：每3个星期，每个团队必须向同事们展示自己的工作成果。公开展示任何人都可以过来观看。如果展示的成果不实用就会毙掉这个项目。通过这种方式，学生们不得不迅速做出新东西，而且最重要的是，他们可以通过成果展示立即获得反馈意见。

企业要想在大数据时代市场化的背景下取得持续发展，就必须在理念、组织、技术和制度上不断“穿心”，运用符合时代发展的互联网创新思维指导企业管理，让企业在变化中求生存，在创新中求发展。

理念创新：创新管理的源头

理念创新就是企业打破陈规旧习，克服老旧思想，为取得更好的经济效益而树立全新的管理思路。职业经理人首先要摒弃“等、靠、要”思想，打破“老板不批评，万事皆大吉”的被动意识，自上而下倡导“能者多劳，多劳多得”的效益理念，充分调动全体员工的积极性、主动性和创造性；其次要适应市场经济发展的需要，努力做好企业内部团队创新潜力挖潜，多渠道创新开拓外部市场。

系统创新：创新管理的关键

现代企业系统创新就是通过优化六大管理要素：人、财、物、技、讯、时的资源配置结构，依据企业的实际需要，在互联网共享经济时代，建立一套高效、有序的现代企业制度，真正做到“系统创新、职责明晰、权责分明、科学管理”，按照新的组织结构和系统关系，形成新的管理模式。企业的系统创新不但要适应企业当前的经营管理需要，更要着眼于企业的持续竞争力，要对企业未来的发展方向、经营目标以及活动范围进行系统筹划。

技术创新：创新管理的内核

腾讯、阿里巴巴、华为、小米、格力、京东等中国企业的发展实例无不说明，中国正在由“中国制造”向“中国智造+中国创造”转型升级，这里的“智”和“创”其实就是指企业的技术创新。技术创新包括技术研发和技术升级，已成为企业赢得市场的根本途径和有力锐器。企业必须建立有效的激励机制和稳定的技术支撑体系，形成有自己知识产权的技术创新能力，有自已“一技之长”的技术竞争力。另外，企业应该积极争取国家有关政策支持，充分利用技术优势大力开发外部市场，形成一个稳定、多元、互惠、友好的外部竞争环境。

制度创新：创新管理的保障

现代企业制度创新是将企业的生产方式、经营模式、分配形式、管理理念等顶层设计全面优化的创新活动。所谓的制度创新就是把理念创新、技术创新和系统创新活动制度化、规范化。在制度创新的保驾护航下，中国互联网企业快速发展，带动上下游及周边产业链迅速扩张，已经创造了多个百亿规模的企业，这就是制度的魅力。职业经理人需要为团队建立一种共享共赢的管理制度，综合协调企业所有者、经营者、劳动者的权力和利益关系，使团队乃至企业具有更高的管理效率输出成果，不能一成不变地埋头拉车，要用创新制度激活员工激情。

青刚老师课堂语录

- 保守是舒服的产物，创新是变革的引擎。
- 唯有打破才能得生机，唯有创新才能得持久。
- 管理的创新不是要打败对手，而是与自己的明天竞争。
- 见证别人成功后你不一定能成功，不要跟随被踩烂了的成功之路。

第五章

信道赋能：赤诚相待，言信行果

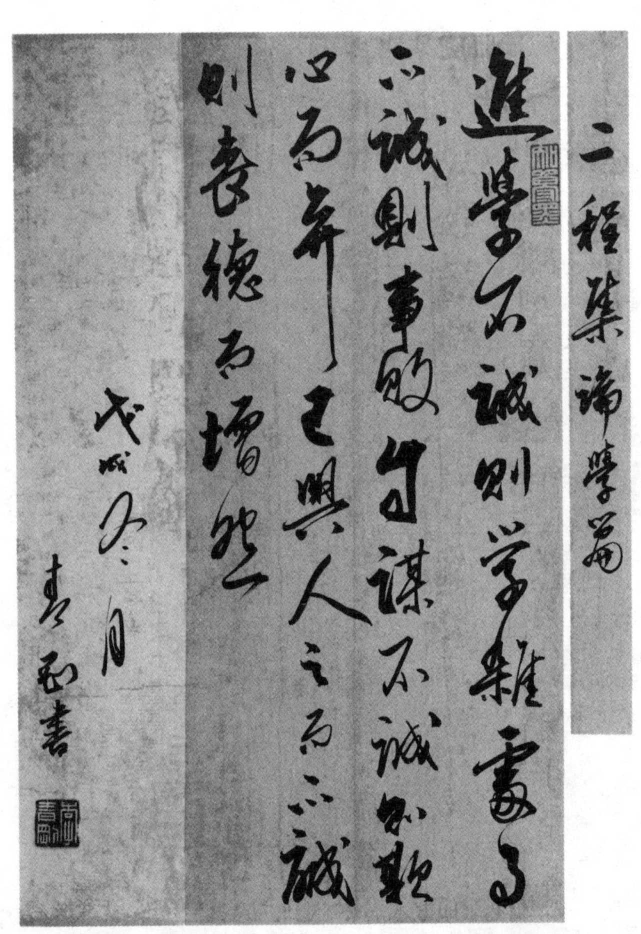

进学不诚则学杂，处事不诚则事败，自谋不诚则欺心而弃己，与人不诚则丧德而增怨。

——《二程集·论学篇》

诚信：管理者的“信誉银行”

俞敏洪在演讲中谈道：商业之道要求我们要诚信，诚信是商业之本；商业之道要求我们要创新，没有创新就没法生存；商业之道要求我们要公平，对客户和员工要公平；商业之道要求我们要有契约精神，说话要算数，没有契约精神就没有未来。

企业主都想要踏实能干、说到做到的职业经理人，而不是自捧吹嘘、隐瞒失误的人。就个人而言，诚信是高尚的人格力量；就企业而言，诚信是宝贵的无形资产；就社会而言，诚信是生活井然有序的基石；就国家而言，诚信是形成良好国际形象的必备要素。在经济高速发展、社会不断进步的今天，中国的商业诚信面临巨大的危机：旅游消费陷阱层出不穷，企业资质造假屡禁不止，食品安全案例频频发生等。诚信缺失问题成为悬在众多企业头顶的达摩克利斯之剑。企业的诚信体系建设，应该从企业内部管理者的诚信意识着手。职业经理人作为企业的管理者，社会的精英人才，一旦出现职业品质问题，他对团队、企业乃至社会造成的影响将远远大于其他人。职业经理人要注重自身和团队的诚信建设，为自己打造“信誉银行”。

黄斌：赔了一万元的“第一桶金”

1993 年，黄斌在北京中关村与人合租了一个小门店倒腾数码配件，当时他手里的钱就 3000 元，但雄心勃勃。某天，有个东北人到他的小店，想要一批数码产品，一问黄斌的报价，比市场低很多，简直难以置信！他马上下了一个 20 万元的订单，黄斌这下高兴坏了。等晚上收摊开始整理当天的订单，黄斌给上游供货商订货时，发现自己竟然把白天这个 20 万元的订单里的产品型号搞错了，报价严重报低了。这意味着他如果继续做这笔买卖，要负债一万多元，一万元在 20 世纪 90 年代对于黄斌来说是个天文数字。

此时，他有三条路可以走：第一，继续做这笔买卖，哪怕负债；第二，告知对方报价错了，让对方补差价；第三，以供不上货为由推掉这笔订单。黄斌虽然心里委屈，但他明白这是自己的错，既然已经签了合同，自己不能出尔反尔去毁约。他没有多想，选择了第一种做法，按时交货给东北老板。市场里面的其他商家知道了这个事情，都笑话他：还有人心甘情愿做亏本生意，是不是脑子进水了？

塞翁失马，焉知非福。后来那个东北商人得知实情，非常感动，他觉得做生意就应该和这样的人打交道。他把自己在长春所有数码门店的订单统统交给黄斌，一共一百多万元。不久，中关村产品价格下调，黄斌的利润更大了，从这笔订单中黄斌不但弥补了之前的损失，还赚了几十万元。

之后，黄斌用这笔资金成立了北大天正，担任总裁，逐步成为中国 IT 界的精英人物。后来经常有人问他：你淘到的"第一桶金"赚了多少钱？他笑着回答："我没有赚，而是赔了一万多元。"

团队合作精神的引擎

有这样一个案例：职业经理人张总承诺下属，本月业绩如果超过 20 万元，超额部分将会按照 10% 的业绩比例提成。但是，当下属满怀信心拼尽全力地完成了 30 万元的业绩后，张总闭口不谈提成的事。员工追问他，他的回答也含含糊糊：其实当时是为了鼓励大家，说说而已。最后这个事不了了之。从这以后，张总在下属面前所有的承诺都被质疑，做事之前首先打上了一个"张总的话就是说说而已"的标签，要再次树立员工对他的信任，难度比第一次大很多。

诚信不仅是一种品行，更是一种责任；不仅是一种道义，更是一种准则；不仅是一种声誉，更是一种资源。企业的诚信建设从根本上来说还是决定于管理者的诚信意识。要想让员工讲诚信，职业经理人首先就要给他们树立一个"说到做到"的榜样。

团队乘风破浪的快艇

团队是一艘乘风破浪的船，要想有快艇的速度，诚信沟通必不可缺。团队由不同人员构成，为了能让大家都达成一致的目标，并为之共同努力，就需要大家形成共建、共享、共赢的价值观。如果一个人满嘴谎言，还有人愿意靠近他吗？诚信是内部沟通的桥梁。作为管理者，你言而有信，大家才愿意信任你，跟你畅谈自己的想法，团队运营才会快速、有效。比如，职业经理人承诺员工在完成某项特殊工作后，奖励大家一次旅游，那么在任务完成时，职业经理人就应该及时兑现承诺，帮员工做休假安排、经费保障等，这不光是给予完成任务的员工的鼓励，更能让没有完成任务的员工有动力。

团队满血冲刺的聚合剂

团队凝聚力是企业生命力的重要标志之一，而职业经理人的诚信能够增强团队的凝聚力。管理工作中要恪守诚信，知行合一，身先士卒，让团队成员能时刻感受到以信为力。如接到上级委派的任务时，职业经理人要与团队共同完成；交派别人去做的工作，关键时间节点要过问、关心等。当下属看到职业经理人如此守信履约，会自发贡献出自己的力量，为团队创造超越自己能力的价值。这正是诚信所产生的凝聚力，也是团队的竞争力。

人无信不立，业无信不兴。诚信乃为人之本，是我们事业前进的指路灯和奠基石。职业经理人想要带好团队，就要做好团队的诚信建设。但你要明白，诚信并非一朝一夕就能做到的，这是一个长期工作，需要从小事、从细节做起，从解决一些不诚信的问题入手，比如在内部要认真解决“不能及时兑现承诺”“失信于人却不承担后果”等问题。

青刚老师课堂语录

- 重诺守信是职业经理人的金字招牌。
- 说谎的代价：以后即使说了真话也没有人相信。
- 心有诚意，口则必有信语；口有信语，身则必有慎行。
- 诚实不虚伪，敬业不图名，坦言不奉承，廉洁不贪利。

尊重：敬贤礼士，虚己以听

无论是大企业还是小团队，想要在竞争激烈的市场中取胜，就必须要懂得善于运用员工的智慧及创造力。管理者如何开发团队的智慧及创造力呢？尊重员工，让员工拥有主人公的意识，从被动工作到主动执行，这是管理见效的首要条件。虽然现在很多企业把“尊重员工”“员工是企业的最大财富”等挂在嘴边，但这种尊重没有落实在行动上。尊重其实不仅仅是我们平时一个礼貌的称呼、一个动作就能诠释得了，它还有更深层的意义。

孔令贤：被华为呼唤回归的离职员工

孔令贤，2011 年 4 月份硕士毕业后，就职于华为西安研究所。华为员工对他的画像是：知识青年、技术控、华为进入 OpenStack 社区第一人。孔令贤在个人技术博客上发表专题博文 150 余篇，成功带领一支思想开放、融入开源社区并能够将开源代码和商业成果相结合的精兵团队，支撑华为成为 OpenStack 金牌会员。因贡献卓越，2014 年他被公司破格提拔，成为主管。

华为对主管的要求是既要做管理，又要懂技术。孔令贤在博客中写道：在团队管理、业务扯皮、无休止的会议中，技术敏感度严重下降，已经丧失了静心做技术的初心，已经感觉自己有这种趋势，对自己的未来感到迷茫。2015 年，这位被同事认为前途无量的青年最终选择离开了公司，2016 年年初到新西兰工作。

2017 年 9 月，华为掌门人任正非发表文章并在公司内部发表公开信，承认公司之前的管理有错误，邀请孔令贤回归。任正非在华为内部论坛发表了《寻找加西亚》的帖子：“加西亚，你回来吧！孔令贤，我们期待你！2014 年，你被破格提拔三级后，你有了令人窒息的压力，带着诚意离开了华为。周公恐惧流言日，更何况我们不是周公。是公司错了，不是你的问题。回来吧，我们的英雄。”帖子发出后，华为员工和全社会进行大量转发、点赞和评论，大家纷纷称赞华为如此尊重员工的做法，有的员工看完后，评论道：“总感觉自己在公司成长太慢，可能没有人关注，看完任总的这段肺腑之言，我竟感动得哭了。我明白：在华为，总有人关注并尊重你的成长。”孔令贤也在第一时间正面回应老东家的召唤，并表示一直关注华为的各项改变和发展突破，时机成熟一定再次归队。

任正非的做法以及华为所倡导的“尊重文化”，不仅影响的是一位已经离职的员工，更重要的是，让所有在华为及将要加入华为、持续关注华为的人对自己、对企业、对老板的重新认识。

一个世界500强企业的“大家长”，公开发帖点名道姓呼唤自己曾经的员工回归，还写邮件、发帖发至全体员工，这一举动充分显示华为对员工的尊重，这也是今天华为能独立鳌头的“尊重文化”。也正是掌舵人的真诚道歉和对下属的尊重，赢来了华为被同行、被对手、被社会的尊重。

以礼相待，而非以权示下

礼貌待人是尊重他人最基本的要求。工作中的赞美和鼓励，比金钱和荣誉对员工更有立竿见影的作用，比如员工完成了某项工作任务，你可以说：谢谢你的辛苦付出，没有你，这个工作完成起来难度很大；需要员工加班的时候，你可以说：今天需要你加下班，这个团队没有你真不行；员工做错事情接受批评的时候，你可以说：我能理解你也是想把工作做好，但犯了错误我们都得面对。今天你接受的批评和教训，就是你明天获得表扬和鼓励的一面镜子。当员工听到这些话时，一定会倍感温暖和真诚，因为你不是在以权示下。一句礼貌用语，就是一种尊重，一种认可，就是职业经理人给员工的正能量。

互动理解，保护员工自尊心

有些职业经理人自认为获得企业主信任，身居管理岗位自我感觉高人一等，喜欢吆五喝六，不懂得保护员工的自尊心，随口就是“张三给我买杯咖啡”“赵四你的报告怎么做得那么烂，拿走重做”“你们这个月必须给我超额完成目标任务，谁没有完成就加倍扣绩效”等，这样跟员工说话，员工会对你的管理产生抵触心理。职业经理人不能错把员工当成自己的保姆，自己分内的事情或者个人的事情应该独立完成。这样既是给员工树立榜样，也是对员工的一种尊重。

员工自己分内的工作没有做好，不要当众呵斥、批评，让员工难堪。可以把员工叫到办公室，单独跟员工就所犯的错误进行互动式沟通，让员工认识并说出自己的错误。管理者可以把自己的成长经历与员工分享，给予积极的建议和鼓励，并表态愿意和员工一同去弥补或改正所犯的错误，比如说：“这次犯错我和你一起分担，但下次可不能重复犯这个错误了，相信你也不会再犯同样的错了”；“我推荐你看下（或者我送你一本）某某书，这本书一定会帮你解决你当前的问题”；“你是一个很优秀的同事，如果改掉了这些不好的工作习惯，一定会有更好的发展机会，加油吧”等。

认真聆听，让员工感受到被重视

许多职业经理人在和员工建立领导与被领导关系时，通常都会犯这样一个错误——把两者关系变成了“老师”与“学生”。如果管理者总是在员工面前扮演高高在上的“权威”角色，容易使双方产生对立的情绪。认真倾听员工的意见和建议，是对员工最大的尊重。倾听时一定要有耐心，做到四目相对，点头示意，表明你在认真听，必要时记录员工的建议或意见。当员工表述完后，你可以把重点需求提炼出来，与员工确认自己理解得是否正确。确认后表示感谢，并保证自己会重视这个意见或建议，让员工感受到被重视，提的意见或建议是有价值的。如果员工提出的意见或建议不合理，也要表达谢意并婉言拒绝。比如，你的想法很好，但是目前公司还没有那个条件实施，我会把它记下来，以后可能会用得上，谢谢你诚恳的建议。

青刚老师课堂语录

- 为别人照亮道路，自己也会绽放光芒。
- 经营企业就是经营人，经营人首先要尊重人。
- 识不足则多虑，威不足则多怒，信不足则多言。
- 伟大的企业文化就是认可并尊重每一位员工的价值。

共识：统一思想，追求一致

军事家克里奇曾经说过：没有不好的组织，只有不好的领导，好的领导者是好组织的塑造者。要让员工认同企业的价值观，管理仅靠权威这类硬性要素是绝对达不到的。个别职业经理人急于出成绩，工作方法简单、粗暴，过分依赖“威压”产生的效果，将个人的价值观强压给团队成员，在这种人为造成的“阳奉阴违”的环境中享受管理权力的快感，而忽略了其不断产生的负面问题，应该深度反思。

那么，职业经理人怎样才能达到“令民与上同意，上下同欲者胜”的效果呢?

我认为最关键的是找到企业、团队、个人共同的价值观。共同的价值观是企业文化的核心和基石，是维系企业和团队发展的精神支柱。对于职业经理人而言，要做的就是让团队成员的价值观趋于一致，从而达成团队共识。富士施乐公司是复印技术的发明公司，全球最大数字与信息技术产品生产商，也是一家全球500强企业。该公司在所有员工参与的基础上，提出了“十项共享价值观”（见图5-1）。富士施乐的共享价值观由十项价值观构成，表达了员工作为公司和社会的成员投入到工作中的态度和精神，共同象征了富士施乐员工的理想。

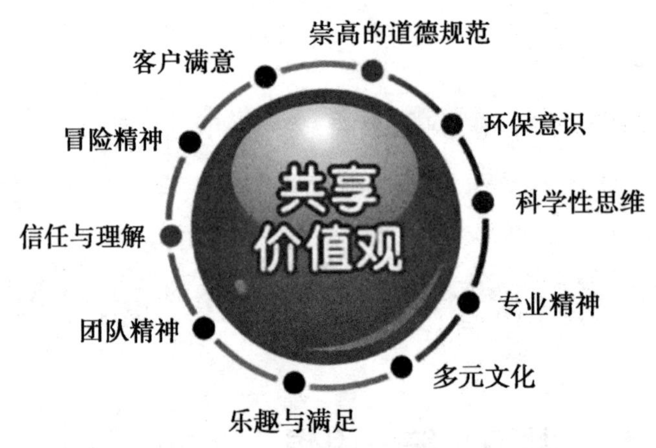

图 5-1　富士施乐公司十项共享价值观

苏国燕：职业经理人要有创业共识精神

“职业经理人没有创业共识，怎么和公司、老板同频？”这是 2018 年夏天当苏国燕面对《创业八点党》栏目访谈时说的一句话，此刻距离她来到北京打拼已经 10 年了。一个职场“小白”经历了 10 年蜕变，成了国内专注研究储值卡产品的互联网科技公司联合创始人兼 COO。

互联网创业，听起来就好像一个人、一部手机、一台电脑加起来就能颠覆一个时代一样，让围观者兴奋、激动。被围观的往往都是已经突破藩篱的创业成功企业。殊不知在这背后有千千万万的互联网创业企业倒下了。苏国燕 2007 年大学毕业后初到北京，第一次跳槽，就是从安稳的国企到了富有挑战的图书出版行业，她不甘于得过且过。2013 年，经过几次折腾之后，她以 HRD 的身份入职一家在线教育公司，此时正是在线教育的市场井喷期。然而，靠资本烧钱而缺乏盈利模式的互联网在线教育，激情过后还是悄悄退场，她所在的企业也没有例外。当一个一个面谈离职的员工的时候，苏国燕非常痛苦，她总在问：

努力为什么不能换得认可？怎样才能将优秀团队的共同事业持续进行下去？

为一帮创业“敢死队”感动的同时，苏国燕也陷入了深思：资本的真真假假、股东的分分合合、人才的进进出出，哪个才是企业真正想要的？作为职业经理人，又该如何扮演激活团队的角色？如何推动企业的健康快速发展？带着对这些问题的前瞻思考和答案，她和劫后余生的伙伴加盟了初识科技，担任公司的COO。上任伊始，他向公司董事会提出问题让大家共同思考，寻找答案：一个创业企业，人才、技术、资本、客户是什么关系？结合她的职业经理人经历，以及对创业失败案例的解析，团队上下从“埋头拉车”转换到“抬头看路”。在此期间，她邀请公司决策层放缓工作节奏，参加“清华大学中国创业者训练营”“中关村小饭桌创业课堂”等学习项目，取道问津，重新上路；她和每一位员工长时间面谈，统一思想，达成从思想到行动的事业共识；她制定了公司“内涵＋外延”“技术＋客户”“创业＋守业”的多轨运营模式，帮助公司一次次解困去难，逐步走出了一条属于自己的可持续发展之路。

总结自己的职业经理人生涯，苏国燕经常说：“每一次的偶遇其实也是一种必然。”她把每一次失败都当作教材，当作台阶，继续昂首挺胸往前走。

以企业文化为内核的“价值观管理”

你的团队信仰什么？这个问题值得每一位职业经理人思考并给出答案。

基业长青企业和成长性企业一般都具有鲜明的企业价值观，注重企业价值观管理。很多中小企业和创业企业一直面临着企业价值观的确立和管理问题。企业价值观是一个整合、磨练、提升、落实的过程，影响或决定了企业管理的模式、规则和方法，是企业持续发展的驱动力。欧美企业的价值观带有浓厚的个人主义、理性主义和功利主义，这决定了美国企业的管理以效率优先，推崇制度规范，注重物质激励，强调尊重个人，表现出来的是“管理技术”。华尔街、苹果是典型的美国企业价值观的代表。中国企业的价值观则强调以忠诚为核心的团队精神，重情重义，强调“上敬帅意，下启士心”的团队文化，表现出来的是“管理艺术”。最具代表性的企业如阿里巴巴、联想等。

通权达变、通情达理的“灰度管理”

近年，随着金融危机和“互联网 +”的市场变化加剧，企业决策层有时很难看清各类业务决策涉及的环境因素。因此，要做出最佳的决策和管理，需要反复斟酌来自市场、客户、合作伙伴、内部机制、员工能力等方面的妥协。

郭广昌、马化腾、刘永好等商业领袖积极推崇的“灰度管理”，就是以开放、协商、宽容为核心思想，在企业战略规划、发展创新、权力分配、管理尺度和原则制定诸多方面，解决管理者在企业发展过程中平衡掌控的处事之道。管理者的妥协并非软弱和不讲原则的表现，也不是硬碰硬才能表现出的个人英雄本色。管理实际上不是征服与被征服的关系，妥协能够消除冲突，拒绝妥协必然是对抗的前奏。管理中有原则的妥协是通权达变、通情达理的管理智慧。适度妥协并不是没有原则的让步，关键是要把握适度。不能因为妥协而丧失了原则，也不能因为妥协而偏离了妥协的最终目的。适度妥协是为了达到更好的效果，本身是一个积极的举措，而不是消极的行为。

化解矛盾、达成共识的“磨合管理”

和别人合作，就像两个齿轮，要想严丝合缝地运转，必须各有凸凹，才能错落有致地结合起来，相互之间不断摩擦才能达到完美的契合。磨合管理，就是将摩擦转化为合作的关系。管理双方的配合好比鞋和脚的关系，管理双方都有自己的做事风格和原则，往往难以接受与自己不同的个体。但如果你需要和别人合作完成一项任务，就需要彼此配合，放弃自己的某些东西以适应对方。磨合不是撮合，也不是凑合，更不是“拉郎配”。新组建的团队管理双方、部门之间、员工之间最需要磨合。只有大家扬长避短，找到契合点，才能像齿轮一样咬合，有效、正常地运转。在探索中实践，在实践中磨合，在磨合中提高。

青刚老师课堂语录

- 同心才能走得更远，同德才能走得更近。
- 安与危，乐与苦，生与死，是检验价值观的尺度。
- 机制激励人，文化塑造人，感情温暖人，事业凝聚人。
- 职业经理人不是十项全能的人，而是总分比别人高的人。

契约：目标认同，达成成果

《左传》中记述了晋文公“退避三舍”的故事。晋公子重耳因蒙难而流亡他乡，当时很多诸侯国不接纳他，最困难的时候介子推只能从自己大腿上割肉救活重耳。到了楚国后，楚国热情地招待了他。楚国国君问他：“如果你以后做了晋国国君，将如何报答我？”重耳说：“珍珠美玉，你都不缺，我不会有更稀罕的东西送给你。不过托你洪福，如果我以后做了晋国国君，假若我们在战场上相遇，我便以退避三舍（一舍三十里）作为回报！”后来，重耳做了国君，成了晋文公。五年之后，晋文公果然与楚国在战场上相遇，晋文公遵守诺言，退避近百里以报楚国招待之恩。后来晋文公重耳实行通商宽农、明贤良、赏功劳等政策，作三军六卿，使晋国国力大增，开创了晋国长达百年的霸业。

有人的地方就有冲突，管理者的智慧在于和平解决争端，形成统一的价值观和企业文化。企业劳动关系中，管理双方各执一端又能合作相处的平衡点在于契约，如劳动合同约定劳动者和用人单位的权利和义务，员工手册、规章制度、工作说明书、绩效合同、操作规范等约定员工的具体工作内容和薪酬绩效等。除了书面化的契约文书外，企业文化和双方的认知也需要心理默契。如果一个企业有了战略，也制定了目标，而缺乏一种从上而下认真贯彻目标的契约精神，那么再宏伟的目标，也无法得到员工的认同和执行。没有契约精神，目标就等于零。

口头契约：找准内部管理的“公约数”

“你放心，这事交给我办，一定不会有差错。”这是职业经理人最喜欢的员工答复，这里面包含了信任和承诺。契约精神并非西方特有，事实上中国的儒家文化也非常强调契约诚信。中国儒家的诚信更多地以个人修养和信用为基础，注重口头的协定和个人信誉。而西方则更注重于落在纸上的规范文本。契约与文化背景、思维方式相关，大部分西方职业经理人在内部团队合作之前会将一切谈得非常清楚，什么事情都有章可循。这种方式的优缺点均非常明确，优点是一切利害关系清晰、明了，缺点是少了一些弹性空间，事事需要走流程可能会造成效率低下。相对而言，中国管理则更加灵活，更加注重亲情和友情。口头契约常常用在熟悉的团队内部或者上下级之间，更多地体现为管理者和被管理者之间形成的执行承诺，默契的口头契约会成为管理双方良好的执行习惯。

书面契约：让双方的执行依据“串成线”

从古到今，白纸黑字都是人们认为最有力的依据。很多公司都会签订阶段性《目标责任书》，这种形式我很认可，但签之前双方必须明确权、责、利，结束后尽快兑现约定承诺，不能让书面契约流于形式。书面契约之所以被人们看重，除了其具备的法律效力外，更多人认为它有形的存在而更有保障。职业经理人在构建契约团队时，有关员工工作的具体内容应该用书面契约的形式或作为契约的一部分呈现出来，这对双方来说，既是一个保障，也是职业认同的一个具体仪式。管理中涉及重大目标或中长期目标执行落地的，团队与团队、团队与个人均可签订书面契约。公司发展已经形成完善的管理契约体系：如劳动合同、岗位职责、薪酬待遇、管理制度、奖罚制度等，是在公平、公正、双方自愿的前提下签订的，双方都有明确的权、责、利界限。一旦这些书面契约形成，管理者要系统了解所有与员工发生契约关系的管理文件和制度要求，做到“不越位、不缺位”，特别是出现重大的执行问题时，清晰的书面契约是在最短时间内响应管理的必备条件。

心灵契约：默契大于形式的“同心圆”

心灵契约是一种自发产生的默契力量，你看不见，但它却会推着你往前走。契约精神通常表现在两个方面：第一，发自内心的职业认同。这种精神可以是管理者一句话或者一个行为的影响，也可以是团队其他成员的影响，自发在自己内心建立的一种心灵约定。如职业经理人在完成某项任务的时候，全力以赴，废寝忘食，那么员工也会自然而然积极参与到团队工作中，这就是无形中的一种心灵默契，它的能量远远超乎你的语言。第二，消除成员之间的执行障碍。很多团队之所以协作能力差，并不是因为员工的能力问题，而主要是团队价值观不统一、目标方向不一致、沟通配合不给力。心灵契约需要在平时的管理中，加强团队成员工作内外的心灵交流，让员工各抒己见并认真采纳，将企业文化基因不断深入人心，消除管理中的各种执行困局和障碍。

青刚老师课堂语录

- 职业化能力就是围绕权、责、利展开的契约行动。
- 上下认同的企业文化就是管理中最好的执行契约。
- 目标契约的完成不能光靠白纸黑字，企业文化的贯宣必不可少。
- 职业认同和目标达成的前提——从内心到行动对契约的敬畏和遵守。

承诺：志在必得＞尽力而为

不要尽力而为，而要全力以赴

担任企业的管理顾问，我经常会看到这样的情景：

在中高管的会议上，高层领导做了任务安排后，我会仔细观察各部门负责人的表态。部分管理人员在听到分配到自己部门的工作时会回答：“嗯，我们尽力完成吧”或“这个任务难度太大了，我们尽力做吧，但不保证能做好（完）”等。从执行结果来看，但凡在布置任务时表态“尽力而为”的部门和管理者，最后都难以完美地完成任务。为什么？因为在领取任务时，他就给领导和自己一个心理暗示：做不好不要怪我，我已经尽力了。

何谓承诺？简而言之就是答应对方的事情要做到。这个“做到”对于职业经理人来说，应该是志在必得，而不是尽力而为。承诺不是向别人保证你一定能完美做到，但是你一定要在履行承诺的过程中，表现出你志在必得的真诚和决心。不少职业经理人是问题的发现专家，但是在遇到问题的时候，他们更愿意做的是妥协或逃避，而不是承诺。优秀的职业经理人都是敢于立“军令状”，矢志不渝完成承诺的人。

三思而后，再立“军令状”

老子曰：轻诺者必寡信。管理者的承诺太多，有些转身就忘了，有些承诺甚至成了口头禅，等到员工下次说“总监，你上月说的……怎么还不兑现？”或者领导说“上次交代你的任务，你说周一完成呢，现在都周四了，怎么还没有结果？”而职业经理人只能回答：“不好意思！我忘了！”或者“我这样承诺过吗？”这样的事情发生，是对职业经理人信任力的挑战，这样的承诺不如不做。言出必行，信守承诺。古时立军令状，是用性命担保完成任务；职业经理人履约，是用人格担保的诚实之举，不能逞一时莽夫之痛快，出口承诺而落地无声，失信于领导、团队及自己。要想志在必得、履行承诺，首先要记住自己承诺过哪些人，哪些事情，什么时候完成，是否有能力完成，三思之后再做承诺，承诺之后牢记于心。

承诺清单：将承诺负责到底

画家齐白石书房里有一句话：不教一日闲过。他给自己定下规矩：不论刮风下雨，不论访者多少，不论外出还是留家，每天必须画一幅画。别人不理解：自己干嘛给自己承诺呢？齐老说：“自己制的规定，自己违反，对自己都不讲信用，自己的诺都不守，那还能干成什么事情？”

承诺，就意味着责任，就意味着心无旁骛地复命。这关乎一个人的信誉，是一个人最大的无形资产。作为管理者，要重视自己对别人许下的诺言，无论是大事还是小事，都应该一诺千金，负责到底。针对目标性或阶段性的工作承诺，为自己列一个承诺清单，详述承诺事项、责任人、完成期限、可能出现的问题，提前对承诺的事项进度进行有节奏的掌控。建议职业经理人使用手机备忘录、录音备忘录、日历提醒或随身笔记，将自己在工作中的承诺悉数记录，提醒自己不能失信于人。承诺一旦做出，不管难度多大都要坚定履行，所谓“君子一言，驷马难追”。对于自己根本就没有能力做或不打算做、不应该做的事情，决不能轻易承诺他人。因为轻诺寡信的行为只要做一次，就可能对自己的信用造成长期的、难以弥补的损害。

商鞅：立木为信，推广变法

商鞅是战国时期政治家、改革家、思想家，法家代表人物。商鞅通过变法使秦国成为富裕、强大的国家，史称“商鞅变法”。在国家治理上，商鞅改革了秦国户籍、军功爵位、土地制度、行政区划、税收、度量衡以及民风民俗，并制定了严酷的法律；在经济上，商鞅主张重农抑商、奖励耕织；在军事上，商鞅作为统帅，率领秦军收复了河西。

商鞅在秦孝公的支持下主持变法。当时处于战争频繁、人心惶惶之际，为了树立威信，推进改革，商鞅下令在都城南门外立一根三丈长的木头，并当众许下诺言：谁能把这根木头搬到北门，赏金10两。围观的人不相信如此轻而易举的事能得到如此高的赏赐，结果没人肯出手一试。于是，商鞅将赏金提高到50两。重赏之下必有勇夫，终于有人站起将木头扛到了北门。商鞅立即如数赏了他。

这一举动，在百姓心中树立起了威信，而商鞅接下来的变法就很快在秦国推广开了。经过商鞅变法，秦国的经济得到发展，军队战斗力不断加强，发展成为战国后期最富强的集权国家。

履约无果：开诚布公地说明

事前承诺是工作中自身履约能力的肯定表达，包含了自己的信念、责任和态度。职业经理人也可能在履行承诺的时候，因为个别主观、客观的原因，导致承诺无法履行或履行了却没有达到承诺要求。这时候需要将无法履行的承诺在第一时间告知对方，并详细向对方讲述没有完成的原因和补救措施，重新做出承诺。但反复承诺、反复履约无果，必然会让别人对你的能力产生怀疑。所谓事不过三，职业经理人不要长期处于“做出承诺”和“失信于承诺”当中。要把每一次承诺，都当作全力以赴、志在必得的使命目标去完成，不做没有把握的承诺。承诺了未做到要竭力弥补，保障管理的信任力能够畅通运行。

青刚老师课堂语录

- 承诺不是语言，而是行动。
- 承诺既是无形的诚信，更是有步骤地执行。
- 立军令状，不能光图嘴上痛快，需要三思而后立。
- 用每一次承诺的完美兑现，来优化和提升团队的职业化管理水平。

合作：彼此抬轿，建团组队

独脚难行，孤掌难鸣；水涨船高，柴多火旺。随着时代的不断发展，商业团队由以前的“我赢你输”格局到“双赢”，再到“多赢”，直到今天的“共建共享共赢”局面，最大限度地整合了促成企业持续发展的力量和资源。以往“单兵作战”的模式已经行不通了，团队的力量被逐渐放大，管理者更加注重内部团队的合作精神，并致力于构建凝聚力量的团队关系。

张国栋："巧妇"如何做"缺米之炊"

同程旅游作为中国增长速度最快的旅游预订平台，是中国在线旅游行业三大企业集团之一。这样一家企业，在多年来的快速发展中，一直坚持产品创新和服务创新，却在媒体营销大潮中屡屡吃"哑巴亏"。知名财经媒体出身的职业经理人张国栋，自担任同程旅游集团公关品牌与政府事务部策划总监（此前无此岗位设置），短短两年，让同程的品牌软实力得到业界和客户的认可。

在张国栋的带领下，同程旅游公关团队在已有策划体系基础上，集中发力新媒体传播，希望以此丰富传播手段，找到团队新的传播增长点。接手团队时，他盘点了现有人员的优劣势，分析要完成一次新媒体传播的必备要素，发现整个团队可以说是"一穷二白"，不仅没有成形的方向、机制、做法，也缺少对新媒体内容的创造、传播流程的深入了解，想要实现根本性突破，与群雄逐鹿般的对手竞争，困难重重。"巧妇"如何做"缺米之炊"？

捷径在于内外部合作。作为团队负责人，张国栋与团队不断开展内外部资源开拓，寻找到了设计力量和优质渠道的支持，加上自身团队已有的策划水准，将多方优势结合，形成内部稳固的业务合作关系，先后产出巴厘岛漫画图文《我也想玩亲亲》、景区厕所新媒体《报告！我尿急！》、万圣节新媒体传播《快！出来鬼混！》、腾讯WE大会《人类旅行进化史》等作品，不仅实现了品牌宣传及业务转化的双赢，也逐步搭建起新媒体的内容产出机制，超预期完成了从0到1的突破。

在一些传播合作中，项目参与人数达十多人甚至数十人，历时也长，期间公关团队、市场业务部门、设计部门、渠道部门等协同推进，最终在用户阅读数上实现了"百万+"的里程碑突破。而在长期合作中，团队伙伴各司其职，恪守信道，通过持续在新媒体创意、文案、设计、传播全流程各环节磨合，也形成了更为稳固的依赖关系，团队成员都从跨部门合作模式中快速成长，强化了企业归属感，造就了一支能打硬仗的传媒军团。

内部跨部门合作：互用、互助、互利

如何打通内部跨部门间合作的“任督二脉”？集中精力通过相互合作、风险共担、成果共享，联动实现效益最大化，逐步构建稳固的内部团队合力依赖关系。比如，在一个创业公司或者百人以内的企业，产品经理要研发一款新产品，需要和设计、研发、测试、运营、销售、市场、内容等多个部门的伙伴沟通。这样规模的公司人员相对较少，彼此相熟或认识，合作起来虽然有难度，但不会特别复杂。但如果是在集团性企业，如 BAT、小米、360 这样的大公司，合作工作就可能在不同产品线、不同部门进行，彼此之前完全不认识，也可能完全不知道，合作起来难度和复杂度就会加大。那么，究竟如何才能做好跨部门合作呢？或者说，怎么能让跨部门合作更加容易一些呢？

解决问题的实质，在于如何在维护部门利益的基础上突破跨部门合作障碍。改进方法有两个：一是梳理工作流程，跨部门思考“为对方（部门）能做些什么”；二是制定沟通制度，提高“共同做成事情”的协作效率。梳理工作流程和个人岗位职责是首要的，凡是能够流程化的必须流程化，并建立相应的工作标准，将其转化为公认的例行事务。但对于一部分较难固定为标准流程的工作，就需要部门领导充分沟通协调。步骤如图 5-2 所示。

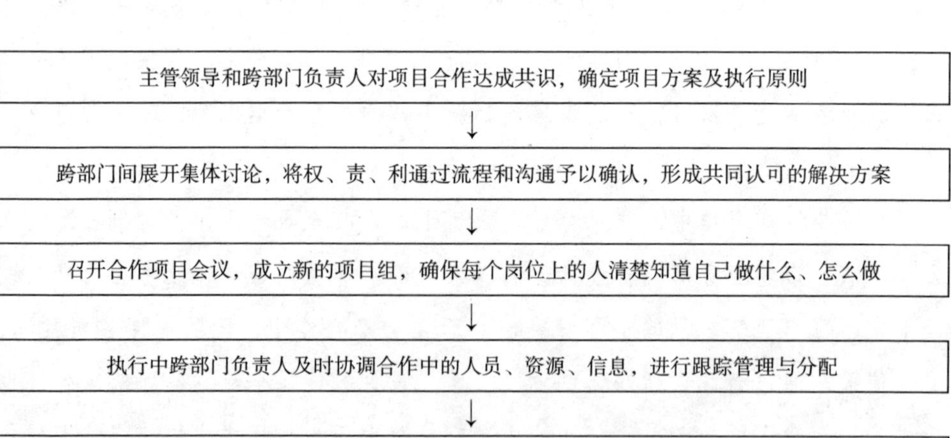

图 5-2　企业内部跨部门合作步骤

外部整合合作：织就资源合作网

（1）企业集团。企业集团是多个法人企业通过一定纽带，具有多个层次的，并允许跨行业、跨部门、跨所有制、跨境所组成的大型经济联合组织。企业集团的形成有两种途径，一是由一家大企业裂变而成；二是由两个以上的企业通过合作形成多法人企业群。企业集团是为了进一步提高企业合作的效率而产生的，它是出于将外部合作内部化的目的，寻求一个在企业联合体内部完成企业间合作的过程。由严介和创建于1995年的太平洋建设集团即是此种模式，经过20年高速整合，该企业从领袖时代悄然走向团队时代，首创中国式BT和打包重组模式，2019年世界500强位列第97位，中国企业500强位列第24位。

（2）行业联盟。行业联盟是多个企业或经济组织之间为了达到某种共同目的，通过契约或者部分股权关系而形成的合作形式。行业联盟的主体对象十分广泛，它不仅包括企业通常意义上的合作实体，如互补意义上的生产商、科研院所、政府部门、供应商、上下游企业等，还可能包括对手企业。联盟的主体之间的合作，有时是全面的，但更多的时候是基于某一特定的目的，在某一方面所进行的合作。中关村大数据产业联盟成立于2012年，联盟独树一帜地提出“智库、传播、资本”三位一体的新兴科技服务业模式，相继开展了技术研发、成果转化、市场对接、咨询培训、资本运作、会展服务、政府委托和国际交流合作等工作，广泛积累了政、产、学、研各界资源，致力打造政府、学术界、产业界的“桥梁”，成为服务中关村企业重要的第三方整合平台。

（3）业务外包。专业的事交给专业的人（或公司）去做，业务外包所推崇的理念是置换竞争优势。即如果我们在企业价值链的某一环节上不是最好的，这又不是我们的核心竞争优势，而这类项目或者服务又必须为客户提供，那么就应当把它外包给在此方面具有绝对优势的专业公司去做。也就是说，首先要确定企业的核心竞争优势，并把企业内部的职能和资源集中在那些核心竞争优势上，然后将剩余的其他企业活动外包给最好的专业公司。小米科技的成功，重点在于雷军所说的“专注、极致、口碑、快”七字诀，其最大的模式创新就是将所有实力聚焦在小米生态链系列产品研发上，推出了极具竞争优势的产品：手机、平板、移动电源、电视、手环、血压计、运动相机、摄像头、空气净化器等。其他诸如生产、销售、人力、售后等全部外包或展开合作，实现了管理精确化和效益最大化。

（4）供需链管理。通过对信息流、物流、资金流的控制，从采购原材料开始，制成中间产品以及最终产品，最后由销售网络把产品送到消费者手中。它是将供应商、制造商、分销商、零售商，直到最终用户连成一个整体的供应链管理模式（见图 5-3）。供应链管理可以帮助企业缩短现金周转时间，降低企业面临的风险，提供可预测收入，实现盈利增长。近年来，快速发展的阿里巴巴、京东、苏宁易购等电子商务平台企业，之所以能够实现颠覆式增长，最主要原因是供应链管理做到了极致，值得中国传统企业及职业经理人深入研究和学习。

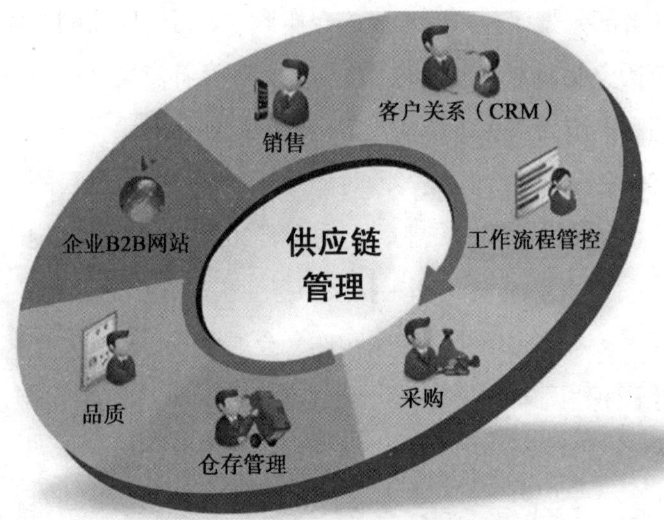

图 5-3　供应链管理循环图

青刚老师课堂语录

- 一滴水只有汇入大海，才能永续生命。
- 团队要学习大雁，既能独立飞翔，又能集体合作。
- 沟通是合作的前提，而敢于表达想法是沟通的前提。
- 内部优化，外部整合，才能在市场上有的放矢，所向披靡。

互信：放下偏见，求同存异

宋代理学家朱熹曰：信犹五行之土，无定位，无成名，而水金木无不待是以生者。可见，诚信在古人眼中多么被重视。

一个公司就像一支足球队，员工就像球员。一场球赛的输赢，不见得赢的一方一定要有大腕儿球星，而是看是否是精诚互信的团队，是否有互相协作的队形，前锋、中卫、后卫、守门员、教练能否各司其职，互信合作。

你有你的想法，我有我的意见，这是团伙内部的表现。团队强调的是互信，互信才能同心同德，这是保持企业长久生存和兴旺的内在动力。互信强调团队内部求大同、存小异，是建立在互相认同、彼此信任基础上的执行态度，是高效工作的基石。企业团队成员之间有着共同的愿景，共同的企业文化，共同的利益，具有厚实的互信基础。和谐并不等于完全一致，管理者和员工之间没有丝毫的矛盾是不可能的。因为即使是拥有共同价值观的两个人，就算他们的目标相同，为了达到目标所采取的方法也不一定相同。职业经理人要和谐管理，并不是对所有的差异视而不见或强力打压，而是建立互信基础，力求共识。

包容个体差异，认同团队使命

公园池塘里的鲤鱼若全是橘红色，观赏性就没有那么强；若以橘红色为主，穿插一些其他颜色的鱼，一定会让你眼前一亮，驻足观赏。团队的组建避免不了个性差异，多样性是团队的“调味剂”，它能使成员之间的交流更加活跃，创造性的想法不断涌现。充分利用团队成员之间的差异性需要职业经理人转变观念，承认这种差异性的存在，并认为它是有益的。发现、理解、接受和评估团队成员之间存在的差异性，肯定团队成员之间的差异性的价值，习惯于维护他人的自尊，习惯于倾听不同人的不同意见。职业经理人不要把这种差异变成冲突或竞争，变成成员比拼“胜负”的矛盾。通过工作中的差异化组合，争取在资源配置等方面达到最优，从而激励团队成员追求团队的共同使命。所以，有效的团队允许个体的自由和不同，但是所有团队成员必须遵守团队目标和角色分工。

鼓励相互支持，避免负面对抗

在涉及企业生死存亡的大问题上，要坚持原则，要求所有人达到统一；在一些小事上出现不协调时，要允许员工保留不同意见。认可团队成员的差异化，也就包容了不同观点。不同的观点被鼓励，团队自然而然就会发展成一种成员之间互相激励和支持的文化，团队的内聚性、忠诚度、归属感也就逐步凸显。这样团队成员可以更加积极地接受和借鉴其他人的专长、信息或经验。鼓励个人意见、相互支持对方是在包容的大环境下呈现的，但不能演化成冲突观点的负面对抗，不然长此以往会变成团队内部的“团伙”。没有把精力放在同一目标统一行动上，而是放在争功夺利、争权夺位上，导致团队内部势不两立。有了这样的内耗，即便是再优秀的个体，也难以产生高绩效。

平衡三角关系，做到才尽其用

管理者是团队建立互信的关键角色，需要平衡管理者、员工、团队的三角关系。当管理者不能很好地管理这个三角并求得平衡时，团队成员之间的不信任将呈螺旋式向下蔓延。如何做到平衡与和谐呢？在拥有共同愿景的大前提下，执行前团队所有的员工很容易和管理者形成一致意见。真正实施起来却异常困难，职业经理人付出种种努力，有时仍觉得团队和成员不给力、不齐心。表面上平衡、和谐而内心有壁垒一定不是管理者所希望的，要达到真正的和谐，并不是要让所有的员工都异口同声，而是在达成共同价值观的同时，允许每一个员工有自由发挥的空间，做到“人尽其才，才尽其用”。

青刚老师课堂语录

- 信任别人的善良是自己善良的明证。
- 一个人时善待自己，一群人时善待别人。
- 互信是开启心扉的钥匙，诚挚是架通心灵的桥梁。
- 不同的观点被鼓励，团队的内聚性、忠诚度、归属感才会凸显。

默契：同德同心，同力同行

哈佛大学心理学教授查德·哈克曼曾研究过空军的表现。他发现没有默契，团队和个人各自独立存在一个学习曲线。当团队成员彼此熟悉后，他们的表现通常会更好。这种熟悉度到了一定程度，就会成为自然的内动力去触发行为，也就是我们所说的默契。默契是提高效率的好办法，当你准备做一件事的时候，不用你多说，搭档们就知道该怎么配合，那样合作起来真是一件轻松、愉快的事情。

十指思维：团队没有多余人

手是人类的第二大脑。所谓十指巧，大脑灵。十个手指，伸直为掌，握紧是拳。请把你的手拿出来看一看：有没有十个手指互相伤害的事？我们的牙齿和舌头是好朋友，但有时候牙齿会把舌头咬伤，痛得要命。人的十个手指，只有相互配合，绝无互相伤害。手指有长有短，有大有小，有粗有细，但干起事情来，它们默契地配合是悄无声息的、自然的、恰到好处的。十个手指配合，不但可以做出精美的手工，还可表现抽象的语言。手影大师表演手指投影可以让你叹为观止，钢琴大师的十个手指更可以运指如飞，就是我们每天在电脑键盘上打字，十个手指也配合得十分协调。能不能把我们的团队打造得像人的手指一样默契配合呢？

停止纷争：同心同德地沟通

沟通的最高境界是默契，而误解的开始往往来自沟通不畅和语言纷争。默契的团队需要默契的沟通，默契地沟通不一定是一场又一场的会议，甚至不需要任何语言和动作，就可以知道对方要做什么，怎么做，自己该如何配合。在这种同心同德的默契下，团队沟通寻找到新的方向——团队感情的融合和价值的认同。团队没有默契，不能发挥团队绩效，而团队没有融洽沟通，也不可能达成共识。

取长补短：同行同力的搭档

费聂组合：优秀来自彼此的默契

在庆祝改革开放40周年的大型展览上，有一组中国航天事业的照片，其中费俊龙与聂海胜的太空合作操作画面让人印象深刻，他们的默契合作也在国际太空史上被称为“费聂组合”。

费俊龙，40岁，江苏昆山人，身高170厘米；聂海胜，41岁，湖北枣阳人，身高172厘米，两人都是卓越的航天员。在执行神舟飞船航天任务时，他俩分别担任指挥长和操作手。两个人虽性格不同，但他们能相互容纳，取长补短，默契配合，这是他们能顺利完成航天任务的关键之一。

飞船在升空过程中，指挥长要根据自己面前的一张操作程序表，指挥操作手用一根操作棒进行各项操作。因为穿着航天服，两名航天员虽然能通过话筒与地面指挥控制人员直接对话，但两名航天员之间不能直接对话，每一个操作只能彼此用手势表示，所以，两名航天员之间的默契配合至关重要。在挑选航天员组合的时候，指挥中心便考虑到性格的互补问题，因为飞船上两个人的工作是有分工的，需要高度默契。同时，两个人训练成绩上也要互补，并且愿意同对方一起执行任务。在候补梯队训练时，费俊龙和聂海胜不约而同地把对方作为首选。

“神六”飞船的全程任务完成操作零失误。有人质疑说，人的操作怎么可能没有失误呢？但他们的确做到了。原中国载人航天工程办公室主任、航天英雄杨利伟对“费聂组合”高度评价。他讲道：模拟训练时，两个人的各自优势和互补能力很明显。费俊龙把近40万字的飞行手册全部背下来了，复杂的飞行程序、操作要领以及各种应急处置方案，全部做到了不查手册就能处置。费俊龙比较活泼，他是航校教员出身，在处理事情时协调能力很强。聂海胜“神五”时就是梯队成员，他平时话不多，但做事踏实，有很好的配合精神，一旦认为是正确的决定就会无条件执行。他们彼此是最合适、最默契、最优秀的搭档角色，是出色完成太空操作工作的不二人选。

团队的效率在于默契的配合。没有默契，不能发挥团队的优势，就激发不出团队同行同力的共识。团队只有拥有了这种共识，才能激发成员的共生力量。在一个团队里，每个成员都不可避免地要和团队中不同性格的人打交道，有的性格直爽，有的含蓄沉稳。而如何在工作中与各种性格的成员默契配合，是团队管理者必须考虑的问题。职业经理人要分析团队取长补短的重要性，用心培养成员破除个人主义、互补搭配、心力一致的团队默契。

青刚老师课堂语录

- 相由心生，心由愿起，默契是根植内心的认同与共识。
- 管理者是否能发出引起共鸣的声音，是构建默契团队的关键。
- 友情是高山流水遇知音的默契，爱情是曾经沧海难为水的眷恋。
- 煞费苦心地讨好和毫无底线的迁就，都不如真诚背后的身心默契。

第六章

仁道赋能：成大事者，内圣外王

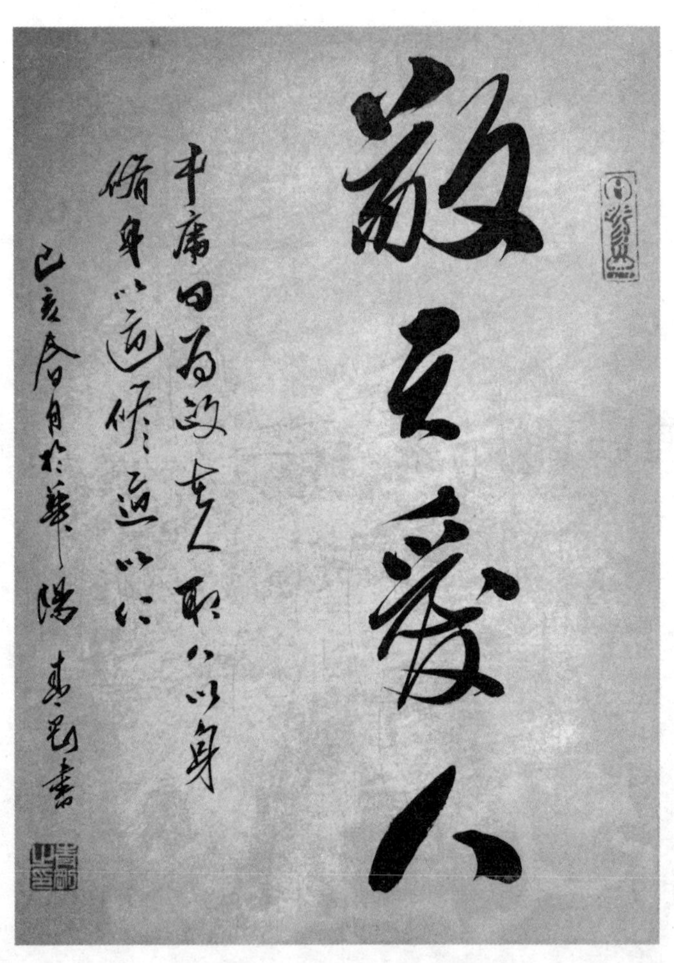

敬天爱人——为政在人，取人以身，修身以道，修道以仁。

——《中庸》

己立立人，己达达人

“己欲立而立人，己欲达而达人”出自《论语·雍也》。这是儒家思想所提倡的“仁者之道”，“仁”的重要原则，就是要做到“推己及人”，简单讲就是强我利他。仁爱之人应该不断地提升自己，让自己具备帮助他人的能力，并且乐于帮助需要帮助的人。职业经理人作为企业的中高层管理者，要懂得替他人着想，考虑他人的感受和想法，以己之力解人之困、助人发展，这样才能获得员工的拥戴。

如果我是他：我需要的是什么

你知道你的员工最需要的是什么吗？把自己当成员工，感知员工的需求，这是职业经理人推己及人的第一步。很多职业经理人会想，员工需要的难道不是升职加薪吗？其实不是，绝大多数员工有职场理想，有事业抱负，渴望自己的才华得到认可，期待自己的潜力得到充足开发，为自己所在公司创造更多价值。对于员工来说，在企业中能够获得尊重，做喜欢的工作并能得到持续认可是最重要的。如果职业经理人能够意识到这一点，并与员工共同实现其职场价值，那么这就是真正意义上的推己及人。所以，在管理工作中，当出现问题的时候，管理者要多站在员工的角度考虑问题：这样做员工可以接受吗？员工心里会舒服吗？只有多站在员工的角度考虑问题，员工也会考虑管理者的感受，发自内心地接受你的领导。

如果我是他：我不希望怎么样

人非圣贤，孰能无过。很多职业经理人对员工犯错都比较头疼，批评不是，不批评也不是。那么，这时候最好的解决办法就是换位思考：如果我是他，我不希望怎么样？当员工犯错时，针对错误进行批评没有问题，但需要考虑员工的真实想法和切身感受。问清原因，找准责任，就事论事，而不是自己推演、扩大问题以致产生误会。无论是谁，都不希望领导在众多同事面前对自己进行严厉批评。即便员工承认自己犯错，应受到批评，但他心里一定希望领导能在没有旁人的地方提出批评。员工的错误不会因为管理者自以为是的权力而主动纠正，而是需要一个认可与被认可的内心对话，这才是解决问题的根本。

如果我是他：我如何对待他

欧洲有句谚语："用你希望别人对待你的方式去对待别人，你会收获幸福。"中国也有句古语："己所不欲，勿施于人。"一件事，如果你自己都不想去做，那么就不要去为难别人去做；一件事，如果你自己做不好，同样也不能要求别人就一定要做好。要用自己的心意去推想别人的心意，去设身处地地为别人着想。不要总是责备和抱怨，觉得这个世界不公平，这么想之前，首先问下自己：我是如何对待这个世界的？

青刚老师课堂语录

- 别总用自己的价值观逼别人就范，那样将一无所获。
- 人不是被欲望控制，就是被情绪困扰，却很少为良知醒悟。
- 埋怨别人的人得到的是埋怨，祝福别人的人得到的是祝福。
- 人生有三个错误不能犯：德薄而位尊，智小而谋大，力小而任重。

服人之德，得人之心

小胜凭智，大胜靠德。《天龙八部》中少林寺有一个无名扫地老僧，被人们尊为金庸小说中"第一高手"。他不但武功绝顶，更具有高深的佛法修为，最终收服了萧远山和慕容博两个玩世枭雄。试想，如果他只是用武力摆平了二人，怎么可能让他们这样暴戾成性的人心悦诚服地皈依佛门呢？《菜根谭》阐述了人的真正智慧：德业毋落人后，宠利毋居人前，受享毋逾分外，乃大德大智。

以德服人，心口两悦

将帅之才，容人之量，服人之德，是职业经理人成“将”之道。《孟子·公孙丑上》曰：“以力服人者，非心服也，力不赡也；以德服人者，中心悦而诚服也。”靠权力迫使人服从，别人永远都不是发自真心地对你服从。职业经理人如果仅靠职位、权力，靠绩效克扣，只会让员工口服心不服或心口都不服。只有依靠职业品行和人格魅力去影响和感召员工，才能最快获得员工认同，让他们“心悦诚服”。

忠于所托，实现利益最大化

做成事，能力很重要；做对事，德行很重要。职业经理人基本的职业道德和操守就是忠诚于企业，所忠之事就是企业的健康、快速发展，实现利益最大化。因此，只要将公司经营好、管理好，就是对企业主和全体股东负责，也是所处岗位的最高职业要求。企业主的利益，最终都凝结在公司的利益之上，只要公司的利益最大化，就能使企业主的利益最大化。同时，公司不只是连接着股东这一个主体，还连接着劳动者、债权人、上下游客户、政府、社会公众等诸多主体。当公司利益最大化时，不仅股东利益最大化能够得以实现，各利益相关者的利益也能最大化。职业经理人忠诚于企业，不单是要求其努力提高企业的利润，还要求其守法经营，履行公司的社会责任，努力提高企业的美誉度；不仅要关注公司的眼前利益，也要着眼于公司的长远利益，不断增强企业的竞争能力。

善始善终，守好职业本分

职业经理人是企业请来的人才，不是奴才。与企业主在管理中有分歧，这是企业管理中的正常事件，只要是同一个目的——为了把企业做好，就不应该去指责。有些职业经理人缺乏独立、专业的判断，无原则地顺从和执行，唯恐在企业主跟前“失宠”，担心自己的职位被替代。在企业经营中因为管理理念、发展理念、价值理念分歧难以调和，职业经理人离开公司也很正常，这也是对公司和自己损失最小的选择。如果这种分歧转化为矛盾，进而转化为对立，职业经理人在职或者离职后，做对东家不利的事，言语攻击东家的种种不是，带走本属于东家的优秀人才，恶意揭露或者诽谤东家等，这就是不守职业道德，甚至会触犯法律底线。职业经理人要清醒地认识到：只要做了对自己所服务的企业不利的事，一定会在某个时间转化为行业内外对自己的认知和评价，并最终转化为对自己职业口碑的伤害。

青刚老师课堂语录

- 职业品行可以弥补职场智慧的缺陷。
- 一个人做事靠智，带团队做事要靠德。
- 靠权力别人不得不服，靠德行别人心悦诚服。
- 容人之量，服人之德，是职业经理人成“将”之道。

其身正之，不令而行

电影《中国合伙人》结束时，播放了一系列成功人士的幻灯片，如柳传志、马云、杨澜、冯仑、李开复、陶华碧等人，让很多人再次燃起为事业而奋斗的激情。有电影评论家这样写道：人生就是职场的延续，人人都是身边人的镜子。头头是道评论成功者不如躬身把别人当榜样，以平常心也能干成非凡事。的确，榜样的力量是无穷的，职业经理人以身作则是自身职业化的价值体现，其在企业中既是法官又是公民，既是企业文化的塑造者和践行者，又是管理制度的拟定者和判罚者。你的一言一行、一举一动都在影响着其他人。

我们的企业和中国 500 强、世界 500 强的差距在哪里？究其原因，核心还是在人。职业经理人是企业管理升级的助推器，是企业团队职业化的推进力量，是企业优化管理的先锋和标杆。依附于职业经理人身上的企业文化、职业价值观、职业化规则、胜任能力等，是企业快速成长的引擎。职业经理人的职业化能力称为 KAS。K 指的是拥有充足的专业知识（Knowledge），如行业法规、商业规则、管理技能、产品知识等；A 指的是敬业的态度（Ability），如德位匹配、以身作则、责任担当、保守秘密、维护公司利益等；S 指纯熟的工作技能（Skill），包括思维能力、组织能力、绩效管理能力以及专业风采。只有通过以上这些能力的组合，才能使职业经理人有效地实施管理目标，换句话说，具有这些能力才称得上是职业经理人。

《论语·子罕》曰："知者不惑，仁者不忧，勇者不惧。"一个有"温度"的企业，必有一帮视事业为生命的优秀人才。做一个有"温度"的管理者或做一个有"温度"的企业，需要从三个方面着手：首先，在用人上做到"公道、正派"。用人是一个企业最为敏感的事，如果在用人上把握不好，对整体工作的推动将产生消极作用。岗位需要什么样的人，管理者要综合考虑公司全局情况及上下工作线的意见，要在这两个方面找到平衡。其次，管理者要善于"成就别人"。一个管理者对企业的贡献和价值，不是做到了什么职位，而是培养了多少人才。这种成就他人、培养队伍的心态，体现的是对企业真正的爱。再次，让员工有"自我存在感"。管理者应容错、纠错，在乎他人的感受和需求，多一些工作内外的互动沟通，敏锐发现员工的言外之意，让员工保持阳光心态，工作中有存在感、获得感、成就感。

近年来，随着中国企业信息化速度的加快，企业管理变得更加扁平化，也逐步由以前的"以大为荣"（规模大、人员多、部门杂）向"以精为荣"（精细化、精英化、精益化）转变，自我驱动管理被越来越多的企业认可并实施。团队自驱管理首要解决的问题就是员工的敬业问题。当企业满足员工发展的需要并对员工的业绩实行"能者多劳＋多劳多得"的自主分配机制时，组织框架不再作为员工职务待遇的指挥棒，员工会选择自动自发为自己、团队、公司的共同利益出发，开启自觉工作模式。管理者是员工的"教练"，为员工持续成长和创造业绩提供支持。不论组织是否对变革进行管理，当员工敬业度较高时，员工会投入到组织变革当中，并接受变革所带来的结果。但是，如果员工敬业度低下，那么任何形式的变革都会遭到拒绝。

表 6-1　盖洛普员工敬业度 Q12 测评表

第一阶段：我的获取——个人基本需求 1. 我知道我的工作要求吗？ 2. 我准备好了工作所需要的材料和设备吗？
第二阶段：我的奉献——个人贡献和别人评价 3. 在工作中，我每天都有机会做我最擅长的事吗？ 4. 在过去七天里，我因工作出色而受到表扬吗？ 5. 我觉得我的主管或同事关心我的个人情况吗？ 6. 工作单位里有人鼓励我的发展吗？
第三阶段：我的归属——个人适应与团队归属感 7. 在工作中，我觉得我的意见受到重视吗？ 8. 公司的使命或目标使我觉得我的工作重要吗？ 9. 我的同事们致力于高质量的工作成果吗？ 10. 我在工作单位有一个最要好的朋友吗？
第四阶段：共同成长——卓有成效的革新和进阶成长 11. 在过去的六个月内，工作单位里有人和我谈及我的进步吗？ 12. 过去一年里，我在工作中有机会学习和成长吗？

盖洛普 Q12 测评法就是针对自驱管理下员工敬业度的测评，见表 6-1。盖洛普还认为，要想把人管好，首先要把人培养好，建立自驱机制，实现“人—事—岗—薪”有效归位，这是敬业度提升的前提。以此给员工创造优良的工作环境，充分发挥和挖掘员工的潜在优势，让每个员工产生“主人翁精神”和“事业归属感”。

青刚老师课堂语录

- 生活抱痛吻我，我报生活以歌。
- 口中有德，目中有人，心中有善，行中有爱。
- 人不是因为成功才成长，而是因为成长了才成功。
- 职业经理人要站在老板角度思考，站在员工角度做事。

谅人之过，补人之短

《汉书·五行志下》曰："上不宽大包容臣下，则不能居圣位。"人居于高位，不要看不起别人；处于低谷，不要瞧不起自己。宽容是人生的至高修养，但并不是人与生俱来的，它是随着人们知识不断地丰富、智慧不断地增加、修养不断地提高，才慢慢感悟出来的人生哲学。它与人的思想品性、社会阅历、人生抱负、文化修养等因素息息相关。宽容使人清醒，使人明智，使人坦然，宽容可以使人明辨是非，不计较个人得失，让人着眼于一生一世，而不是一时一事。宽容的管理者，让团队产生强烈的凝聚力和亲和力；反之，只会嫉人之才，鄙人之能，讽人之缺，责人之误，使人厌之、惧之、避之。

犯错不可怕，重复犯错才可怕

员工做得好，管理者及时表扬，这点很多职业经理人都做得很好。但员工犯错，很多职业经理人处理得很糟糕。事实上，一个不允许员工犯错误的企业是不可能得到员工认可的。我主张一个观点：员工犯错不可怕，可怕的是重复犯同一个错误或者隐瞒所犯的错误。犯错是企业的成本，但同时也是企业的教训和经验。对于员工所犯的错误，管理者要进行反思：是公司机制、管理指挥还是员工个人哪个方面导致的？分清原因和主体责任，明白员工错误的性质，对于那些不涉及原则、不碰触底线的过错，管理者要用宽容之心来谅人之过。有时候谅人之过，不仅仅维护了员工的尊严，同时也是一种暗示和鼓励，使员工日后为企业创造更大的价值。

恰当批评"留面子"，员工知耻而后勇

优秀的员工是不是不犯错误？不可能。一名优秀员工的成长过程就是一个

不断犯错误和不断改正错误的过程。作为职业经理人，不应该揪着员工曾经的错误不放。当发现下属犯错后，不该急着责罚，要维护其“职场尊严”。管理的目的不是责罚，而是让员工面对错误知耻而后勇。有一种爱叫“批评之爱”。员工做错了，给予了中肯的指导及对错误的分析，带着帮助员工改正的心态去沟通，员工就会和你有同样的出发点去改正错误。这样做既给员工留面子，又恰当地指出员工的错误，会让其及时发现问题，迅速做出反应弥补过失，找到正确的方向，以后不再犯类似的错误。相反，如果管理者不懂得如何批评员工，就会降低员工的工作积极性，甚至与员工形成对立面，造成人际关系紧张的局面。

治病救人，给员工“将功赎过”的机会

员工若非故意犯了错误，并自知是由于自己的失误引起的，多数员工已经自责不已。此刻错误已经形成，过度的严厉批评带来的是员工的懊悔甚至恼羞成怒。在此情景下，最应该做的是鼓励士气，将功补过，把他的工作状态重新调整到最好状态。作为管理者，如果给认错态度好的犯错员工“台阶”下，让他摆脱尴尬的局面，让员工明白你的良苦用心，员工必定对管理者更加感激，更加尊重，今后会更加谨慎，以避免错误的发生。优秀的职业经理人要有容人之量，对待员工所犯的错误，应当给予同情和理解，给员工“将功赎过”的机会，这是明智之举。

叶威光：把出错变成进步的动力

叶威光是上海锦江饭店的行政总厨，资深的中式菜肴烹调大师，是上海市著名的厨师之一。

叶汉是叶威光的徒弟，经过多年的严格培养，已经成为一名出色的厨师。有一天，一群重要客人来酒店吃饭，点了一大桌的菜。厨师长叶威光马上分工给手下做，安排给叶汉做的是一道生鲜冷菜。叶汉那天由于心情不佳，三下两

下就把菜做好了。可顾客一吃到菜就发现了问题，原来叶汉竟然鬼使神差地将老抽当成了生抽用。于是，顾客就批评起厨师的厨艺差并要投诉。对此，叶汉尴尬得无地自容，自知一个小小的错误给酒店、给师父带来了麻烦。

叶威光得知情况后，马上跟顾客道歉后，对叶汉说："老抽和生抽是我换了摆放位置，所以才导致你出错。我相信你的厨艺是没有问题的，为了证明这点，我决定将这桌的主菜'巴蜀飘香'交给你来做，你有信心吧？"叶汉赶紧说："谢谢师父，我一定做好。"接着，叶汉非常专心地把"巴蜀飘香"做到了极致水平。当顾客连连夸赞"巴蜀飘香"好吃时，叶汉也明白了师父的良苦用心。后来叶汉一直秉承师父"做菜如做人"的教导，不断研究和开发多个经典菜品，成为一代名厨。

青刚老师课堂语录

- 惟宽可以容人，惟厚可以载物。
- 遇方便时行方便，得饶人处且饶人。
- 出错后的求全责备，增加了借题发挥的误解。
- 管理者的至高修养：解人之难，补人之短，扬人之长，谅人之过。

贫而无谄，富而无骄

在经济社会里，很多人把财富的多寡、地位的高低判定为成功的标准。有些人在社交场合趋炎附势，迎合权贵；有些人在各种场合展露自己的财力、权力、实力，巴不得拿着喇叭带着镜子360度展示自己的成功。社会是一个色彩斑斓的关系网，有着形形色色的圈子和人脉，我们身处其中，有人难以适应，有人乐此不疲。我经常思考一个并不复杂的逻辑：你再有钱，我不借你的钱；你再有权，我没有事找你办，那你在我跟前炫耀什么呢？我为什么要低三下四迎合你、奉承你？回归本真，服从内心，贫而无谄，富而无骄，难道很难吗？

“贫而无谄，富而无骄”出自《论语·学而》，意思是人在贫困的时候不谄媚，在富有的时候不骄躁。简单地说，就是人在各种状态下都能保持一颗淡定、从容的心。

保持“四然”内心，不为权、名、利所累

得之坦然，失之淡然，争其必然，顺其自然。得之坦然，即不以物喜、不以己悲，努力之后的得到，问心无愧，所以心情坦然，工作中没有高低起伏、波涛汹涌的情绪；失之淡然，即本来想得到的东西却意外失去了，出于自己对于事物的正确认识和豁达的人生观，并不予以计较，淡然处之；争其必然，即在正当、合理的情况下，应该去努力争取的东西一定要去争取，比如爱情、事业进步、升学考试等，这并不意味着自私，这恰恰是上进心和有担当的表现，人生在世应该有这种必然；顺其自然，即认清任何事物都有它自身发展的规律，违反其规律，将适得其反，做人做事要顺其自然。所以，我们对待事物的态度应该是：得到了也不会过于激动，失去了也不会过于惋惜，争取努力上进是必然的，但也不可不择手段，要顺其自然。

精彩的人生，不要羡慕、嫉妒、恨

很多职场青年言语间经常流露出自己的不如意：为什么我爸不是官宦富贵？为什么我的未来要这么累？这种自怨自艾，其本质是一种妄自菲薄、自欺欺人的心态。把自己的不成功归于客观现实和不堪的命运，对别人的精彩人生总是羡慕、嫉妒、恨，却从不问自己付出了什么，别人付出了什么。当我们感叹命运的时候，先弄清楚：什么是命运？命，是失败者的借口，运，是成功者的谦辞。

当你的能力支撑不起你的梦想的时候，你夸大其词所说的一切，在别人看来都是毫无意义的吹牛，这既给不了你自信，也给不了别人对你的尊重。那就更没有必要去伪装自己，把自己变成别人眼里的“小丑”。

淡定掌控，从容驾驭职业人生

因为某件事，你会兴奋、会激动、会伤心、会痛苦。我们的情绪总是因为得失而起伏。刘祜翻译戴尔·卡耐基的新著《淡定：做内心强大的自己》一书中谈到，金钱的诱惑、权力的纷争、宦海的沉浮让人殚精竭虑。是非、成败、得失让人或喜、或悲、或惊、或诧、或忧、或惧，一旦所欲难以实现，一旦所想难以成功，一旦希望落空成了幻影，就会失落、失意乃至失志。

职场很多人觉得自己活得很累，不堪重负。为什么社会在不断进步，而人的负荷却更重，精神越发空虚，思想异常浮躁呢？我们以牺牲自我为代价，其结果却是陷于世俗的泥淖而无法自拔，追逐于虚荣与物质而不知什么是真正的幸福。我辈俱是凡夫俗子，红尘的多姿、世界的多彩令大家怦然心动，名利皆你我所欲，如何做到心如止水呢？我认为是八个字：淡定掌控，从容驾驭。淡定的人生，要活出自我本色，就能最大限度地释放自己的能量。

冯仑：追求理想，顺便赚钱

近年来，中国房地产犹如过山车，身处其中的开发商、银行、游资乃至每一个买房的老百姓，都为之不淡定。从学者到商人的万通控股董事长冯仑却是个例外。

在第十二届中国住交会的前一天，冯仑从墨西哥坐了二十多个小时的飞机到达深圳。当时有很多媒体在等着采访他，然而他出现在媒体面前时，没有其他企业家的西装革履和严肃正经，而是穿着牛仔裤和POLO衫，不急不慢地面对镜头说“房产经济学段子”。采访过程中，现场气氛轻松随意，他一直保持着轻松的笑容，回答提问时侃侃而谈，妙语连珠的诙谐语言不时带来共鸣的笑声。

冯仑是一个极其淡定的人，无论遇到什么事情，他总是表现得不慌不忙，当有人问他怎样才能够保持淡定、从容？他的回答是：“我善于从学习中总结规律，视野就会变得无障碍，我知道的烂事太多，所以没有什么事让我不快乐或者震惊。心里有事，不够干净，就会惆怅、纠结、怀疑。我追求理想，顺便赚钱。在对待钱的问题上，我有冲动，但不疯狂。赚钱很疯狂的人也会成功，但可能不从容。你必须吃苦吃到一定程度，没有什么可以刺痛你了，这个时候你淡然了，然后淡定了。所以大家叫我淡定哥，我喜欢这个称呼。”

青刚老师课堂语录

- 做人要知足，做事知不足，做学生不知足。
- 得之坦然，失之淡然，争其必然，顺其自然。
- 力挽狂澜使强者更强，随波逐流让弱者更弱。
- 人生最曼妙的风景是内心的淡定与从容，头脑的睿智与清醒。

惠则使人，正己化众

当接受他人的好处时，人会在心里产生一种“负债”感，感到自己有义务要回报对方，否则会有内疚感。但“说教”不一样，对方不听你的，是双方的观点不同，反而是有思想有个性的表现，不会有什么内疚感。我们发现，那些受到上下尊敬和讨人喜欢的人，都有一个特点：做人做事非常大方，他们愿意施惠他人、铸材成器。优秀的管理者会通过自己的言行，给予员工四样东西：目标感、安全感、归属感、成就感。

得众心者，必得团队

企业的竞争就是人才的竞争。企业花费心血招聘人才，却因为管理不善，导致留不住人才，这是令很多管理者头疼的问题。管理宽松，对方不会尽心尽力地为公司做事；管理严格，又怕给对方压力太大，而且都是同事，下手太狠相互之间也不好面对。这个时候我们就需要借鉴三国时期刘备的做法。刘备麾下武将关羽、张飞、赵云忠心不二；文将诸葛亮、庞统鞠躬尽瘁。而这一切，都要归功于刘备待人的“恩惠之心”。

刘备：厚恩于人，德惠于己

纵观刘备一生，拜师大儒，诚交学友，结交名士，聚络诸侯，在不知不觉间完成了由“平民”到“枭雄”的力量积聚和身份转变。

桃园结义，刘备将猛将关羽、张飞收至麾下，在以后的日子里他们与刘备可谓是同甘共苦、不离不弃，厚恩待人使关羽、张飞对刘备忠心耿耿。对于诸葛亮，刘备三顾茅庐，以诚相待，共画事业同心圆。此时刘备已初具实力，但是仍能放下身段去请诸葛亮，使诸葛亮在出山后对刘备集团鞠躬尽瘁，死而后已。当阳长坂之战，刘备战败被迫抛妻弃子，却誓死带上了诸葛亮、关羽、张飞和赵云等人，随后赵云返回救人时，有人说赵云定是去投靠曹操了，刘备用手戟掷其并坚定地说：“子龙乃我生死兄弟，只有我负他，他怎会负我？”当赵云救回刘禅交给刘备时，他掷之余地曰：“为汝这孺子，几损我一员大将！”不管刘备摔孩子是否出于真意，但众心所归已然是实。

刘备被曹操打得大败，在丢弃樊城时他不忘百姓，带着数万百姓一起逃难，虽然每日只能走十余里路，但他要求士兵对百姓恩爱有加；看到百姓落难的痛苦情景时，他惭愧地掉下了眼泪，发誓与百姓同生死。这让他在百姓心目中留下了“爱民如子”的形象，也奠定了他后来与曹操、孙权相抗衡的群众基础。

中国历史上的帝王将相，宏图大业百年维基的根本就是：得民心者得天下。刘备在待人方面是值得每个管理者学习的。身为职业经理人，靠身份的威压、靠利益的诱惑，只会让员工对你一时忠心。以恩惠之心对待员工，这样不仅能跟员工坦然处之，还激发了员工的工作热情，最终为整个团队乃至企业创造持续价值。

授受恩惠，使人产生义务感

人在互惠原则的影响下，要明确判断谁是你生命中的贵人，清楚自己应当与什么样的人建立关系。明确了自己的社交对象后，要懂得用诚心和行动与别人相处，获得对方好感，让对方认可你，信任你，愿意接纳你进入自己的朋友圈。当你给对方示好并被对方接受后，就代表别人认可你。当然，这里说的“好处”不是金钱，主要是问候、关心、服务，以及顺从、倾听、理解等。要懂得先投入再索取，有投资才有收益。

康奈尔大学实验：“示好暗示义务”效应

康奈尔大学的丹尼斯·雷根教授做了一个非常有名的实验：实验对象被邀请参加一次“艺术欣赏”活动，另一个实验对象乔是假扮的，他是雷根教授的助手。试验在两种情况下进行：第一种情况，中间休息时，乔出去了几分钟，带回来两瓶可乐，一瓶送给了实验对象，另一瓶留给了自己。另一种情况，乔出去了一会儿两手空空回来，其他方面乔的表现都一模一样。稍后，主持实验的人暂时离开了房间。这时，乔请实验对象帮忙买一些彩票。他说如果他卖掉的彩票最多，他就能得到 50 元的奖金。毫无疑问，先前接受了乔的可乐的人更愿意购买，他购买的彩票是另一种情况下的两倍还多。

实验对象由于接受了对方赠送的一瓶可乐，从心里感觉欠了对方一点什么似的。当对方提出买一些彩票的时候，他感到应当回报对方，自然就会多买一点，而另一个人却没有这样的压力。这就是孔子说的“惠则足以使人”。同时，当对方得到好处时，也会心生感恩的心理，用马基雅维利（意大利中世纪晚期思想家）的话说就是：“授受恩惠会使人产生义务感。”

尽己服人，正己化众

“唯尽己可以服人，唯正己可以化人”，这是曾国藩的家训。正人先正己，做事先做人。职业经理人唯有全力以赴尽人事，才能使他人折服；唯有自己言行端正，才可能去感化和影响别人。一旦通过自身在员工里树立了榜样和威望，也自然形成了领导力，这种领导力比权力要大得多，也会让管理变成一件轻而易举的事情。这里讲的“尽”和“正”的意思，是做事不要总是棱角分明，要有容纳别人缺点的肚量；做人不要太孤傲，不然会让人产生距离感，从而让自己陷入孤立的境地；做人也不要太和顺，不然会让人觉得温柔可欺，而失去自我。

在没有做好自己的前提下，就没有资格对别人的所作所为去指手画脚，只有自己行为端正了，才能潜移默化地影响其他人。有时虽天命难违，但也要尽全力去实现某一目的，这就是领导应该有的胸怀和智慧。有些职业经理人做领导做得很失败，没有别的原因，最大的问题就是马列主义打电筒：有过归人、有功归己。

青刚老师课堂语录

- 施人恩惠，是凝聚人心最好的方式。
- 唯尽己可以服人，唯正己可以化人。
- 将恩惠刻在石上，将仇恨写在沙上。
- 管理者的舍得智慧：大舍大得，小舍小得，不舍不得。

因才施用，才尽其职

智联招聘年度调查表明：员工的工作能力 70% 是在直接上司的训练中得到的，即职业化的管理者有效做到了“人事相宜，人适其事，事得其人，人尽其才，才尽其用”。当你感到下属的能力不足以应付工作的挑战时，你会责备公司的人力资源部没有招聘到合格的人才，责备公司没有安排专门的培训等，其实这是抓错了问题的方向。用优秀的人才做出优秀的业绩，不管谁做领导都能做到。问题的关键是，谁能够把团队中的普通员工变成高绩效员工，让普通团队做出优秀的业绩，这才是凸显管理者能力的时候。如果想让下属取得满意的工作绩效，管理者必须成为教练，在工作当中不断地用职业化训练他们。当好教练是职业经理人至关重要的角色。

聚焦员工的优势

韩国三星创始人李秉哲曾说："一名职业经理人如果将因才施用看得太过于简单，就无法做出身为管理者的判断。"对于多数员工来说，与其做高薪工作，他们更愿意去做他们感兴趣或者符合他们特长的工作。英雄无用武之地是最大的悲哀。每个人都有自己的优点和不足，正所谓"物尽其用，人尽其才"。一个人的长处只有完全发挥出来才能做出卓越的成绩。刘邦之所以能成就霸业，一个重要的原因就是它能够深入了解骨干员工的优势、特长，安排工作时扬长避短，这样才能让员工的能力完全地发挥出来。职业经理人要学会让猴子去爬树，让牛去耕地，如果工作中颠倒过来了，那问题也就随之而来。

掌握员工的性格

米开朗琪罗在雕塑大卫像之前，花了很多时间挑选大理石。因为他知道，他可以改变石头的外形，但无法改变石头本身的质地和纹理。职业经理人都是"职业雕塑师"，只有详细地了解了每一名员工的性格，才能做好相应的工作安排。

人的性格分为很多种，有沉默寡言、遇事沉着冷静的；有为人热情、适应能力强的；有脾气暴躁但性格直率、精力旺盛的；有各方面都均衡发展的。职业经理人要根据每个人的性格对其进行工作分配，比如，你不能让一个热情活泼、喜欢交际的人安安稳稳地坐在办公室里处理文件，也不能让一个沉默寡言的人经常外出去谈客户。企业的发展需要很多人协作努力，不同的人适合不同的工作，最好的不一定是最合适的，最合适的才是最好的。如何了解自己和他人的性格呢？其实有很多测试方法。因本书篇幅所限，不做一一赘述。若有兴趣可在网上进行以下测试并分析：

（1）九型人格测试（见图 6-1）；

（2）卡特尔 16PF 测试；

（3）DISC 性格测试；

（4）DPA 动态性格测试；

（5）MBTI 性格类型测试；

（6）明尼苏达多项人格测验。

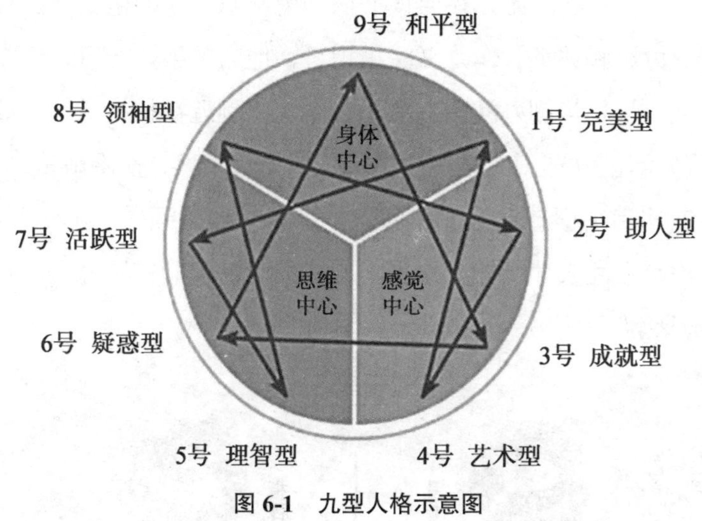

图 6-1　九型人格示意图

明确员工的行事风格

每个人都有自己的做事风格。要让员工改掉他做事的不良习惯，是一件很难的事，很多员工都有抵触情绪。不妨反过来想，这些不同也许对企业来说也是一种价值。因为不同的做事风格，成就不同类型的人才，而企业就是需要不同类型的人才来构建一个综合能力很强的“人才池”。在阿里巴巴你可以看到各种性格的人才。为什么阿里巴巴没有按照需求来招聘人才？大海里不可能只生活一种鱼，所以在招聘人才的时候阿里巴巴会通过各种测试，着重看每一个人不同于其他人的行为风格和做事特质，比如，思考型、指挥型、社交型、协调型等角色类型（如图 6-2）。然后根据他们各自不同的“标签”安排他们工作，正是因为这样的安排，让企业成为人才济济、拥有持续创新力的高效企业。

关注员工的兴趣爱好

2018 年 4 月，著名书法家张海先生荣获第六届中国书法“兰亭奖”终身成就书法家奖（中国书法界最高奖项）。张海先生作为书法名家，其书法五体皆工，入古而不为古法所泥，在当代书坛独树一帜。他的诸多书法经典理论在书坛引发广泛讨论和共鸣。作为书法组织者，他数十年如一日，着力推动书法艺术事业发展，从早年创办河南书法函授学院，到近年扶持“西部书法千人计划”，开全国先河创办郑州大学书法学院，他捐资助学，扶困济贫，奖掖后进，不遗余力。获奖后当记者采访他为何五十多年来能兼顾书法创作、理论研究、书法组织工作、书法人才培养并取得突出成绩时，他回答了九个字：“定于一，定于业，定于爱。”

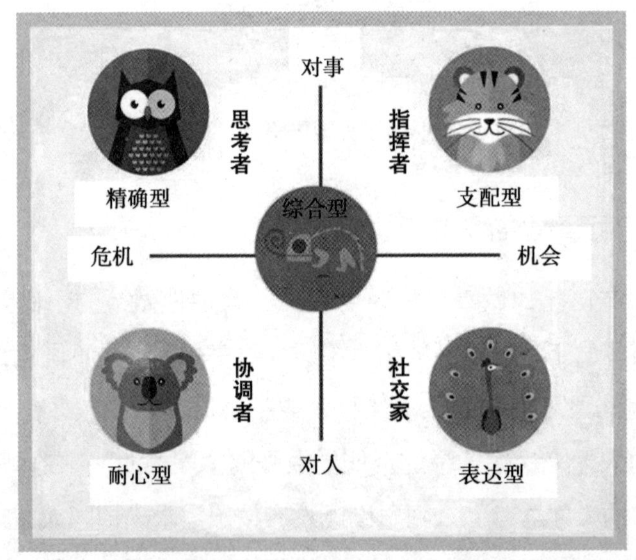

图 6-2　PDP 行事风格角色图

孔子曰：知之者不如好之者，好之者不如乐之者。有兴趣才会有欲望和动机，当兴趣产生时，人的注意力就会高度集中，就能激励人的内心热情和才智发挥。“对一切来说，只有热爱才是最好的教师。”这是爱因斯坦的名言。兴趣是人们探求知识、锻炼才干的精神动力。每个人都会对他感兴趣的事物给予优先注意和积极探索。例如，姚明对篮球产生了强烈的兴趣，所以才会为篮球倾注热情、付出努力；杨丽萍从小对舞蹈感兴趣，她一生都在为舞蹈而探索，一个动作、一个眼神都透露灵气。职业经理人应尽可能地根据员工的个人兴趣、专业爱好安排工作岗位，只有这样才能最大限度地激发员工的工作积极性。

王坚：为阿里云而生的心理学博士

进出机场，经常可以看到阿里云的广告。阿里云到底有多牛呢？被称之为"天猫破千亿的助推器，阿里进军世界的敲门砖，全球大数据产业的仓库"一点都不过分。这样一个全球领先的云技术，竟然出自一位心理学博士之手。

他是浙江大学博导，国家专业实验室主任。为了兴趣跨界来到企业，被人称作"怪咖"和"疯子"，甚至曾被称为"忽悠马云的骗子"。他就是把兴趣变梦想，又把梦想变现实的阿里巴巴技术委员会主席、集团CTO、阿里云之父王坚。

心理学出身的王坚，却痴迷于技术。2010年，当时在云计算领域，中国和美国站在了同一起跑线。但技术上，中国却和美国有代差。所以，开发阿里云之初，绝大多数人都觉得他是疯子，云计算这事太难了，根本不可行。阿里云团队的程序员换了一批又一批，最初的团队最后只剩20%的人。走的人里，有人觉得王坚像个黑洞，会榨干身边人的一切，有人觉得他在忽悠人。阿里内部很多人都对王坚持怀疑态度，外部对其也是一致的强烈批评。

因为相信，所以坚持。王坚坚信自己已经清楚地看到了云计算的伟大未来。他一个人顶起所有压力。每次阿里年会，他都一个人去，不让阿里云高管参加，怕他们去了承受不了当场的嘲讽和压力。2013年，他和团队终于完成了云计算平台的开发，带来的是革命性的技术改变，让阿里巴巴在技术上走在了全球前列。

成功后的王坚在阿里年会上流下了委屈的泪水。在参加央视《朗读者》节目中，他诵读了乔恩·克拉考尔的《进入空气稀薄地带》。在节目中他回忆说：

“一切始于好奇与热爱，没有这些力量，心理学博士做不出阿里云。”

卓越和普通最本质的区别，是对梦想付诸行动的程度。有的人努力 10 分，有的人努力 100 分，有的人努力 10000 分。努力 10 分的人，觉得努力 100 分人很牛，要向他学习，因为能看到，能看得懂；努力 10 分的人，觉得努力 10000 分的人是傻子、疯子、骗子，因为看不到，看不懂。任何时候，别忘了你在为什么坚持，什么才是真正的“初心”。

青刚老师课堂语录

- 只要热情犹在，哪怕青春消逝。
- 自弃者扶不起，自强者击不倒。
- 英雄无用武之地乃是最大的悲哀。
- 平凡的脚步也可以走完伟大的行程。

进德修业，务实笃行

道光年间，曾国藩在写给诸弟的信中说：吾人只有进德、修业两事靠得住，弘毅笃行是为完成进德、修业两大任务所应有的精神和态度。“德”谓德行，“业”谓功业，正所谓“入则进德修业，出则弘毅笃行”。君子有德，行事务实。职业经理人是员工关注最多的企业管理者，你的德、业、行最能体现你在员工心中的影响力。

文化构成了企业行为的价值取向，有什么样的文化就有什么样的员工行为及运行机制。《周易》提倡君子要言有物，行有恒，做到见善则迁，有过则改。这既是做人的基准，也是企业的行为规范。在构建企业文化的过程中，管理者的价值取向与文化修养对企业文化的形成具有导向作用。高尚的道德品质，富有远见卓识的眼光，统揽全局的魄力，对企业的决策力和竞争力至关重要，对员工的执行力有深刻的影响。这种非权力影响是一种人格的力量，只有不断做到进德修业才能形成无形的感召力和人格魅力。

企业文化是企业的DNA，DNA再优秀、强大，依然需要脚踏实地、与时俱进的行动力。职业经理人的想法要贴合实际，实事求是，务实笃行。职业经理人的成功，5%在战略，95%在执行。认准了的事情，必须身先士卒、百折不挠。这不仅能显示你的人格力量，产生巨大的示范和凝聚作用，也能有效地激励和团结员工，共同实现企业目标。企业的执行力最终表现为团队力量，而团队力量需要组织和协调，员工行为需要激励和约束，这些都离不开一套科学公正、切实可行的规章制度。

企业主和职业经理人是企业健康发展的合理标配，在管理上都有自己的“道、法、术”（如表6-2所示）。各赋职能，同心同力。企业主与职业经理人最大的区别就是，企业主以德为先，进德修业；职业经理人行动落地，务实笃行。但这不是绝对的，企业主要学习职业经理人的行动力，决策考虑最优的结果，也要考虑最糟糕的结果；职业经理人要学习企业主的以德服众，塑造和引领企业文化，让企业员工看到希望、憧憬未来。如果双方越位，就会出现团队混乱、管理失效的局面。

表6-2　企业主和职业经理人的“道、法、术”

管理要素	企业主	职业经理人
管理行为方面	以“奇”致胜	以“正”令行
管理思维方面	伐谋之道	伐兵之术
管理导向方面	过程导向	结果导向
管理格局方面	求新求变	稳健务实
管理判断方面	感性＋驾驭人（情）	理性＋控制事（理）
管理重心方面	看重英雄	看重团队
管理情感方面	豪情壮志、笑傲云天	风雨无阻、稳操胜券

青刚老师课堂语录

- 每一次努力的背后必有加倍的赏赐。
- 职场烦恼多在于知道得太多，而做得太少。
- 再成功也要尊重别人，再卑微也要看得起自己。
- 仰之弥高，攀得越起劲；钻之弥坚，钻得越锲而不舍。

第七章

勇道赋能：锐意突破，创新决断

天下有大勇者，卒然临之而不惊，无故加之而不怒。此其所挟持者甚大，而其志甚远也。

——《留侯论》

共享时代：破除思维旧枷锁

从未知到已知是引领者最先判断和行动。不管曾经有多辉煌，电气时代的来临，使蒸汽模式下的工业就像被套上了枷锁一样；互联网时代的到来，也给传统思维、不愿升级的企业戴上了枷锁。在共享经济时代，我们的工作、生活、学习各个方面几乎都被颠覆了，很多传统企业也被挡在了持续发展的门外。

美图秀秀董事长蔡文胜说：未来属于那些了解传统产业且懂互联网的人，而不是那些懂互联网但不懂传统产业的人。但马云说：装上翅膀的坦克依旧是坦克，它不是飞机。不管大佬们怎么讲，有一个共识就是：互联网产业时代正在向产业互联网时代过渡。互联网时代的下半场，是用“技、讯、时”弥补和代替上半场的“人、财、物”的比拼，让企业从平面规模竞争到多维立体竞争。传统企业的管理者（职业经理人）如何融入共享、共建、共赢的互联网大时代？共享经济时代的商业竞争，需要职业经理人成为O2O“两栖人才”，全面掌握共享经济时代的思维方式。

大数据思维：对企业资产、核心竞争力的理解。数据就是资源，通过聚焦数据挖掘与分析，提炼出的信息就是商业价值所在，从而提高企业核心竞争力。

社会链思维：对企业传播链和关系链的理解。企业面对的员工和用户以“网”的形式存在，沟通和交流更加便捷，管理者利用社会链做好企业内外部优化管理与整合。

平台思维：对商业模式、组织模式的重新建构和理解。互联网是开放、共享、共赢的生态圈。管理者在企业内部打造“平台型组织”，让企业成为员工的事业发展平台。

迭代思维：对创新流程的理解。互联网的变化太快，颠覆随时都在。实时的关注各层级各行业的需求，根据新的需求变化进行微创新，小步快跑，快速迭代。

跨界思维：对产业边界的理解。很多产业的边界变得模糊，管理者要时刻关注产业上下游及竞争对手的变化动态，大胆颠覆式创新，跨界裂变出新的机遇。

简约思维：对品牌和产品规划的理解。产品定位力求简单，设计简洁、简约，管理精简而高效，专注某个点，避免复杂的功能影响用户体验，在短时间内抓住用户的心。

极致思维：对产品和服务体验的理解。把已有的产品和服务做到极致，超越用户预期，让产品说话，靠产品自动强化客户的黏性。

用户思维：对经营者和消费者的理解。以用户为中心，发掘用户的前瞻需求。以前是生产什么就卖什么（自己制作卖点），现在是了解用户需要什么才做什么（实现卖点）。

流量思维：对业务运营的理解。流量是互联网的生命之源，不要为流量飙升所造成的支出压力担忧，而是该想着流量即金钱，流量即互联网入口，想想如何更好地利用流量去盈利才是王道。

柳青：投身互联网时代的潜力股

2015 年 2 月 14 日，滴滴宣布与快的战略合并，这一转折事件激起了当年互联网领域最大的一朵浪花。担任商业合并的重要斡旋角色的是滴滴公司总裁——柳青。

“没有金刚钻，不揽瓷器活。”柳青曾说过，“心有多大，就要创造多大的舞台，就要把一个事业做到多大。”加入滴滴以来，柳青协助 CEO 程维将滴滴从单一的出租车叫车信息平台打造成包含专车、快车、代驾、租车、企业版等多条业务线的一站式移动出行平台，并确立了滴滴出行的行业领先地位。同时，除了滴滴打车与快的打车合并案，柳青还主导了苹果 10 亿美元投资以及收购 Uber 中国等一系列重大事件，让业界刮目相看。2018 年 10 月，她入选“福布斯 2018 全球最具影响力女性”榜单；12 月，入选“中国改革开放海归 40 年 40 人”榜单。

青刚老师课堂语录

- 顺应需求——互联网走的其实就是群众路线。
- 互联网让坐头等舱和经济舱的人有了同时到达的机遇。
- 互联网经历了从“资本”到“知本”再到“智本”的时代升级。
- 互联网如春秋时代，各网混战；紧接着将如战国时代，群雄争霸。

断而敢行：身先士卒勇往前

职业经理人应做到这几点：维护自己的利益，同时尊重他人；坚持自己的立场，而不冒犯别人；诚实而恰当地表达自己的感情，成为真实的自己。果断意味着增加自身选择的余地，使人勇于表达自己的真实愿望和意见，能自如地处理人际关系，更快提升个人效能。

自觉成为“自我管理”的榜样

智慧女神雅典娜神庙有一句话：“认识你自己。”所谓自我管理，就是对自己的目标、思想、心理和行为等表现进行管理，自己管理自己，自己约束自己，自己激励自己，最终完成自我奋斗目标的一个过程。职业经理人的管理，一靠话语，二靠行为，也就是常说的“言传 + 身教”。职业经理人不管是本土培养，还是空降之将，你的思维判断能力和行动指挥能力，会自然形成员工对你的认知和评价。要吸引下属的注意力，统一团队的行动思想，必须努力使自己成为“自我管理”的榜样。如果想让员工成为有效的“自我管理者”，应该为他们提供示范，以生动、详细、易于理解和模仿的方式来展示“自我管理”的行为及所产生的结果。一旦管理者的行为被“聚焦”之后，下属必然会重复所观察到的行为。

当机立断，做化“危”为“机”的标杆

众所周知，微软一直奉行全球统一的软件价格，多年来不曾放弃这一理念。在中等消费水平的中国，微软过高的软件价格把很多期望用上正版软件的人挡在门外，价格成了微软在中国销售的一个瓶颈。近十年来，面对全球经济低迷，市场紧缩，中国软件市场竞争激烈的局面，微软果断作出了降价决策，不仅减轻了消费者的负担，还为自己赢得了市场，这是当机立断、化危机为商机的明智之举。

最聪明的猎人会在冬天来临时拿出猎枪，将冬眠的熊作为自己的猎物。企业发展的非常时期，职业经理人的决策能力影响一个企业的命运。尤其在企业转型升级、市场受阻、资金链紧张、股东分裂等重大问题面前，在常态下按部就班的成事模式已经不能适用企业的运转。那么，采取果断手段，维护和保证企业和董事会的最大利益，是职业经理人的职责和使命所在。如何当机立断？要有敏锐发现的目光，要有善断的勇气和胆识，要有“大我”的事业格局。

班超：果断明察，鄯善国归顺汉室

《后汉书》记载，东汉时期，由于汉朝对于西域的掌控大不如从前，西域各国有逐渐归附匈奴的趋势，汉明帝刘庄担心西域和匈奴联合起来对付汉朝，便命班超出使西域。当时班超带了36个随从，他们首先到达了鄯善国。鄯善王见到班超很高兴，大摆宴席，让班超等人觉得说服西域各国重返汉朝很容易。

几天后，鄯善王对班超等人的态度忽然冷淡起来了，因为当时匈奴也在争取鄯善国，于是班超怀疑，一定是有匈奴的使者来到了这里。班超灵敏判断，用计得到了确切的消息，遂连夜饮酒高会，对同行36人说：“我等在西域，欲立大功；而匈奴使者才来了几天，鄯善王就开始冷淡我们。若将我们送与西域，将恐难活命。”酒后所有随从附和绝不能命陨西域。

班超见状说：“不入虎穴，焉得虎子。当今之计，独有因夜以火攻之。”当夜，经过细心谋划，班超果断行事，带领手下在匈奴使者帐中放火鸣鼓，致使

对方惊乱。搏战开始，班超毫不犹豫，亲手格杀3人，吏兵斩杀30多人，其余百余人均被烧死。班超次日将匈奴使者首级展示在鄯善国王面前，震撼其国人，鄯善国遂归顺汉室，而班超也得到了皇帝的赏识。这就是历史上著名的“出使西域，震慑鄯善”。

青刚老师课堂语录

- 与其坐失良机，不如果断出击。
- 拖延是偷取时间的强盗，行动是治愈恐惧的良药。
- 成事者并非才干出众的能者，而是当机立断的勇者。
- 做人要清楚是非，但不要太计较利害；做事要讲利害，但不要太害怕是非。

锐意突破：进退有法成正果

篮球运动中，一方持球，在运动中使身体摆脱对方球员的防守，从而在更接近篮筐的同时创造出利于自己投篮的空间。想要完全超越对方比较难，所以一般的突破，需要超越不到一个身位的距离，然后用弱侧的手上篮。“突破”在篮球中是一项非常实用的技术，合理地安排突破战术，即使没有一次成功，也可以扰乱对方的防线，为队友创造得分的机会。

企业管理犹如三步上篮：

第一步：锁定目标，判断对手；

第二步：进退有法，迷惑对手；

第三步：完成投篮，赢得对手。

最安全的防守就是进攻。职业经理人是中坚力量，在带领企业、团队前进的过程中必然会遇到各种艰难险阻。锐意突破即不畏艰难、无惧挑战，时刻保持对事业的热忱和激情，积极拓展发展思路，努力开拓发展空间，提高自我顺势而为、借力发力的技巧。

做人，知进退，钻牛角尖解决不了任何问题，还会使自己越活越累；做事，知缓急，急的事情先做，缓的事情后做，至少不会一事无成。想得太多受累，马虎大意受罪。职业经理人要学会知分寸，懂进退。

陈春花：不断创造奇迹的“多面领袖”

她是著作等身的畅销书作家、薪水最高的职业经理人、上市公司联席董事长兼 CEO、北大教授、博导、BiMBA 商学院院长，是集教授、总裁、作家多重身份于一身，又能把每一个都诠释得非常精彩的“多面领袖”，她就是陈春花。

陈春花曾出任新希望六和集团联合董事长，这是新希望集团董事长刘永好亲自为女儿刘畅接班大任邀请的导师级人物。三年时间里，陈春花用前所未有的大胆管理手段对公司进行整改。她用百折不挠的突破精神，将不足 8 元的新希望六和股价提升至 16 元以上，企业净利润也一直保持稳步增长，使该企业突破性跻身中国百强企业。“人的高度是用双手决定的。”完成职业经理人使命的陈春花在离职前给公司员工留下的最后一封信中提到。不恋战、不恋权，进退有度，驾驭自如。这是陈春花给中国式职业经理人最大的启示。

“管理者的最大突破就是赋能和激活人。”这是陈春花在“2019 影响力峰会——预见未来”上的发言。回到商学院教学的她，开始把自己在商业管理中的积累细细梳理。在她的眼里，世界就是在一套整齐的管理体系下运转，每一个螺丝都清晰可见。她将企业的整个发展提炼成了四个维度：基础、增长、核心、引领。在每个维度里，又分了几大板块，每个板块都有一整套成熟的思维体系，每个体系里又有大量实践和思考过的案例，从而形成了一个庞大但不杂乱的管理库。有了这个管理库，不但能让之前的知识和经验条理清晰、明确，而且之后再遇到案例、知识和思考，她也都能从容地放进这个知识体系中，让认知和理解呈几何增长。她将这些知识和心得全都集结汇总，出版了二十多本管理著作。

企业间的竞争早已不再是产品或价格的竞争，也不仅仅是领导者个人智力和能力的比拼，而是团队与团队之间整体运作水平和综合实力的竞赛和抗衡。平庸的团队总是在互相指责和频繁的人员流失中内耗资源；在团体业绩低下和个人利益至上的冲突下争名夺利；在公司制度约束与私人行动便利间抵触规则；在主动承担责任和分担工作任务时避重就轻；在合作分工和制度执行时推诿扯皮；在公司内外传播是非并制造矛盾。一个优秀的团队需要有一个良好的成长环境，需要系统的管理作为支撑（见表 7-1）。

水唯能下方成海，山不矜高自及天。海不辞滴水，故能成其大，山不辞土石，故能成其高。做人如山，望万物，又包容万物；做人似水，知进退，更从善如流。人生逆境时，切记忍耐；顺境时，切记收敛；得意时，切记看淡；失意时，切记随缘。心情不好，当需涵养；心情愉悦，当需沉潜。心灵的宽度，不是你了解了多少人，而是你包容了多少人。要懂得：无事心不空，有事心不乱，大事心不畏，小事心不慢。职业经理人若能悟透人生进退之法，职业之路必将大放异彩。

表 7-1　职业经理人管理能力突破的 18 种改善工具

1. 工作分析	2. 胜任力分析	3. 岗位分析
4. 企业数据分析	5.MBO 管理	6. 全员研讨会
7. 项目 SWOT 分析	8. 行业数据库	9. 对标判断
10. 管理 / 业务流程图	11. 头脑风暴	12. 过程管理方法
13. SCP 分析	14. 绩效图谱	15. TOP 业绩分析
16. 成长案例库	17.KPI 指标体系	18. 问题改善法

青刚老师课堂语录

- 含泪播种的人一定能含笑收获。
- 以史为鉴知得失，以人为鉴知进退。
- 世上没有绝望的处境，只有对处境绝望的人。
- 大多数人想要改造这个世界，但却罕有人想改造自己。

直面问题：方法总比问题多

只要精神不滑坡，方法总比问题多。很多企业都制定了完善的规范标准、规章制度，但是遇到问题，这些标准和制度为什么又失效了呢？“实在是没有办法”“我已经尽力了”“要不这次就算了吧”……这些话，是当下职场说得最多的口头禅。不是标准和制度有问题，是执行的人出了问题。那么，该如何面对和解决这些问题呢？

问题：因人而产生

自从有了人，有了生意，有了公司，就有了管理问题。每个企业都会存在问题，没有问题的企业也就没有发展的可能。企业有问题并不可怕，可怕的是人为制造问题和人为忽略问题。对许多企业而言，管理并不难，难在人情世故，总有人基于人情、面子，以及所谓的个人偏好而制造问题或纵容问题。“看不到问题才是最大的问题”，海尔这句话说了二十多年，今天依然在警示着企业投资人和职业经理人。问题明明存在，管理者却视而不见；管理者看到问题所在，却不主动解决，而姑息纵容，这些都会为企业埋下巨大的隐患。自己或部门重复犯同一个错误，不是能力问题，而是态度问题。不要让同一个错误在自己或部门身上多次出现，这是最直接降低管理成本的方式之一。

管理：因问题而存在

优秀的职业经理人在管理中有两个典型特征：“不二过”与“不二心”。“不二过”是指同样的错误不犯两次，不让同样的问题多次在管理中发生；“不二心”是指不能身在曹营心在汉，不能在做这件事的同时又想着做其他的事情，有二心者很难成功。职业经理人要明白自身定位：企业聘请你做管理者，是请你来解决问题，而不是抱怨问题、制造问题、简单上交问题。企业中谁都有资格抱怨问题，但职业经理人没有资格，因为你就是问题的终结者。问题越多，职业经理人的使命感就应该越强，因为问题越多，要做的事情就越多，要解决的麻烦就越多。

陈强兵：直面新问题才能勇立潮头

“传统企业在互联网化转型的过程中，总是不免有各种各样的困惑，诸如专业人才的缺失、互联网特性带来的前所未有的竞争压力、线上线下的矛盾及融合等，都是新问题，我认为这对别人是挑战，对用友是机遇。”用友网络执行总裁陈强兵在中国企业互联网行动大会的开场致辞中指出。

陈强兵自2000年加入用友，已经度过了19年职业经理人生涯，他从大区客户总监一路到执行总裁再到用友网络CEO，经历了信息化在中国从0到1、从1到无限的轨迹。在新的信息时代，陈强兵认为，信息化产业各方参与者都在面临着各种各样的挑战和机遇。而用友和其伙伴所面临的是被卡位的历史机遇，主要体现在互联网化、国产化、CIO的转变和企业互联网四大机遇。对于这个时代的陈强兵而言，其所承担的责任也越来越重，因为企业IT已经由工具变成了核心支撑：从服务企业，到服务上下游；从企业管理，到驱动企业创新。用友正在经历一场新平台的变革：从办公信息化到企业互联网化。

市场角色在转变，管理的责任在转变。陈强兵从不回避问题。2016年，他提出用友要直面企业互联网化的五大问题，并称之为用友变革之机遇；2017年，提出用友企业数字化转型的唯一路径是企业云化，并称之为信息化供应商企业的“化蝶行动”；2018年，提出用友在客户导向、数据驱动、员工能动、实时企业、智能运营、全球资源等方面真正实现商业创新和管理变革。刚刚接任CEO的陈强兵，在2019用友商业伙伴大会上指出：用友3.0战略直面市场竞争和内部优化，把云服务、软件、金融服务融合发展作为三大核心业务推进。

解决：追究问题根源

斩草不除根，春风吹又生。没有问题不制造问题，有问题要直面解决问题。管理者面对问题时，如果睁一只眼、闭一只眼放任过去，一定会为日后的管理工作埋下隐患。以解决问题为导向，以挖掘问题、表达问题、归结问题、处理问题为线索和切入点，形成企业内部一整套问题解决办法。事件管理是“救火”，问题管理是“消防”；事件管理是“有病治病”，问题管理是“预防和保健”。作为职业经理人必须有这样的思考，用“四个不放过”(问题发生的原因未查清不放过，问题责任人员未处理不放过，问题整改措施未落实不放过，问题有关人员未受到教育不放过）杜绝同类问题的重复发生。这样才能将小问题全部处理掉，将大问题解决于摇篮中，为企业持续发展保驾护航。

青刚老师课堂语录

- 最困难之日，即是离成功最近之时。
- 正视问题需勇气，解决问题要水平。
- 只要还有明天，今天就永远是起跑线。
- 企业最大的问题是人为制造问题和人为忽略问题。

杀伐决断：当断不断遭其乱

我经常听到学员说：我很纠结。到底纠结什么呢?

纠结无非是因为在得与失、取与舍之间拿不定主意。人的失去往往不是因为不够努力，而是纠结彷徨的内心。这世上其实有许多简单的幸福，而我们总是纠结于那些复杂的快乐。时尚界富翁艾琳·福特在谈到自己创业的历程时曾说：“想成为富翁的人必须相信自己的命运要由自己来决断。有了决断就必须马上付诸行动，只要你决定做什么事，就一定要有无论怎样都必须去完成的精神。”决断力说到底是一种敢于取舍的能力。将模糊、微弱的愿望转变成清晰、强烈的欲望需要决断的力量。若真的渴望成功，心中便会萌生一种力量驱使自己不断前进。做事总是瞻前顾后、左顾右盼、观望迟疑，你将失去良好的机会，你需要果断地迈出你的第一步。

法兰克·毕吉尔：果断放弃 7% 的纠结

保险巨头法兰克·毕吉尔刚从事保险业的时候，他充满激情，对未来充满抱负，渴望在保险业里大展身手。涉世不深的他却遭遇了自己从业以来的第一个工作“瓶颈”问题：他想让自己的业绩得到迅速的提升，于是他开始起早贪黑地出去跑业务，并使出浑身解数说服客户购买他推荐的保险。为了争取到每一个可能成交的业务，他经常要几次登门拜访。可令他沮丧的是，一切的努力却收效甚微——虽然他付出了比往常多几倍的汗水，可他的业绩并没有比原来有多大的提高。

他停下工作，反复思考自己的做法。三周后他做出了一个重大的决定，也就是这个决定让他在新一期的工作中做出了 100 万美元的成绩。究竟是什么样的决定让他业绩倍增呢？很多人询问他做出如此成绩的原因，他笑着回答：其实我就想明白了一个问题：我的客户是谁？

原来毕吉尔通过闭门分析发现：在他售出的保险里，经过他真诚、善意、专业、清楚地介绍保险产品以后，有 70% 的客户会见第一面就签约，有 23% 的客户需要第二次见面才签约，而剩下 7% 的客户则需要多次上门才会签约。最初，毕吉尔一直无法下定决心放弃那 7% 的客户，总纠结总成交率，为了这 7% 的边缘客户花去了 70% 的精力，这不是客户的错，这是工作的纠结产生的后遗症。

果断放弃 7% 的纠结，用总成交额换总成交率，是毕吉尔成功的至尊法宝。想明白了这个道理后，他采取的新推销策略是果断放弃那 7% 的纠结利益，不再为它的诱惑所动。这样，他就可以腾出大量时间用于新业务的拓展，专心于 70% 的客户。于是业绩顺势而上，突飞猛进。

杀伐决断不是随意武断，不是不加思考的两两对抗。鬼谷子曰："凡决物，必托于疑者，善其用福，恶其有患。善至于诱也，终无惑偏。有利焉，去其利则不受也，奇之所托。若有利于善者，隐托于恶，则不受矣，致疏远。故其有使失利者，有使离害者，此事之失。"其意思就是：凡是决断事情，一定要针对对方心里存在的疑惑。一般来说，人们希望决断给他带来好处，不希望决断失误而招致祸患。因此，善于决断的人要先诱导对方，使他讲出自己的真实心愿和一切情况，以消除我们的迷惑或偏失。决断必须给对方带来利益，否则，没有利益他就不会接受这种决断，这就要判断决断的变幻莫测、出人意料。任何决断本来都应有利于对方，但是如果在其中隐含着不利的因素，那么对方就不会接受，彼此之间的关系也会疏远。那样的话对做决断的人不利，甚至还会使其遭受灾难，这样的决断是失误的。那么，职业经理人的杀伐决断能力如何形成呢？

决断方案：难以两全其美

任何一个方案都没有完美的，风险和收益都是打包而来。所以，试图找到最完美的方法，本身就是错误的。两弊相衡取其轻，两利相权取其重。决断之前首先在内心预估后果，通过自己的价值判断，立即去执行。很多时候，不要赋予一次决策太多的期待，要做好决断后的"最好结果"和"最坏结果"两种心理准备并预设解决方案。明确大方向，其余的执行措施适时调整。

决断依据：资源认知和整合

有人依靠众谋来决断，有人依靠直觉来决断。但是，真正的决断高手不是有多么高深莫测的背景和强大的支持力量，而是全面认知、分析、整合自己的直接与间接资源。职业经理人应在日常工作中强化对决策资源的认同和维护，提高自己通观全局和见微知著的洞察力，严密、合理的推断力，以及机智灵活的应变力。只有平时强化训练这些能力，在决策的时候才能够找到清楚、明确的决策依据，保证决策的准确性。

决断障碍：改掉犹豫的性格

《太公兵法》云：三军之灾，生于狐疑。讲的就是处世最怕优柔寡断。别人可以给你出点子，但决断力无法假手于人，因为这是由一个人的性格决定的。决断最大的敌人就是犹豫。有些职业经理人不敢承担责任，因预见执行困难反而改变正确决策，缺乏果敢作风。犹豫会带来对机会的迟缓反应，使本来有利益的事情产生不利的变化。

青刚老师课堂语录

- 决断能力，是职业经理人成功的一张王牌。
- 管理切勿优柔寡断，议而不决，谋而不行。
- 很多人会因为 20% 的事情而犹豫，最终损失了 80% 的利益。
- 犹豫是一个人最大的敌人，你不是败给了别人，而是败给了犹豫。

危机面对：敢于挑战不可能

中央电视台《挑战不可能》第三季自开播以来，让我们见证了一个又一个“不可能”的奇迹：16 岁心算女孩许妍用 2 秒钟算出 15 个 5 位数的总和；3 个小男孩在 30 秒内完成了 133 个交互跳绳，战胜了国际联队；21 岁的邹璐建在 17 秒内记住了随机排序的 52 张扑克牌；32 岁的韩遂宁在时速超 350 公里的“复兴号”上用 23 片棕榈叶搭建平衡系统。

这一组组数据代表着人人皆有挑战可能，涵盖着向不可能发出挑战的勇气；代表着挑战者们战胜外界条件、努力研习技艺的辛苦和艰难；代表着认识自己、超越自己的“挑战不可能”的精神。

人往往会受常规思维的限制，被自己编制的无形牢笼所套住，过分夸大面前的困难而畏首畏尾。职业经理人要有打破常规思维的勇气，敢于挑战不可能，突破现实窘境。危机才是企业持续发展的助推剂。企业面临转型升级的困难很多，许多问题都是之前不曾遇到的。企业要把解决眼前问题和长远问题并重，把积极应对危机和保持持续发展并重。职业经理人面对企业的危机，要敢于创新。要改变“等、靠、熬、要”的无为心态，确立“误不起、坐不住、等不得”的时不我待的忧患意识；改变只看困难、不看机遇的等待心态，确立“困难面前有我们，我们面前无困难”的敢于担当的责任意识；改变“重投入、轻产出，只顾当前、不顾长远”的短视心态，确立“重效益、重质量、重人均”远近结合、保生存、求发展的意识；改变“坐井观天、闭门造车、自我满足”的盛世心态，确立“不进则退、优胜劣汰、不甘其后”的竞争意识。面对残酷竞争的市场，要大力践行“狼性”精神，以团队合力形成攻坚力量，以集体优势战胜困难，在企业内积聚“合力攻坚，共渡难关”的正能量。

多年的企业咨询案例，让我目睹了很多的企业触雷重伤乃至全盘崩溃的事件，这些都暴露了企业的危机管理意识淡薄。潜在危机一旦处理不慎，就会全盘皆输，甚至连翻本的机会都没有。中国企业在潜伏的危机阵痛后，应重视公司的危机处理能力。我提倡企业将危机管理纳入企业的战略当中，建立一套严密的危机管理体系，未雨绸缪，运筹帷幄，以适应现代企业的健康、良性发展的需要。有效的危机管理体系是一个由不同的子系统组成的有机体系，横向构建信息系统、沟通系统、决策系统、指挥系统、后勤保障系统、财物支持系统等，纵向将危机处理分为预警期、分析期、处理期、控制期（见图 7-1）。

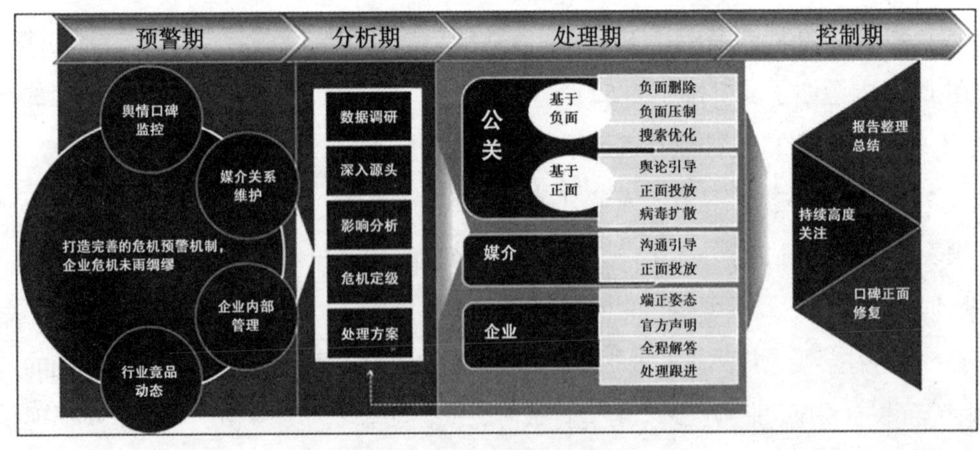

图 7-1　企业危机管理系统图

企业危机管理的有效与否，除了取决于危机管理体系，在很大程度上还取决于它所包含的各个子系统是否健全和有效运作。任何一个子系统的失灵都有可能导致整个危机管理体系的失效。

青刚老师课堂语录

- 你不攀登，就只有仰望。
- 一个人没有危机感，是最大的危机。
- 不见危机者，危机必扰之，预防是解决危机的最好方法。
- 强者能把危机变成转机，弱者却让危机成为万劫不复的深渊。

创新变革：二次创业新引擎

二次创业，通常是指企业在取得高增长之后，为进一步发展而进行的内部变革。对于已经初步成功、甚至引领行业的公司来说，二次创业已成为企业后续发展的重要命题。严格意义上讲，二次创业不是从 0 到 1，而是从 1 到 100，不再是一个质变，而是一系列的聚变，是企业破茧成蝶、展翅高飞的过程，是从缓慢到快速的过程，是从小规模到大格局的过程。创新变革是企业二次创业的护航新引擎，是企业实现可持续发展、跨越式发展、做强做大的迫切要求。

创新变革是持续发展的新引擎

IBM 的研究发现，在受访的 765 位 CEO 中，有 2/3 的人称其在未来两年内会使企业做出根本性变革。企业如何变革创新，确保持续发展？这是很多企业主和职业经理人参加管理学习的最终目的。

善于学习是创新变革的知识保障。人对事物判断的差别在于认知，学习的目的是提升自己的认知，破除惯性思维障碍，避免思维受限，随时代发展转变观念。敢于创新是创新变革的行动保障。敢于实验、试错、容错，企业唯一能做的是不要怕失败，不要怕犯错。坚持到底是创新变革的精神保障。创新总会碰到很多困难，甚至遭遇绝境，但创新贵在坚持，坚持就是胜利。海尔董事局主席张瑞敏说过："创新变革就相当于你找到了一条别人未曾发现的道路，这条路的前方有什么困难是未知的。不过可以肯定的是这条路上的宝藏一定没有被别人发现和拿走。"每次的创新变革都是一次寻找财富的冒险，只有不怕死才能不会死，只有勇于创新变革才能不断进步和变强。

让团队永葆第二次创业的精神

有这样一个故事：在公司看到一条蛇，首先需要成立一个'捕蛇委员会'，然后，请来一个对蛇有研究的专家，多次对着蛇调研、开会、讨论。一年过去了，蛇要么还在，对企业的威胁越来越大；要么跑了或死了，不是被赶跑了，而是自己无聊地跑了或饿死了。"以这种缓慢的、畏惧风险的态度去做事，再好的企业也会走下坡路。

满足现状，按部就班，是面对危机最麻木的态度。这样的企业在面临下一次机遇或危机时很难分辨、判断，甚至一夜之间被颠覆。保障企业的持续发展，就要让企业永葆第二次创业的精神。对于较早发展起来、目前已经完成原始积累的企业而言，第一次创业的成功使公司的许多员工，尤其是中高层管理者沉迷于过去的成绩，陷入自我陶醉的封闭状态，不愿正视企业的危机与压力，不愿承担第二次创业的新的使命和责任。职业经理人必须对此引起警觉。二次创业是企业向更高层次过渡、取得更大发展的必经之路。然而，在"转型"过程中，如果不能在新的格局中实现思维意识的转变，企业二次创业所带来的风险将有可能使企业前期的业绩化为乌有。我们要清醒地看到，第一次创业给我们带来辉煌的同时，也掩盖了许多新问题与矛盾。表 7-2 是某企业二次创业的大十关键思路，可以给二次创业的企业一些参考的启示。

表 7-2　某企业二次创业的十大关键思路借鉴

十大思路	两次创业联系	二次创业内容
思路 1	企业的发展与巩固的关系	解决四大矛盾：规模发展与企业内部效率；企业高速成长与管理滞后；管理创新与惯常性思维定势；跳跃式的超常发展与持续、高速、稳定发展
思路 2	成长速度与成长质量的关系	坚守本行，不为其他诱惑所动。坚持集中配置资源，实现重点突破，带动系统领先，靠长期积累形成技术优势和规模经济优势
思路 3	由企业家到组织的创新	将企业家的意志、直觉、创新精神和敏锐的思想转化为公司宗旨和文化，实现企业家个人决策型转向企业家与职业管理层相结合的民主决策型
思路 4	人治与法治的关系	公司职业化管理队伍的形成和企业内部管理行为的规范化程度
思路 5	纵向组织与横向协调的关系	去除职能部门官僚化、部门间横向交流停滞、资源难以共享等问题，全面实现跨部门共享协作
思路 6	研究开发与市场营销的关系	不参与低层次的市场成本竞争，保证按销售额的 10% 投付市场经费，获得“机会窗”的超额利润，在最短时间里形成正反馈循环，借此压倒竞争对手
思路 7	技术的模仿、跟进与技术改进、创新的关系	不断地加快整体技术跟进的速度，集中力量重点突破，用 10 年时间完成从技术跟进向技术领先的发展模式转变
思路 8	自主开发与战略联盟的关系	实现“融资”“融智”“融知”，切实遵循“大胆创意，小心设计”的原则。研究项目主要利用高校及科研院所研究平台进行，开发项目和服务项目系统坚持自主开发
思路 9	发展核心技术、核心产品，建立大公司战略三大研究系统	产品和技术发展战略研究系统，产品中央系统规划与集成研究系统，以及中间试验系统
思路 10	部门功能的划分与衔接的关系	跨越部门界限，以委员会、事业部、任务小组的方式实现各部门协同统一。树立后道工序是前道工序的顾客意识，研发、中试、生产与营销要相互承担责任，相互做出贡献

青刚老师课堂语录

- 创业无套路，成功有规律。
- 创新就要不怕死，只有不怕死，企业才能不会死。
- 创新变革是企业在产业互联网时代屹立不倒的最好方法。
- 二次创业不是口号，是再次修正发展坐标，用变革行动引领行业。

适者生存：察前观后定规则

有人的地方就有江湖。职业经理人一路走来，积累了多年的职场经验。但要是不明白顺应时代而产生的职场规则，就有可能无所适从，给自己设置职场上升的门槛。这里说的规则，不是贬义，不是让职业经理人去钻营附和，而是指随着时代变化，管理规则发生的内部变化。

不要“越级汇报”

职场第一大忌就是越级上报。在公司里，你只有一个直接上级。能指挥你工作的人只有一个，这个人常常拥有对你工作的评议权，甚至直接决定你的业绩考核，他的事业目标与你的管理方向高度一致。越级上报，首先是对你的直接上级极大的不尊重，你无视他，把自己放在他的管理之外，谁也不会容忍这样的下属。

让老板做选择题

职业经理人来公司是做事的，不是来当考官的。工作遇到问题时，很多人的做法是找老板说：“这个地方出现问题了，该怎么办啊？”如果所有麻烦老板都帮你解决了，要职业经理人干什么？合适的方式是：先想出两个以上可行性解决方案，供老板选择决策；如果都不合适，老板自会提出意见。即便老板不采用你的方案，也会思考你的方案的合理性，比你开口问老板“怎么办”效果好太多，前者主动，后者被动，选择题比解答题好做。

适应老板的风格

老板不会适应你，只有你去适应老板。糟糕的职业经理人最喜欢推卸责任，把自己失败的原因归咎于环境，归咎于老板和同事，觉得自己是职业化管理者，全世界都不适应自己才导致做得不好。然而在职场中，你的权力有多大，就有多重要。职业经理人是“鱼”，只有鱼去适应海洋，而没有海洋去适应鱼的。你想要工作有成效并在企业成长中与企业同步发展，先得学会适应老板的行事风格。

不要总耍“小聪明”

职业经理人锋芒毕露不是件好事。不要在工作中总是提“我以前的老板如何如何”“我曾经待过的公司如何如何”等，你很多自以为是的小聪明，别人一眼就看透了，一不小心就成了笑话。而一旦出了问题，没有人会理解你，别人会认为你是咎由自取。因为你以“局外人”在评价你现在的领导和团队，而忘了自己应该身心同步“过门”。

汇总好你的问题

职业经理人可以犯错吗？没有人可以做到不犯错，职业经理人也不例外。你可以犯错，但忌讳硬撑、不懂装懂，明明搞不定偏说自己行，最后搞出来一大堆不必要的麻烦，结果还得让别人来处理。做事之前先规划路径，提前汇总好可能出现的问题，并预先设定好答案，这样既高效又清晰，如果出了差错，也能把损失降到最小。

保持合适的距离

在人际交往中存在一条界线。跨过这条界限，不是给别人带去麻烦，就是给自己带来麻烦，职场亦然。不要动不动就一起去吃烧烤、喝啤酒，随时随地掏心窝，你认为这是与同事、与下属打成一片，其实你忘了你已经将工作中的平衡关系带到了生活，突破了工作界限。保持合适的距离，可以让你的管理更客观，让你的判断不受干扰。与同事下属和谐相处，礼让互助，真诚以待，但要保持克制和审慎，分清楚工作和生活、同事和朋友的界限。

重要事情走邮件

许多企业都采用邮件管理。你在与人对接工作时，是不是常用电话、QQ、微信或口头约定？很多人在工作中没有写邮件的习惯，一旦工作流程上出现纰漏追究责任时，没有邮件往来凭证，可就是百口莫辩、死无对证了。加之人的记忆难免出现时间上的偏差，很多事时间久了说不清楚，也找不到根据。邮件可以保证流程清晰，方便查证，让事情始末完整还原，让总结更为方便。

青刚老师课堂语录

- 职场没有捷径，好走的路也有坑。
- 只与同好争高下，不与傻瓜论长短。
- 化别人的软肋为你的盔甲，你才能笑傲江湖。
- 走得最远的人常常有勇有谋，惧怕风浪之船从不敢离岸。

第八章

严道赋能：明法审令，齐之以武

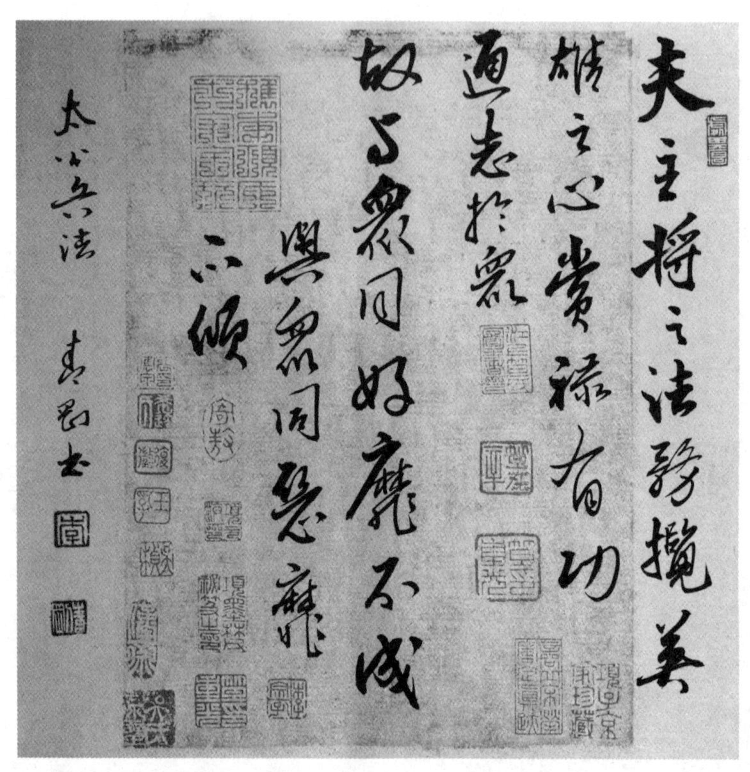

夫主将之法，务揽英雄之心，赏禄有功，通志于众。故与众同好靡不成，与众同恶靡不倾。

——《太公兵法》

以严立威：严中有爱

三军统帅，以严立威。晚清时期曾与曾国藩、李鸿章、左宗棠并称为“中兴四大名臣”的胡林翼在所著《读史兵略》中谈道：“自来带兵之员，未有不专杀立威者，如魏绛戮仆，穰苴斩庄贾，孙武致法于美人，皆是也。”其后世成为以严示爱的管理典范。

严，不是单纯、一味地强调领导意志，而是在管理中掌握分寸，宽严相济，执行彻底，凡事追求因果，有始有终。宽和严是管理尺度，都是相对而言。失之于宽，凡事放任，安排工作既无指导，又少过问，这样往往导致下有轻慢之言行，事有缓行之托词；或是凡事自己大包大揽，亲力亲为，下属每天倒落得个轻闲自在，不利于后备人才的培养。失之于严，布置工作反复说明，天天追问，让人不胜其烦；工作稍有差错，劈头盖脸地呵斥、责备，让人颜面尽失；或是婆婆妈妈，喋喋不休，甚至因此生出厌恶之心，相互抵触，产生隔阂，有的下属干脆甩手不干了。

把握宽严的尺度，首先要祛除私心，严中有爱，最重要的是让部属知道你的爱和良苦用心。作为职业经理人，严是责任，宽是智慧，宽严适度就是用智慧承担责任；严是爱心，宽是慰藉，宽严相济就是用慰藉升华爱心。不负责任的“宽”只能获得暂时的省心，充满智慧的“严”将会赢得长久的放心！

马云：阿里巴巴没有“大哥”

2011 年 1 月，马云发现了一个大问题：当时收 OA 邮件的时候，有一封邮件是阿里集团的几名老员工在讨论过年的时候去哪里吃饭的问题，而邮件中有一名女员工显然心思没有在同一个话题上，她在工作栏写着：“我还在看一个案件，公司可能有个别员工涉嫌欺诈的问题。”

正是这句话被马云放在了心上。当时阿里有上万名员工，几个或者十几个出了问题都很正常，但是能让一名女员工写进 OA 工作栏里面，马云觉得事情并没有那么简单。于是马云就找那名女员工聊了一下，感觉到事态非常严重，随即就找到了 B2B 业务的 CEO。其实关于欺诈问题，CEO 当时已经在调查，并将平台上的这一问题比例从 1.1% 降到了 0.8%，但是 CEO 并不知道员工与商家之间的关联度到底有多大。马云随后让几个关键人物连夜从外地回到杭州，与他们进行沟通后，当即成立了调查小组进行调查。

经过“客户资质独立调查行动”，查明 B2B 公司直销团队的一些员工，为了追求高业绩、高收入，因故意或者疏忽而导致一些涉嫌欺诈的公司加入阿里巴巴平台。随后，阿里巴巴 B2B 公司宣布，为维护“客户第一”的价值观，捍卫诚信原则，该公司有约 0.8%，即 1107 名“中国供应商”因涉嫌欺诈被终止服务，公司 CEO、COO 为此引咎辞职，先后有近百名销售人员被认为负有直接责任，这些人员将按照公司制度接受包括开除在内的多项处理。

这位 CEO 一直是马云的爱将。在发生了这件事之后，很多人觉得马云应该会念及旧情从轻发落，但是马云没有这么做。他在随后的合作商大会上说：“当一家企业中有人员涉及欺诈问题，这就是管理层的问题，就必须要严厉整治。”马云“忍痛杀将”就像是当年的诸葛亮挥泪斩马谡一样。马云说：“不能因为他叫我一声‘大哥’我就放他一马，那样还会有更多的人叫我‘大哥’，但在公司里，我并不是大哥，也没有大哥。”

青刚老师课堂语录

- 以严立威，以亲立信，立信方能立威。
- 以己正立信，以无私树威，以务实兴业。
- 严中有爱就是要在管理中祛除私心，掌握宽严的尺度。
- 在管理中要克服不负责任的“宽”，推行充满智慧的“严”。

赏罚严明：激励人心

《太公兵法》中曰："凡用赏者贵信，用罚者贵必。"意思为奖赏贵在恪守信用，惩罚贵在坚持执行。职业经理人必须做到赏罚严明，没有赏罚便没有纪律。企业对优秀的下属给予提薪、晋升、培训、出国旅游等嘉奖，对没有完成任务的员工给予降级、降薪、末位淘汰等处罚，这些都是适用的方式。养尊处优只能使人安于现状，丧失斗志，降低效率。管理中实施明确的奖罚措施，下属才能够化压力为动力，促使企业的健康发展。

很多职业经理人虽然都明白这个道理，但是在执行的时候却会犯同一个错误：将奖赏与惩罚模糊处理。比如：某个员工通过违反企业的规定实现了高业绩，管理者如果只给奖励而不追求破坏制度的责任，以后会形成员工为了成绩不择手段的不良风气。如果是为了个人业绩故意违反公司制度，必须予以明确制止并作出违规惩罚。有些管理者对犯错员工经常用"下不为例"或者"只奖不罚"的方式，这其实是对犯错员工的纵容，会让没有犯错的员工的积极性受到挫伤。爱护员工没有错，但没有原则的溺爱会出问题。只有奖惩严明，恩威并重，才能使员工通过合法合规的途径做出优秀成绩。

卫青：位极人臣而不立私威

卫青是西汉时期的名将，汉武帝在位时官至大司马，是一位德才兼备、上下推崇的将军。他平时带兵训练有素，奖罚得当，从不会无功而奖或无过受罚。正因为如此，他的号令层层下达，坚决执行。

在漠北大决战中，汉军远征作战，车马劳顿，作战条件十分不利。这些因素助长了匈奴的士气，敌方集齐了所有的精锐部队，以逸待劳，准备背水一战。在这种情况下，为了出奇制胜，卫青让李广从侧翼出击。但是万万没有料到李广部兵马迷失方向，失去联络。汉军大战未开，先自损了三千铁骑。面对突发的诸多问题和种种不利条件，卫青以坚固的战车防御抵挡匈奴骑兵的冲击。在跟敌军苦苦耗了一天一夜之后，性情急躁的单于终于拿出了其所有军队。而这时候，黄沙突起漫天飞舞，卫青果断抓住了转瞬即逝的机会，命令主力部队迅速进攻，在匈奴乱了阵脚的情况下进行突袭，匈奴完败，单于只能率领三百卫队逃逸。

回营后卫青大摆筵席，与士兵逐一敬酒，款待兵将，亲察伤员，抚恤战死官兵，并为英勇善战者奏请功赏；对于在作战中贪生怕死的人严格按照军纪处罚。漠北决战歼灭匈奴军三万多人，俘获数万，堪称是汉匈战争的决定性胜利。从此汉朝取得了对匈奴战争的主动权，匈奴退缩在大漠以北，再也不敢发动南侵。卫青揭开了汉匈战争反败为胜的序幕，曾七战七捷，收复河朔、河套地区，击破单于，为北部疆域的开拓做出重大贡献。

卫青明辨功过，奖罚得当，为将号令严明，对士爱护有恩，对同僚大度有礼，位极人臣而不立私威，乃一代名将。

赏罚严明的关键：赏不可不平，罚不可不均，做到有功就赏，有过必罚。在企业管理中如何做到赏罚严明呢？首先，赏罚制度是建立在员工信服的基础上，如果制定的赏罚制度不能令员工们信服，那么也就失去了赏罚制度的督促作用。其次，赏罚应当恰当、及时，功高则重赏，过大则严罚。处罚恰当才能让员工心生敬畏。同时注意，不能有功拖延了很久才赏，而犯了错就立即进行处罚。最后，要破格奖励。很多企业的奖赏就是奖金，处罚就是扣工资或者开除，从管理操作的角度看简单、易行，但长期来看效果不好。要打破这种做法，比如对做得非常好的员工进行仪式感很强的升职或者分红分股，对做得糟糕的员工进行“两次红线淘汰”（即第一次不达标是警示，第二次不达标就转岗或辞退），这对于很多人来说都是公平、有力的。

青刚老师课堂语录

- 赏罚信明，施与有节，记人之功，忽于小过。
- 无德不贵，无能不官，无功不赏，无罪不罚。
- 赏不可不平，罚不可不均。公平是赏罚的前提。
- “下不为例”暗示每个员工都有一次犯错而不被追究的机会。

刑赏之术：无私于人

“刑赏之术，无私于人；常公于世，以为道。”出自唐代御史中丞李筌《太白阴经·刑赏篇》。这句话的意思是刑罚和奖赏的方法不能由私人来制定，应该经常对众人进行宣贯，这样才是治理良方。企业的规章制度是由管理者与员工合议确定而来，不能随意制定，任性执行。涉及员工切身利益的规章制度需要权衡全体员工，而不是由管理者拍脑袋决定，制度出台后必须在企业内进行持续宣贯，让所有人都知道它、了解它、遵守它，尤其是各层管理人员要对涉及员工利益的奖罚制度了如指掌。这样从上到下所有人才会知道该做什么、不该做什么。

黄易强：没有奖罚机制是对优秀员工的伤害

黄易强是一家全国连锁的红酒销售企业的行政总裁。2018 年他的团队出现了不小的波动，让他很是伤神——大部分的营销骨干纷纷辞职，这无疑是抽掉了公司的顶梁柱，他感觉自己的管理一下子塌了半边天。但他觉得很奇怪：这些骨干当初都是跟他一起流血流汗、努力打拼、立下汗马功劳的营销人员，怎么都非要辞职呢？他了解到这些骨干辞职的原因，既非为外界高额利益诱惑，跳槽到竞争对手企业另谋高就；也没有另起炉灶，与自己分庭抗礼。

那么，到底是什么原因呢？后来，黄易强终于通过与一位提出要离职的区域营销经理的深入交谈后才弄清楚，原来是在奖罚制度上出了问题。他刚加入这家企业的时候，正值公司创业不久，他亲自选人、培养人、带团队。虽然条件艰苦，困难重重，但大家齐心协力，一起艰苦奋斗，都没有感觉到什么不公平。团队实力起来后，公司迅速扩大市场规模，营销突破重围，大家的能力也越来越强，薪水也越来越高，也没人心生怨言。等到公司真正发展壮大了，当初的创业者都变成为公司重要营销团队的负责人后，问题却出现了。

虽然公司为一起打天下的骨干员工提供了舒适的办公环境，允许他们灵活安排自己的工作时间，还为他们购买了地理位置上佳的写字楼用来办公，但却忽略了另一项制度的建设——奖罚制度。有些营销骨干为了公司的核心项目不分昼夜，努力攻克了一道又一道难关，为企业的开疆扩土付出了巨大的心血。公司也看到大家的付出，但制度一直没有跟上来，一直沿用以前创业时的“兄弟鼓励法”+“平均分配法”，公司给每人发的工资都不少，但没有在优秀员工与普通员工之间拉开差距。因为业务发展太快，制度上没有统一的考核标准，无章可循、无法可依，就使得很多营销骨干心里不平衡，认为没有享受到自己努力推动企业快速发展带来的差异化成果。长此以往，越来越多的营销骨干寒心离职。

赏罚分明是企业管理当中的重要手段。倘若当初黄易强能制订一套明确的赏罚制度，那些骨干就不会离他而去了。企业发展速度越快，就越需要合理分配、合理分工，这样，企业内部才会形成良好的氛围，才能让员工有归属感。

制度是解决问题的，而问题主要是因人而产生，必须做到就事论事，事出责人。有些企业为了让团队少犯错、不犯错，有时候一个人做错了事，一个团队都会受到惩罚，这种“连坐制度”没有精确到具体管理者、责任人，会让没有错的人委屈，让犯错的人无所谓。这么做无疑会使整个团队的人都不满，久而久之变得不再合作。

想要保持良好的管理，制定的制度就不能朝令夕改。这样会使员工认为赏罚制度只是儿戏。就像你对员工说，如果谁上班迟到就要罚款。然后第二天你又对员工说取消迟到罚款制度，等到了第三天你又制定了新的制度……这样下去员工还会相信你所制定的制度吗？他们会觉得你是一个情绪化的管理者，所以不会认同你所制定的制度，更不用说遵守了。要避免这种行为，即便真的要更改也必须关注民意、集中民意，征得绝大多数人的同意，而不只是管理者一句话的事情。

《管子·明法解》中曰："乱主不察臣之功劳，誉众者，则赏之；不审其罪过，毁众者，则罚之。如此者，则邪臣无功而得赏，忠正无罪而有罚。故功多而无赏，则臣不务尽力；正而有罚，则贤圣无从竭能。"意思是：如果对一个人奖赏不能只看众人对他的称赞，对一个人惩罚不能只看众人对他的诋毁，如果这样做就会使无功之人受到奖赏，而有功之人受到惩罚，会使有功之人没有奖赏而不再尽力，圣贤之人受到惩罚也不会再发挥他的才能。

以上论述足见先贤的管理智慧，为我们当下管理指出了明确思路。管理者在进行奖惩时不能掺杂个人情感，不能偏信他人说法，必须依靠真凭实据。比如说，有人说某个人做出了什么不好的事情，这个时候管理者能直接对其进行惩罚吗？不能，因为这只是别人说，如果那个人并没做过呢？你的惩罚对于他来说就是不公平的，没有依据的，当然也不能服众。而其他员工也会因为你奖惩的随意性失去对管理、对企业的信心，出现消极工作情绪。因此，奖惩要用员工的"德、能、勤、绩、廉"综合评价来判断。

青刚老师课堂语录

- 以责人之心责己，以恕己之心恕人。
- 火炬的作用不是照亮自己，而是明亮他人。
- 管理者朝令夕改，必然导致员工选择性执行。
- 企业管理不能有奖无罚或有罚无奖，更不能无奖无罚吃大锅饭。

热炉效应：对事不对人

为了保障企业的正常运转，每个公司都制定了相应的规章制度，明确规定了每个员工应该做什么，禁止做什么，如同在组织中设置了一个“热炉”，任何人触碰了它，都会受到相应的处罚。管理学家斯蒂芬·P·罗宾斯教授在《管理学》一书中将这种现象称之为“热炉效应”，并形象地阐述了惩处的原则：

热炉火红，不用手去摸也知道炉子是热的，是会灼伤人的——警告性原则；每当你碰到热炉，肯定会被高温灼伤——一致性原则，也就是说，只要触犯规章制度，就一定会受到惩处；当你碰到热炉时，立即就被灼伤——即时性原则，惩处必须在错误行为发生后立即进行；不管是谁碰到热炉，都会被灼伤——公平性原则，在企业规章制度面前人人平等，不论是企业领导还是下属，只要触犯企业的规章制度，都要受到惩戒。

我曾辅导过一家大型企业。该企业有着严格的规章制度，而作为职业经理人的严总严格按照规章制度做事。但是，在一次工作中，在公司实习的董事长的女儿犯了错误，她在与重要客户交接资料中出现了失误，导致客户放弃了合作。如果哪个管理者处罚了她，那么自己就有可能得罪董事长。不仅让董事长面子上挂不住，自己也可能会为此而丢了工作。但是如果不进行处罚，那么公司的规章制度和自己的威信就会不保。再三犹豫之下，严总还是敲开了董事长办公室的门，向董事长汇报了这件事。董事长听完后马上回复：“我以为是什么大事呢，她是公司员工，该怎么处理就怎么处理，以后类似的事情也没有必要向我请示！”严总如释重负地走出了董事长办公室。

我为这样的董事长和职业经理人点赞。职业经理人遇到这样的企业主，团队管理起来一定得心应手。部分职业经理人在面对团队时，考虑制度之外的因素太多，比如：谁是哪位领导的亲戚，哪位员工个性太强不好说话，某个部门领导很重视等，这些因素考虑得越多，破坏管理制度的可能性就越大。但又不能不管不顾，因为总担心自己依规办事把自己置身于“火烤”当中，因此纠结不断，前后畏缩。其实大可不必如此痛苦，对事不对人是最简单、最有效的管理方式。如果你严格按此行事，一视同仁，即便有的领导、员工当时不服气，事后也会反省自己的过失和错误，不会觉得你的做法有什么问题。因为是制度在约束他，不是管理者在处罚他。

“热炉效应”为现代企业管理提供了处理模式，掌握了这一规则，当下属犯错时，能够帮助你从容应对。作为管理者，有义务让下属了解到组织的规章制度并接受组织的行为准则。如果下属在不明就里的情况下犯了错误，那就不是他的过错，而是管理者的失职；如果领导已经对下属履行了告知的义务并进行了多次制度宣贯，下属还是明知故犯，就应当受到相应的惩戒。关于这一点，春秋时期军事家孙武就已经给了我们示范。

孙武：杀宠妃而明法纪

孙武带着自己所著的兵法觐见吴王阖闾。阖闾要孙武训练宫女来检验他的兵法。

孙武将选出的180名宫女分成两队，并经吴王同意用吴王宠爱的两个妃子担任两队的队长，命令每个人都拿着戟。孙武讲清楚了训练的动作要领，反复宣布纪律，并强调队伍不听军令指挥，给一次警告，二次警告后队长则受罚当斩，并把用来行刑的斧钺摆好。于是击鼓命令向右，宫女们却哈哈大笑起来，没有人愿意配合。因为两位妃子首先觉得自己是宠妃，撒娇不做。孙武说：“纪律不明确，交代不清楚，这是将帅的罪过。”又再次宣讲纪律，然后命令击鼓向左，宫女们又哈哈大笑起来。孙武说：“纪律不明确，交代不清楚，这是将帅的罪过；既然已经再三说明了而不执行命令，那就是下级士官的罪过了。”

于是孙武讲明处罚原则，武王面露难色，为两个宠妃求情，孙武还是杀了他的两个宠妃示众。在接下来的训练中，宫女们无人敢笑，所有的动作都符合规定的要求，队伍被训练得整整齐齐的。吴王事后明白，不是孙武的错，是自己治国太过宽纵人情，他也看出孙武果然善于用兵，便任命他为将军，委以重任。

在工作中，下属难免会犯一些或大或小的错误。一个员工正是在不断犯错、不断改进的过程中成长起来的，这当然离不开上司的正确训导。下属犯错后，管理者一定要立即加以是非问责，明白地指出错在哪里。当然，管理者的训导也需要讲究一些技巧。犯错与训导之间的时间间隔不宜过长，时间过长将会减弱训导的效果，今后下属还会犯同样的错误；如果错误是由于下属的知识水准或经验不足造成的，管理者应该立即指出，告诉他正确的做法，语调尽可能平和一些。“火炉”是不讲情面的，无论谁触碰到它，都会被烫伤。所以职业经理人在训导下属的过程中，需要公平对待下属，无论对谁都要一视同仁，不能因为某人与自己比较亲近就“宽大为怀”，这样必然会引发其他员工的不满情绪。要做到公平、公正，就必须严格执行公司的规章制度，不能掺杂个人的喜好和人情。

特别要注意的是，管理者的训导只能针对下属的行为，而不能针对这个人，对他进行人身攻击。批评下属用“笨”“愚蠢”“懒惰”等比较偏激的字眼，不但会伤害下属的自尊，还会让他忽略自身的过错，反而认为你对他抱有成见。一旦实施了处罚，做到该批评的时候批评，该关心的时候也要关心。“火炉”面前人人平等，没有谁可以凭借特权免受惩罚。没有规矩，不成方圆。优秀的职业经理人应当维护好组织的原则和纪律，不要担心因为设置了严厉的制度而使员工感到不悦。只要能够真正客观公正地执行规定，赏罚分明，同样会让员工心生敬畏。

青刚老师课堂语录

- 红绿灯永远是驾驶员安全到家的指示灯。
- 制度不允许讨价还价，更没有“下不为例”。
- 圣王者不贵义而贵法，法必明，令必行，则已矣。
- 天下之事，不难于立法，而难于法之必行；不难于听言，而难于言之必效。

事前明确：责权利一致

不授予其权力，只规定其责任；不关注其利益，只要求其付出。用完全理想化的职业道德、企业文化去引导员工，表面上风平浪静，其实每个人都没有归属感。公司的责、权、利不明确，员工不知道如何行使自己的职责以及自己获得的利益如何。责、权、利的分配是所有管理者面对的难题：分好了，人心齐、泰山移；分不好，团队立即分崩离析，企业陷入发展泥潭。那么，这个蛋糕究竟应该怎样分才更合理？这就需要高超的管理智慧和领导艺术。

在责、权、利三者之间，责任是传导层次，也是关键环节。离开了责任，权力就会落空，当然利益也就丧失了。高层管理者分权也好，授权也好，都要对结果负最终责任。责、权、利要对等，才能调动积极性。也就是说负有什么样的责任，就应该具有相应的权限，获得相对应的利益。但在现代企业管理中往往存在责、权、利不相称的情况，下面我们具体探讨责、权、利失衡的三种情况：

责重权轻——巧妇难为无米之炊

责任是管理者第一重要的品质，权力是有责任的权力。不难想象，责任大于权力，不仅意味着员工无法履行其职责，而且预示着其充当替罪羊或牺牲品的结局。没有对人、财、物的权限，空泛的责任如何谈起？巧妇难为无米之炊，责、权之间的不相称，肯定不公平，这样的配置对于团队上下的积极性是一种挫伤。这里所说的责任不是对上级领导所负的责任，而首先是获得的权限要对自己所做出的每一个决定承担后果。冲动、不负责任的权力会为管理带来后患。当权力大于责任，就会出现责任者滥用权力的情况，缺乏责任约束的权力是一股祸水，流到哪里，哪里遭殃。

利寡责重——企业丧失动力之源

利寡责重，对于责任人的积极性是一种打击。在企业部门之间或者内部同事之间，做同样的事情却非同等的待遇，员工内心的不平衡不言而喻；或者同样的事情做好或者做不好都可以得到同样的待遇，员工就没有把工作做到位的积极性。除非管理者希望看到成员纷纷逃避责任，否则就不应容忍这种现象。布置工作空洞，强调责任而闭口不谈对应的利益，员工今天还在唱《感恩的心》，明天离职，这样的案例天天都有。这种口号式的管理过不了太久，员工都会觉得无所谓，除非管理者希望大家都投机取巧，偷懒耍滑，否则也决不能容忍这种管理长期存在。

责权利不清——员工疲，管理累

再优秀的员工在一个做事没有准则、评价没有标准、奖惩没有依据、收入与贡献不挂钩、多干与少干一个样的企业里，也不会有动力去全力以赴。不少职业经理人越能干，越喜欢单打独斗、拍脑袋决策，这样就会有越来越多的能干的员工离开公司。职业经理人觉得企业没有能干的人才，只有自己干，而单干的结果就是前所未有的累，你一旦事必躬亲，那么“累”也势必紧随其身。不少企业大小事务都是管理者一个人说了算，做事也没有流程，人员不稳定，员工不敢担责任，“各扫门前雪”现象严重，管理必然是一盘散沙。一个企业如果没有成文的管理制度，没有明确落实工作中的责、权、利，没有相互链接的流程管理，那么优秀的员工想在企业中做成事、做好事的难度会很大。管理者不授权，员工就没有自主权，效率自然就低，管理者自然更累。

分蛋糕：怎样做才能让孩子们满意

有这样一个故事：妈妈买了个蛋糕，她有两个孩子，妈妈拿刀切蛋糕时，两个孩子都不答应——哥哥担心妈妈会多分给弟弟，因为弟弟岁数还小，妈妈可能偏向弟弟；弟弟担心妈妈会多分给哥哥，因为哥哥吃得多，妈妈可能偏向哥哥。这下可把妈妈难住了。后来妈妈决定改变一下切蛋糕的程序，她说让哥哥切，可是没有想到弟弟不答应；让弟弟切，哥哥又不答应，因为都怕对方给自己多切。大家为蛋糕争执不下。后来，妈妈终于找出了一个既能让两个儿子都接受，同时也非常公正的切蛋糕的程序：让一个人切，另一个人先挑。这样分蛋糕的公平、公正问题就解决了。

从经济学和管理学的角度看，这个小故事说明了只有合理的制度才能实现公平、公正，才能赢得人心，才能调动员工的积极性。我们对“分蛋糕理论”进行总结：如果几个人要求分一个蛋糕，假定公平的划分是人人平等的一份，那么什么样的程序将得到这一结果呢？在不考虑技术问题的情况下，明显的方法就是让某一个人来划分蛋糕，然后其他人先领蛋糕，分蛋糕的人最后领蛋糕。为什么呢？普林斯顿大学哲学博士约翰·罗尔斯在《正义论》中做了经典诠释：

假定有七个人组成的小团体，他们每个人都是平等的，但同时又是自私自利的。每餐他们都有一块蛋糕，而且这个蛋糕大小一定，如果平分的话刚好每个人能够吃饱，但是他们要在没有计量工具的情况下分一个蛋糕。于是大家发挥聪明才智，试验了很多办法，经过多次博弈后形成了以下几种分蛋糕制度。

规则一：指定一个人负责分蛋糕事宜，成为专业分蛋糕人士。很快大家发现，这个人给自己分的蛋糕最多。“权力导致腐败，绝对的权利导致绝对的腐败”这一规律在分蛋糕中体现得淋漓尽致。

规则二：指定一名分蛋糕人士和一名监督人士。起初这样比较公平，但到后来，分蛋糕人士与监督人士从“权力制约”走向“权力合作”，总是分蛋糕人士和监督人士分的蛋糕最多。这是对制度的一种破坏。

规则三：谁也信不过谁，干脆大家轮流主持分蛋糕，每人一天。这样等于承认了每个人都有为自己分蛋糕的权力，同时又给予了每个人为自己多分蛋糕的机会。虽然看起来平等了，但是每个人在一周中只有一天吃得饱，而剩余的其他六天都处于饥饿状态。这一制度造成了资源配置不合理，也造成了资源的浪费。

规则四：大家民主选举一个信得过的人主持分蛋糕。这位品德上乘的人开始还能公平分蛋糕，但不久以后他就有意识地为自己以及溜须拍马的人多分。于是大家觉得不能放任其腐化，还得寻找新的制度。

规则五：民主选举一个分蛋糕委员会和监督委员会，形成民主监督与制约机制。公平基本做到了，可是由于监督委员会经常提出各种议案，分蛋糕委员会又据理力争，等蛋糕分完的时候，已经变质了。此制度效率太低，不符合经济学逻辑。

规则六：对于分蛋糕，每个人均有一票否决权，行使否决权的话大家重新进行分蛋糕。这样虽然有了公平，但是最后谁也吃不上蛋糕。

规则七：每个人轮流值日分蛋糕，但分蛋糕的那个人要最后一个领蛋糕。令人惊奇的是在这一制度下，七个人的蛋糕每次都是一样多，就像用科学仪器量过一样。因为主持分蛋糕的人意识到，如果七个人的蛋糕大小不同，他无疑将会分到最少的那一份。

从规则七可以看出来，只有责、权、利统一才能创造公平的信任感。权、责、利是否统一涉及效率与公平的问题，它既包括如何把蛋糕做大，又包括如何合理地分配蛋糕。责重权轻，巧妇难为无米之炊；责轻权重，站着说话不腰疼；利寡责重，丧失动力之源；利丰责轻，资源配置错位；责、权、利不清，企业越大，人员越多，效率越低，管理越累。企业管理就是把责、权、利名正言顺地按照“合情、合理、合法、合算”的原则进行分配，互相挂钩，克服有名无分、有责无权、有责无利和责、权、利脱节的问题。

青刚老师课堂语录

- 责任是权力的第一品质，权力是在责任下运行。
- 责任与利益是对等的，公平 = 报酬 / 投入 = 利益 / 责任。
- 权衡权、责、利才能合情、合理、合法、合算地管理员工。
- 管理者的累：责重权轻、责轻权重、利寡责重、利丰责轻。

确立规则：培养团队规则意识

这是一个真实的案例：一位华裔企业家在国外做出了一番事业，想回国投资做项目。他回国后，当地的行政领导专门前来招待他，在经历一番洽谈后，最终敲定了合作计划。可是当企业家要回去的时候遇到了麻烦：因个人证件问题他无法顺利地登机返回。送机人员知道后，马上汇报了领导，领导很快给机场打了电话，15 分钟内为他解决了问题，让他顺利登机。但是企业家回去后便搁浅了合作。他想：一座城市，如果领导能让他顺利地登机返回，是不是也意味着可以让他无法登机返回？那么在那座城市就可以说毫无规则可循。如果一个地方没有规则，那么他以后的投资还会像以前谈的时候那么有保障吗？

原来只是一个善意的帮助，却因为破坏规则而失去合作的机会。规则意识就是用制度管人、按规则办事。企业有自己的规则，管理者不仅要制定有益于团队发展的制度，更应把工作的重点放在培养员工的规则意识上。思想通了，思路顺了，管理也就变得简单、高效了。没有规则意识的人只会单干、蛮干，无法发挥出作为团队应有的力量。职业经理人要做的是让制度融入团队文化，内化于心，外化于行。

如果一个团队没有规则的约束，那么团队中的每个人做事都会我行我素。想要培养出具有规则意识的团队，首先要制定出团队的共识规则，有了共识规则，就规范了做事的每一个步骤。在这些步骤中，有些是显而易见、众所周知的，有些却是不易察觉、潜伏存在的。把这些步骤制定成办事流程或执行规则，是职业经理人运营企业的管理主线。

郭广昌："反求诸己"的规则意识

复星集团董事长郭广昌先生多次在公开场合讲到一个场景：日本大地震的时候，人们纷纷逃出东京，公路上车排成了长龙，旁边车道虽然空空荡荡，但却无人借道超车，大家都规规矩矩地等着，秩序井然；每一条大街两旁的人行道上都是黑压压的人流在缓缓移动，不见头尾的巨大队伍，好像是全体国民开始一场悲壮的远征；为了下楼梯大家都在老老实实地排着长队，旁边上行的电梯一直空着，民众把它留给救援的人；地铁里面非常热，竟然没有一个人在吵闹；灾民在临时避难所外排队领食物，没有人哄抢、没有人闹。除了这些，随处可见的是人们在排队等待身体病菌检测；在雪中排队等待离开仙台的汽车；受灾民众排队取水等。

郭广昌坦言自己内心的震撼。他自问：如果是我，能做到吗？这个问题抛到人群中，相信没几个人敢理直气壮地给出肯定的回答。规则固然重要，但若没有对规则的敬畏，建立了规则也是枉然。

郭广昌在2018中国绿公司年会上谈道："从外部环境来说，中国企业要从灵魂深处认可全球化的规则；从内部管理来说，管理规则的建立，就是职业化在企业的生根落地。"他呼吁企业管理团队身体力行尊重规则、敬畏规则，以企业的社会影响力来推动国民规则意识的形成。

企业必须是一个有纪律、有秩序的组织，要建立整体秩序感和团队意识，确保团队成员各司其职、协同工作，缔造忙而有效的和谐团队，以内在的和谐保证外在的强大。规则制定的好坏，关系到企业未来的发展。首先要符合以人为本，不能超过人的极限，这是任何规则的首要前提；其次要符合行业规范和企业文化，这样会让团队成员高度敬畏；再次就是必不可少的奖惩措施，有动力有约束才会更好地遵守规则；最后就是后期的督查纠偏，规则制定了必须督查执行，否则，制定出来的规则怎么能发挥出最大效果呢？

青刚老师课堂语录

- 矩不正，不可为方；规不正，不可为圆。
- 欲知平直，则必准绳；欲知方圆，则必规矩。
- 别把生活当游戏，谁游戏人生，生活就惩罚谁。
- 团队的规则意识不是一时而见效，时间会给你想要的结果。

绩效为基：界定功过奖惩标准

何为绩效？

绩是业绩、成绩，是组织或个人对于制定目标的完成度；而效是效率、效果，是对业绩完成的效果评估。绩效是企业为了使员工尽最大能力去完成工作而制定的带有评价性质的制度，绩效的制定是为了更好地实现团队管理和目标达成。企业绩效管理包括绩效计划、绩效跟踪、绩效考核、改进提升四个方面（见图 8-1）。

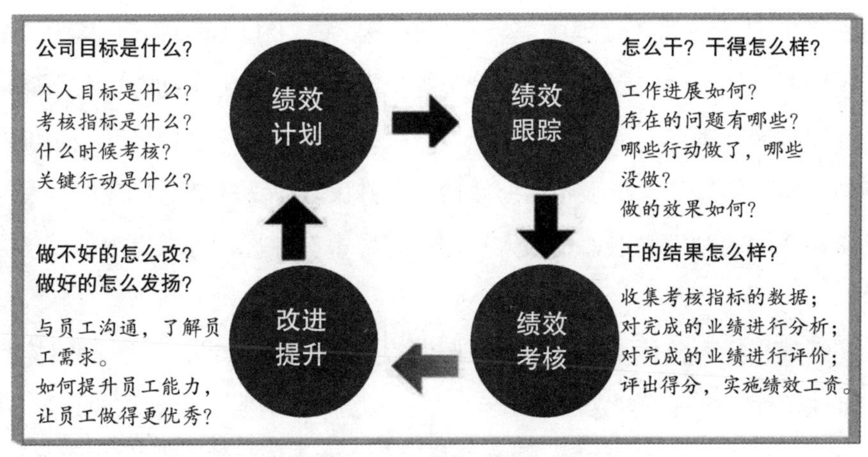

图 8-1　企业绩效循环管理图

绩效的制定不仅仅与奖惩有关联，它同时也关系到能否更好地激励员工做事。如果绩效制定得过于严苛，就会导致没有人能完成或者只有少数人才能完成目标，这样会使很多人的积极性受到打击。绩效制定得过于宽松，则很容易就能实现目标，调动不了员工的持续动力。

奖励是激发员工动力的重要筹码，惩戒是鞭策员工进步的直接利器。要做到奖惩公平，管理者必须以绩效为基础，围绕企业盈利这个目标，设计一套让员工的付出与回报成正比的考核制度，体现效率优先、兼顾公平，实现能者多劳、多劳多得。这样，绩效制度就成为企业内部的一面旗帜，能真正发挥正向作用。企业提倡什么，反对什么，需要借用奖惩措施给出明确的导向。如果员工缺乏绩效激励，动力不足，就会引发惰性甚至钻空子。

全员参与绩效是企业的核心发展诉求。一是高层领导的参与。绩效管理是企业追求效率最优化和效益最大化的管理系统，因此，绩效管理必然是“一把手工程”，只有企业高管团队亲自参与，下决心并全力支持绩效落地，才能把企业战略目标逐级分解到位，同时将绩效管理的理念和方法渗透到企业的各个角落，推动中层管理者和基层员工参与到绩效管理中来。二是中层管理者的参与。企业管理部门在绩效管理实施中主要扮演流程制定、工作资源提供和咨询顾问的角色，真正的责任主体应该是执行层管理者——部门经理、行政主管、班组长等，他们在绩效管理中需要花费更多的精力和时间，与下属讨论绩效目标、预期评估、完成标准，定期检查等，掌握下属的工作动态，对下属进行业绩反馈和提升辅导，评定下属的绩效结果，给予奖励和惩罚。三是基层员工的参与。调动所有员工积极履约绩效目标，并反复确认绩效目标完成与否与自己及所在部门的利害关系，使人人有担子，事事有目标，人人有事做，事事有人做。

在绩效指标考核体系上，严格按照六大考核原则（如图 8-2 所示），定量指标和定性指标要统筹兼顾，合理甄选，不可偏废。科学地评价员工的业绩，才能实现企业、团队与员工的共赢。虽然指标量化有益于增强绩效考核的操作性与准确性，但片面强调量化也会带来负面影响。比如有些管理工作是很难甚至不可能进行量化，如果为了考核方便，简单进行量化，容易造成考核结果背离实际，有损考核的真实性和权威性。我们强调员工奖罚的公平原则，但公平绝不意味着平均主义和“大锅饭”。“大锅饭”式的奖赏或“部门连坐”式的处罚，非但起不到正面引导作用，反而会挫伤员工的积极性，导致团队的进取心和凝聚力打折扣。

图 8-2　企业考核制度六大原则

青刚老师课堂语录

- 企业要打造"绩效精神"，落实"绩效文化"。
- 任何完美、华丽的过程，都不如一个务实、可靠的结果。
- 管理者要正视员工对物质奖励和精神鼓励的双层次追求。
- 论功行赏是对员工的最大负责，吃大锅饭是对企业的不负责。

紧箍咒：管理者不做法外之人

经常有职业经理人问我："人性管理"与"理性管理"的界限在哪里？你更推崇什么样的管理？我的回答是：前者需要员工职业化的自觉，后者需要企业标准化的规则。没有完美的管理，两者的合理兼容方能取得实效。职业经理人是企业的表率，选人第一要看人品、德性，第二才是专业、才能。如果经营班子没有搭建好，不管引进什么高科技技术和设备、科学的管理系统、全数据化的绩效机制等，都是一张废纸，所以说，管理者要带好队伍，自身首先要做好自我管理，不做法外之人。

李嘉诚说过："做好管理者的首要任务是管理好自我。"现代企业中的很多职业经理人是仅次于"一把手"的管理者，他们靠着出色的能力赢得了信任。一名优秀的职业经理人，无论在何时何地都要规范自己，严格要求自己。也只有这样的管理者，才有资格去管理他人。去除居功自傲、目中无人的非职业化状态，做规则的坚定守护者。

许攸：死在同窗曹操剑下的"自大狂"

许攸，三国时期本为袁绍帐下谋士，官渡之战时其家人因犯法而被收捕，因此背袁投曹，成为曹操手下的谋士。许攸和曹操为"发小"同窗，在两军对垒中以偷袭乌巢的建议，使曹操打败袁绍，随后又献计帮助曹操取得冀州。

在帮助曹操立下汗马功劳后，许攸自恃功高，变得傲慢无礼，屡屡口出狂言。追随曹操后，许攸不以礼仪对曹操称呼，仍然称呼曹操的小名"阿瞒"，常言："阿瞒，没有我，你得不到冀州。"曹操表面上虽笑应："你说得对啊。"但心里颇有芥蒂。一次，许攸出邺城东门，并对自己驻守领地的人说："若我不在此，不许让任何人进入。"俨然把邺城当成自己的独属领地。有人向曹操告发，于是许攸被收押。收押之后，许攸没有悔过，他自认为没有他曹操难成大业，不断地诋毁曹操，发泄自己的不满，最终被曹操下令处死。

许攸对于曹操集团做出的贡献无人替代。当时中原被袁绍父子掌控，曹操面对袁绍束手无策，正是许攸的献计使得曹操挟天子以令诸侯，将袁绍父子的基业尽数摧毁。也正是如此，才会有后来的魏国。但是许攸不把任何人甚至自己的领导放在眼里，也最终给自己招来了杀身祸端。

要管好别人，先为自己带上自律的"紧箍咒"。对自己工作内外的言行严格要求，做到不碰"雷区"，不违"禁区"。我认为以下 10 种缺乏职业化素养和自我管理能力的人不能胜任职业经理人的角色。

（1）把个人利益时时放在第一位的人。

（2）心胸狭窄，缺乏大格局和高眼界的人。

（3）喜欢在内部拉帮结派搞团伙的人。

（4）喜欢欺上瞒下，不愿担当责任的人。

（5）表里不一，处处装“好人”的人。

（6）做事缺乏系统计划，后知后觉的人。

（7）做事不讲规矩、原则，任性妄为的人。

（8）喜欢揽权又不解决实际问题的人。

（9）喜欢情绪化而不能自我驾驭的人。

（10）不爱学习、不喜欢接受新生事物的人。

青刚老师课堂语录

- 不因功高而自负，不因资深而自大。
- 要管好别人，先为自己带上自律的“紧箍咒”。
- 企业制度没有法外之地，企业管理没有法外之人。
- 职业化的自觉与标准化的规则相融合才是管理之术。

第九章

施道赋能：以舍为有，尺去丈回

修身者，智之府也；爱仁（施）者，仁之端也；取予者，义之符也；耻辱者，勇之决也；立名者，行之极也。

——《史记》

颜施：善意处事，微笑待人

穷人问佛：你为何如此偏心，在这个世界上生了富人又生了穷人，我就是那个辛苦无比而又寒酸度日的穷人。

佛曰：你穷是因为你不懂得给予别人。

穷人：给予别人应该是富人的事啊，我都这么穷了，拿什么东西给予别人呢？

佛曰：众生拜我，抬头看我，我怎么面对？

穷人：面带微笑，善意示下。

佛曰：这就是颜施，人人都有，无关贫富。你要想不再贫穷下去，学会“七施”。除了颜施，还有言施、心施、眼施、身施、座施、房施。

颜施，即善意处事，微笑待人。佛家讲“相由心生”，懂得“颜施”的人一定是心存美好，善良面世。微笑是这个世界上沟通效果最好的无声的语言，不分种族、国籍、年龄、性别，只要微笑待人，就代表着善意和真诚，微笑是“相由心生”在一个人身上最直观的体现。

“颜施”能够提升职业经理人的魅力，拉近管理者与员工之间的心理距离。如果你整天板着脸去面对员工，就会失去你在员工心中的好感。长此以往，大家就会疏远你，只会按照你的命令去做事。很多职业经理人会说，我又不是餐厅的服务员、商场的导购，没有必要处处为下属的心情考虑。其实，员工也是你的同事，是你的业绩伙伴，工作内外你和大家是一个分工合作的状态，员工不是你的私有资产，特别是90后、00后进入职场，八小时内外未必对你言听计从。所以，学会善意处事、微笑待人才是必不可少的。这样，你才能和上级领导、下级员工处好人际关系，加深他人对你的好感和信任。

微笑管理是近年来中国式企业管理的全新方法。一直以来，我们总是认为职业经理人按照MBA的那一套进行管理是不会错的，所以，过于注重管理的程序化，而忽视了人性的情感管理。其实，中国式职业经理人应该秉持儒家思想中的“中和之道”，就是将仁爱与和谐贯穿管理始终。管理学家麦迪·克劳德深谙中国文化，他在畅销书《微笑管理》中提出微笑管理“三部曲”。

悦人之前先悦己。当你成为领导者时，你就成了“被追随者”“带动潮流者”，为了让更多的人去追随你，你必须做到“先悦己、后悦人”，即中国儒家所讲的恕道——推己及人，你的管理理念才能得到全面的贯彻执行。

让工作环境充满微笑。公司的环境不仅包括我们每天所见的办公室、会议室的外表，更包括一种快乐工作的氛围、团队的正能量士气。而主导工作氛围的，恰恰是管理者的“脸色”。

笑意盈盈的员工管理。成功企业的秘诀就是使公司的发展与从业人员的幸福融为一体，追求企业与员工物心两面的幸福，增强员工在工作中的归属感、获得感、幸福感。

郭东杰：打造“微笑绩效文化”

拥有多年职业经理人经历的郭东杰，先后任中国康辉旅行社总社总裁、首旅集团市场部总经理、携程旅行网高级副总裁等。在他的职业经理人生涯里，他一直积极倡导微笑管理。他说：“微笑可以让领导与员工之间更容易沟通，可以使企业形象更深刻地印在客户的脑海中，能够为企业带来意想不到的收获。”

郭东杰认为，不论是服务业还是其他行业，在员工的管理上并没有什么本质差别。如果企业内部人际关系像“钢铁般的冷漠”，后果将是员工之间勾心斗角，企业形象一定会大打折扣，更不要谈赢利了。管理者对事业充满信心，并在工作中保持心情舒畅，以微笑待人，企业的职工必定精神振作，任何困难都将不在话下。

在职业经理人生涯中，面对激烈的竞争，郭东杰所管理的企业或部门数次出现业绩下滑的情况。他在公司内部积极推行“微笑文化”，很多办公室墙面上都能看到从高层管理者到基层员工真诚微笑的照片，他还在公司各部门评选“微笑明星”，将业绩好、喜欢笑的员工树立成公司标杆，推崇“微笑绩效文化”。

在一次投标某地政府的大型旅游平台建设项目时，经过团队长达三个月的精心准备后，最后还是输给了竞争对手，很多团队成员都失去了信心。这个时候，郭东杰说：“我们的项目不是输在实力上，是输在了心态上，只要我们保持正能量的心态，没有什么对手比我们的微笑更强大。”经过他的“微笑管理”，员工们被他感染，公司在几乎没有增加投资的情况下，半年内效益提高了80%。郭东杰的“微笑管理”使员工友爱和谐，上下同心同德，其乐融融，公司的信誉和形象大增，也一次又一次地化解企业外部的问题。

“颜施”可以展现自己的宽大气度和人格魅力。出现矛盾时，“颜施”使双方恢复理智，化干戈为玉帛；员工创造出良好业绩时，职业经理人的“颜施”代表了肯定和赞许，员工能从微笑中受到鼓舞，获得力量，并焕发出更高的工作热情。从员工角度看，管理者一张满面春风的笑脸，能够间接消除员工的紧张和对抗情绪，并保持一种愉快的工作心情，办起事来也会干劲十足，效率很高。

青刚老师课堂语录

- 微笑是管理者最好的护肤品。
- 微笑是一种艺术，具有穿透和征服一切的自然魅力。
- 使这个世界灿烂的不是阳光，而是和阳光一样的微笑。
- 管理面对的是一面镜子。你对它微笑，同样也能看到它对你微笑。

言施：鼓舞人心，和言暖人

职业经理人如何成为让员工爱戴的人？

权利是组织给的，威信是自己树的。每个职业经理人都希望自己的员工十分优秀，能全身心地投入到工作当中，业绩越来越好。就像一个将军希望自己帐下都是勇于冲锋陷阵的精兵，而不是上了战场只会逃跑的弱卒。为了提高业绩，职业经理人都会给员工施加压力，但是最终收获甚微不说，还引起了员工们的不满。会管人的职业经理人总是刚中带柔、宽严相济，既懂感情又知进退，真正做到以人为本。管理员工首先应该尊重和欣赏员工，从赞美员工开始，即“言施”。

赞美员工是一笔小投资，但是它的回报却非常丰厚。如果能把握赞美员工的技巧，掌握赞美员工的艺术，一定能收到意想不到的效果。任何人都想听到赞美自己的话，而不愿意听到批评的话。管理者的几句赞美可以满足员工的荣誉感和成就感，使员工在精神上得到鼓励。常言说得好，重赏之下必有勇夫。这是物质上的激励方法。实际上，员工许多优点和长处并不是都能用物质奖励的。相比之下，发自内心的欣赏，几句真诚的赞美，不仅没有多少风险，也不需要付出什么代价，就能很容易地让员工开心地投入工作之中。那么，“言施”如何调动员工的工作激情呢?

鼓励人要及时、公正、得体

一个人在完成工作任务后，总希望在最短的时间里了解自己的工作成果以及领导评价，以此来了解自己被领导认可的程度。管理者要尽快地了解员工的工作状况并及时反馈信息，对员工的行为做出积极评价。巩固和发扬好的，克服和避免不好的。如果反馈不及时，事过境迁，人的热情已经不存在了，这时的赞美和鼓励就不会起到那么大的正向作用了。另外，赞美员工一定要公平、客观。管理者赞美员工，实际上是把语言奖赏给予员工。有些管理者不能摆脱自私和偏见的束缚，对自己喜欢的员工极力表扬，而对自己不喜欢的员工，即使对方有了成绩也装作看不到，甚至把集体参与的事情归于自己或某个员工，常常引起多数员工的不满，从而激化了内部矛盾。要做到公正，就不要把集体的功劳归于一人，也不要据为己有。赞美员工一定要得体。可以公开称赞，也可以私下里给予鼓励和肯定。许多管理者往往有一种误解，以为在众人面前称赞员工，员工会心存感激，这恰恰需要把握好“度”。在众人面前过分称赞某一个员工，会使其他人不快，甚至妒忌，被称赞的人也会感到不安。如果称赞有些言过其实，会使其他成员鄙夷，甚至怀疑管理者别有用心。职业经理人应避免对不在场的员工进行称赞，尤其不能将在场员工同不在场的员工进行比较，褒扬不在场的员工，直接指出在场员工的不足。这样做不利于员工间的团结，甚至会影响员工的合作状态。

安慰人要真诚而发自内心

“年轻有为，前途无量”“好好干，大家都很优秀”等这类泛泛而谈的“言施”，是一种居高临下的官僚语言，很难打动员工的心。人人都希望得到赞赏，因为赞赏能真正表明他们的价值。就是说，员工希望自己得到的赞赏是管理者认真判断、发自内心的认可，管理者真正把自己看作是值得赞美的人，而不是随口一提、说说而已。言之有物、言之有情的赞美能真正指出对方工作中的心血和优势所在。说一位员工“很能干”，不如对他说：“你今天某件事办得很漂亮。”赞美员工具体到人和事，让员工从心里感受到你把他和别人做了明确的区分来表扬。工作中有成就的优秀员工，听到的恭维话自然就多，如果只是泛泛地称赞他的工作能力，就如同把水倒进海中，毫无作用。如果对他的工作确实有了解，或者你虽然作为外行，但能了解他的工作性质、意义、术语，那么这种称赞的效果就会更好。一定要让每位员工感觉到你是在真诚地关心他的工作，关注他的进步，感觉到你在重视他、欣赏他、认可他。

赞美人最好在第三者面前

赞美乃是提高员工的工作意愿、巩固工作绩效的语言手段。团队内部有竞争，当管理者在第三者面前称赞某位员工时（被称赞员工在场），会激励第三者鼓足干劲向这位员工学习，努力将工作做得更好。当职业经理人只在自己办公室“谈话式”地赞美员工，员工会认为那是应酬话、恭维话，只是你“顺便说说”而已，目的只在于安慰员工罢了。赞美若是通过第三者来传达，效果便截然不同了。此时被赞美的员工肯定认为那是发自内心的赞美，毫无虚伪成分，于是真诚接受，感激不已。在深受感动之后，员工会更加努力，将自己的工作做得更好。评价员工的工作时，可以使用这种方法。例如转述其他人对某员工的欣赏或认可，或在员工的妻子、父母、下属面前赞美该员工。这些方法都是为了抓住员工的感情，让其增加继续努力、不断进取的新动力。

不要吝啬对员工进步的赞许

鼓励员工时，管理者不是看谁一直很优秀，而是把主要目光放在进步最大的员工身上。鼓励员工的成长，就预示着每一个员工都有成长的空间，都有受表扬的可能。如果一个员工工作了几年，工作也很出色，但他的上司却认为那是他应该做的，从来不给予半点表扬或肯定，这样该员工便会产生这种想法：“做成什么样都无所谓，经理也看不到。”最终他的工作热情便减少了，工作也没有创造性了，认为“差不多”就行了。要求员工向更高目标挑战时，必须考虑员工的进步空间。最重要的是要有一套成果确认、正面评价的体制。同时，也要让每一个员工了解自己的部门，其在企业里扮演的不可替代的角色，领导对其工作成果认同的方法等。所以，公司及管理者应该把鼓励的重点放在成长最快、进步最大的员工身上，围绕这一中心积极倡导顶层设计、创新突破、直面责任、宽容失败、超越自我、追求卓越的“成长型”团队文化，让员工自主分辨进步被认可、被鼓励后带给自己的正能量。

青刚老师课堂语录

- 真诚的赞美能带来满足、信任和希望。
- 职业经理人的赞美是让员工努力工作的催化剂。
- 指责永远解决不了问题，安慰让人打开心扉、卸装前行。
- 靠压力激发的动力是一时，靠鼓励激发的潜力才会持久。

心施：敞开心扉，坦怀与人

《内经》曰："心藏神，主神志。"即心为人的精神、意识以及思维活动的主宰。为人心要正，待人心要诚。莫欺人善，莫负人心；莫为小恶，莫妒他能。心是一条河，若浅，就容不下太多；若深，就容得下巨石暗礁。若窄，一颗小碎石都能激起波涛；若宽，投入巨石也只能荡起小涟漪。人的一生正如李白《行路难》里的诗句一样：都有过"停杯投箸不能食，拔剑四顾心茫然"的迷茫、惆怅，也有过"欲渡黄河冰塞川，将登太行雪满山"的艰难突破，也正是一次次对心的历练，给了我们攀登人生高峰时的坚强。

三思而行事，问心再待人。员工是企业的基石，是企业的血液。员工的身心愉悦，是投入工作的必要动力。职业经理人敞开心扉与员工沟通，聆听员工的心声，才能把握员工的心里所想，知道员工的心理需求。根据员工的心理需求因势利导，升级企业文化，调整管理思路，落实相关管理制度，或让员工提出建设性意见和建议。这样做不仅能拉近职业经理人与员工之间的距离感和信任感，更会让员工对企业文化和管理制度更加认同。只有用"心"管理，才能将心比心，以心换心，从而收获人心。

曹世如：共筑企业与员工的幸福感

在成都，走街串巷进社区，你都会看到红旗超市。2000 年 6 月，曹世如背负一千多万元债务，从老牌国企红旗商场脱离出来，改制成立了红旗连锁；2012 年 9 月，这家汇聚下岗女工、农民工的超市正式登陆深交所，成为中国 A 股"便利连锁超市第一股"。曹世如更被四川多地的农民称为精准扶贫的"曹大侠"。

作为上市公司，红旗连锁提供了 17000 个就业岗位。目前，红旗连锁开了

2800 家直营门店，每年向国家上缴税收和社保 4 亿元以上。一位名叫周华祥的员工在入职之前是一名农民工。进入红旗连锁工作后，先后任营业员、核算员、店长等职务，最终当上了红旗连锁市级片区主任。这样的例子在红旗连锁不胜枚举。在红旗连锁，60% 以上是 40 ~ 55 岁人员，70% 为农民工，70% 以上是学历偏低的妇女，相对来说都属于弱势群体。

在曹世如的带领下，红旗连锁员工流动性很小。红旗超市不是一般的超市，每个店小则 10 个平方左右，大的也就几十个平方，但在经营上包罗万象，除了主业商超产品销售外，开展了公交卡消费和充值、电信缴费、电费充值、燃气收费、机票代售、自来水费代收、报刊零售、信用卡还款等五十余种便民业务，成为城乡老百姓离不开的“老邻居”。近年来，随着经营业态的变化，红旗超市在行业内率先开始 24 小时营业、店内简餐服务、购物配送等贴心服务，这些业务不少都是在企业成长中员工主动建言献策，最后被公司采纳付诸实施的。为了办好竞争激烈的超市，看似简单的举措，却需要员工用心投入，这些新增加的服务和工作，被红旗超市的员工欣然接受并完美执行。员工在红旗超市获得了真实的安全感和归属感，在这里寻找到了属于自己的事业价值。“在红旗超市上班和在其他地方打工不一样，这里有人情味，待遇也好，我干了 8 年了，我喜欢这个工作，这就是我的终身事业。”调查问询中不少员工都如此表述。

内部管理的优化，员工的团结一心，体现在外部业务上即是最大商业模式的扩展。四川山区较多，农产品物流成本高，曹世如主动担当，亲自挂帅，联合供应商共同打造“农超对接”模式，实实在在解决农产品信息不对称问题，走出了一条助农扶弱、精准扶贫之路：哪里有农产品积压，哪里就有红旗超市的身影，城市居民就能很快吃到物美价廉的爱心农产品。多年来，红旗连锁还到外地农村帮助农民解决产品滞销问题。曾经大量滞销的攀枝花西瓜、陕西土豆、山东大白菜、甘肃紫洋葱、什邡莲花白、绵阳柚子等农产品，经过红旗连锁的快速响应，大量采购，几千家店分销，全力帮助农民朋友挽回损失，得到了社会广泛好评。

（1）尊重之心。尊重是一切社会活动的基础，管理尤其如此。职业经理人应像尊重自己一样尊重员工，始终保持一种平和的心态。更多强调员工的重要性和主体意识，这样才能让员工感知到被信任、被认可，才能从心里愿意和你共事，主动为企业的持续发展出谋划策。

（2）赏识之心。当你赏识一个人的时候，便可对他形成激励。职业经理人要用赏识的眼光对待员工，诚恳表达你的赏识和认可，使员工受到鼓舞和激励。尤其是在员工做得优秀或者进步较大时，绝不要吝惜你的赞美。

（3）沟通之心。沟通不畅是诸多问题的症结所在。如果沟通做好了，将在很大程度上帮助职业经理人处理人际关系，完成工作任务，达到绩效目标。相反，如果沟通不好，则可能会生出许多你意想不到的问题，造成管理混乱，效率低下，甚至员工离职等问题。

（4）分享之心。分享是最好的学习态度，也是最愉快的管理方式。职业经理人要善于和员工分享知识、经验、目标、成果。通过分享，不但能很好地传达自己的管理理念，更能形成个人的影响力，让员工认识一个有多面才华、有利他之心的管理者。

（5）合作之心。如果用一个词重新定义管理者与员工之间的关系，那便是合作。职业经理人只有把员工当成工作中不可缺少的合作伙伴，专注培养员工的主动性和自我管理能力，把员工培养成工作的盟友，方能全面提高团队的绩效水平。

（6）服务之心。职业经理人要反复倡导彼此互为“客户”的概念，在一定意义上来讲，职业经理人是为员工提供服务的“供应商”。要充分整合手中的职权和资源为员工提供工作支持，致力于企业内部“无障碍”工作环境的建设，让员工体验到管理的高效。

（7）授权之心。待人以诚、授权予心，员工才有意愿对工作担当、负责，才会有把工作做好的态度。职业经理人必须在授权上多加用心用力，不要担心“权分而我寡”，要坚信“权授而众责”，让授权成为解放自我、赋能员工、工作共赢的法宝。

（8）期望之心。期望是管理双方的共同需求，强化期望愿景，员工的潜能就可能被激发出来，释放出你意想不到的职场能量。不过，值得注意的是，你要通过恰当的方式让员工知道你对他的期望，而不是一味地夸大其词或者空头许诺。

青刚老师课堂语录

- 不要因为失去而遗憾，因为那从未属于你。
- “被理解＋被需要”是管理者成就管理目标的外在动力。
- 管理失败只需请教三个人就会有答案：对手、上司、下属。
- 并不是因为事情难我们不敢做，而是因为我们不敢做事情才变得难。

眼施：交洽无嫌，以信取人

网络游戏主题曲《醉赤壁》里面有一句经典歌词“确认过眼神，我遇上对的人”，后来演绎成了网红神语。如果说微笑是拉近管理者与员工心理距离的最好方法，那么用来维系管理者与员工关系的纽带则是信任。职业经理人在待人方面可以谨慎，但是绝对不能虚情假意玩套路，把同事和员工当傻瓜。所谓一次傻，二次晕，三次精，没有一个人愿意被另外一个人“忽悠”两次。

你和你的同事、下属确认过“眼神”吗？坚定而真诚的眼神是管理者气场和格局的对外展现。但一个人没有底气是不敢正视他所认为的权威。比如一个专业问题，你问他，他开始眼神闪烁，说明心里没底，他并不了解这个问题。在一群人中，大家都在嬉戏或聊天，有人却顾左右而言他，说明这个人不是专心成事之人，是察言观色之人。阅人无数的职业经理人会有这样的经验：如果你对一个人的工作能力不放心，可以看着他的眼睛就同一个问题问他两遍，看他如何回应。他眼神一旦闪躲，前后两次回答问题犹豫或者不一致，说明他心里对这项工作不确定，他要么在撒谎，要么对自己没有信心。

我担任顾问的公司曾经有这样一个案例：有一名很优秀的女员工，每次公司开拓新的业务时，她都会被调动到相关部门。在被连续调动三次以后，这名女员工提出辞职。她以为自己被公司里的人嫌弃，连续的调动其实就是暗示让她辞职。周围的同事也开始在背后议论，甚至当着她的面说："你是不是做错什么了，得罪领导了？""领导肯定对你有意见，八成已经不相信你了。"这名女员工异常苦恼，认为自己在公司是个多余的人。

后来我去了解这个情况，发现中间有误会。我去问她为什么辞职？她心情很低落地告诉我："频繁给我调整岗位，肯定是嫌我能力不够，我再怎么努力，领导都不满意。要不领导为什么每次跟我谈工作的时候，连看都不看我就直接说呢？"

事实上，她是一名不可或缺的优秀人才。每次在她被调动之前，她的上司从来不做任何解释，也不在其他员工面前宣布她调岗的原因，甚至连一句认可的话、一个鼓励的眼神都没有，只是说"接下来你去 ×× 部门干吧"。正因如此，她才会胡思乱想：为什么只有我被这么频繁调动？上司本应该站在她的立场上，在大家面前说点什么。在面对她的时候，能够用信任的、鼓励的眼神与她沟通。例如，四目相对地说"正因为你非常优秀，所以有了新业务时，我第一个想到的就是你，希望你能让新业务顺利启航"等让别人放弃疑虑、满腔热情投入工作的鼓励语。用这样坚定的眼神，加上这样鼓励的话，员工一定能感受到自尊心方面的满足，会更加投入地工作。周围人对她的评价也会完全不一样。

另外，职业经理人不要用鄙夷的眼神看待下属，眼神中缺乏对员工的鼓励、欣赏、认可，流露出一种"员工怎么做都做不好"的心态。不要把员工当作"执行机器"在工作中呼来唤去，这样的事情一旦多次出现，员工必然会心理排斥，产生逆反心理或丧失信心。对于很多职业经理人来说，位置越高就越习惯性低眼看人，会在不知不觉之中把部下当作"棋子"看待，有时可能自己不自知罢了。这样的话员工会慢慢失去动力，甚至从"全力以赴"下滑至"得过且过"。针对这种不公正的待遇，有的员工甚至还会屡屡做出伤害企业的报复行为，导致人为让企业受损的事件发生。

眼施，需要职业经理人放下身段，正视员工的需求，与员工面对面沟通的时候，能够做到四目相对，专心专注，言语里增加一句“我相信你能做到”或“我需要你的爆发力”，这样的管理者一定会让员工竭尽全力，实现业绩和价值的新突破。

青刚老师课堂语录

- 管理者不要给巧言令色者以施展伎俩的机会。
- 潇洒显于外而源于心，是心智彻悟后的自信。
- 自信而执着于目标的人，整个世界都会为你让路。
- 大智慧的人眼里都是尊重与希望，小聪明的人眼里都是纠结与占便宜。

身施：一臂之力，悦己度人

每一个员工都渴望进步，渴望成长，当公司给员工描绘了光辉的未来、创造了舒适的工作环境、给予了不菲的薪水，就能够让员工按照公司的既定目标创造业绩了吗？模仿 500 强企业的管理制度和工作流程，就真的能够让员工爱岗敬业吗？

作为公司的直接管理者，除了科学的管理技术，职业经理人更应该掌握的是管理节奏的把握、管理尺度的拿捏，也就是我们经常说的管理艺术。管理者的“身施”，就是把管理技术与管理艺术结合起来，说给他听，做给他看，让员工有一个对比参照的标杆。职业经理人在工作前应该先问自己五个问题。

第一问：我给他（他们）目标了吗？

第二问：我给他（他们）方法了吗？

第三问：我给他（他们）做榜样了吗？

第四问：我给他（他们）鼓励和支持了吗？

第五问：我给他（他们）犯错的机会了吗？

“身施”就是不断确认对以上问题的答案，并把答案固定成标准的工作方式，才能让员工自觉从普通成长为优秀。具体管理实施中，职业经理人最好能够做到多到员工一线走动，发现问题可及时在现场与员工当面沟通，尊重员工提出的合理建议，当面鼓励员工主动提出意见，与员工一起解决问题等。经常深入一线与员工共同完成某项工作，让员工觉得你和他们是一个有凝聚力的团队，也可以让员工看到你解决问题的态度和能力，以最短时间拉近你与员工之间的距离，而不是在你和他（他们）之间产生一座鸿沟，这样你的团队才会有战斗力。

另外，要给予员工充分的空间，让他有施展自己才华的舞台。职业经理人给予员工的先是方向再是方法，让员工为了确定的目标去充分发挥自己的才智和能力。不要员工做一下，你说一下，员工边做你边说，过多地干涉员工的做法。有效的做法是默默关注员工的工作态度、思维逻辑、岗位技能等，发现每位员工的优秀方面，同时要清晰观察并确认每位员工的问题与短板，掌握这些以后选择适当的时机帮助其优化和改善。

同时，要注意把握管理时机和节奏，使员工得到最深的感触和最快的进步。员工在出现问题的时候总会经历痛苦的心路历程，在工作中可能会出现明显的低潮。这个时候，管理者要有耐心，不要急于马上解决问题。问题表面是工作受到影响难以推进，实际是员工心态受挫遭受打击。此刻最关键的是通过你的疏导和鼓励，让员工重树信心。管理者介入员工最好的时机是在员工自己经历了挫折与反思，已经开始从低潮逐步回升的时候开始，这个时候双方才能够用最开放的心态交流如何解决棘手的问题。

叶昕：人力资源大数据行业的拓荒者

从大学到企业，从普通员工到CEO，从对大数据一无所知到成为人力资源大数据专家，他从容地进行技术与管理的切换，成为创新创业者的典范，是全体员工以身示范的标杆，他就是人力资源大数据解决方案提供商——数联寻英的CEO叶昕。

2015 年，叶昕离开了自己耕耘快 10 年的高校教师岗位，受邀加入国内某大数据创业团队，开始正式踏入了人力资源大数据行业，拉开了国内大数据行业细分市场的落地创新帷幕。面对互联网创新创业、大数据产业的浪潮此起彼伏，他踏实行事，低调做人，反对做虚假鼓吹的虚无之事，也不做资本泡沫的无谓之举。在新兴行业进行创新，非常难；创新成果落地，更是难上加难。叶昕凭借自己多年来在高校工作的专注力，从大数据产业客户的需求着手，注重于“场景—数据—定制—产品”的市场联动，从解决实际问题出发，进行大数据的落地服务。

数联寻英作为高新科技企业，专注于为企业建立行业高端人才储备，提高企业在招聘和绩效管理中的效率和质量。传统的人力资源是叶昕一直啃着的“面包”；大数据的场景设计却是他不断在“面包”中添加的“奶酪”。为了挖掘行业顶尖人才，他尽心竭力；为了一个小小的 bug，他亲自往返于客户与公司；每天 5 个小时以上的睡眠，变成了他的奢侈；每个客户充分的肯定，是他在工作上持续的动力。产品与项目，他都追求尽善尽美；每一位员工，都是他亲密的伙伴。叶昕挂在嘴上的一句话：“事业就是创口碑，做事就是在做人。”

“己所不欲，勿施于人”，这是叶昕经常提醒自己以身作则的标准。他的亲身实践，不仅影响了团队成员、客户、风投机构对大数据行业的看法和判断，更是凭借精明强干、雷厉风行、思维敏捷、开朗乐观、执着变革的职业化实力，为公司交上一份满意的答卷：全球人才搜索系统、人才云网、人才蓝白皮书、企业人力资源管理大数据平台、人才雷达系统、招商云网、精准招商等产品系统，三年沉淀下来的近一百个应用场景，正在逐步构建一个国内大数据细分市场的商业蓝海。目前，公司拥有 8 项专利技术，10 余项创新技术，20 余项国家及省市荣誉。这些点点滴滴，无不镌刻着一位职业经理人不懈追求的梦想：产业人才大数据梦。

共享经济时代，员工角色从之前的“服从者”变成了企业情感和事业上的“合伙人”。“身施”就是以你自身的优势和人格魅力，优化工作方式，帮助员工强化对管理和对公司的认同感，在团队文化引导中以达成团队目标为中心，凝聚团队向心力为前提，追求有梦想，有“面包”，有激情，有发展的“四有”工作状态。

青刚老师课堂语录

- 只有想不通的人，没有走不通的路。
- 凡事先自问我能为你做点什么？而不是你必须为我做什么？
- 没有人富得可以不要别人的帮助，也没有人穷得不能给他人帮助。
- 比我差的人还没有放弃，比我好的人还在努力，我有什么资格说无能为力！

座施：心存敬畏，谦逊示人

明清五百多年持续兴盛的晋商，是古时中国商业社会最具代表性的商帮，形成了“穷则思变，艰苦创业；逐利四海，开拓进取；振兴民族，忠义爱国；组帮结会，同舟共济；信誉至上，诚实守义；尊师重教，以人为本；勤奋谨慎，俭约自律；乐善好施，热心公益”的晋商精神，被称为“天下第一商帮”。今天的山西平遥县，将明清晋商文化完整保留，如著名的乔家大院、常家庄园、曹家三多堂、王家大院等。电视剧《乔家大院》就是最真实的写照。

年终晋商都要挑选好日子，各大商户都要召开“聚义会”（相当于今天的企业年会），把全国各地分号（相当于今天的各分公司）掌柜的和内房总管（相当于今天的职业经理人）召集回山西老家，以好酒好肉、搭台唱戏等盛情款待。其中最重要的一个仪式：东家会带领所有的与会人员敬天地、敬祖先、敬相与（同行）、敬伙计；之后，东家要把掌柜、内房总管、老伙计请上正桌，安坐主位，行三拜九叩大礼，肯定其对家族事业一年的付出和贡献；再下来，掌柜、内房总管又会向自己业务的上下游伙伴、下属伙计作揖致谢。

晋商的仪式感很强，他们身上的敬畏之心，值得今天的企业家和职业经理人共同学习。“座施”即谦让别人、敬畏他人之心。孔子曰：“君子有三畏：畏天命，畏大人，畏圣人之言。小人不知天命而不畏也，狎大人，侮圣人之言。”这里的“畏”就是敬畏。敬畏是人生的大智慧，不仅是一种人生态度，也是一种行为准则。南宋大学者朱熹在《中庸注》中说：“君子之心，常存敬畏。”中国传统文化历来强调以谦逊示人，敬畏人心；“座施”强调人的警戒与自省，规范与约束人的言行举止。

职业经理人的“座施”是什么呢？

我认为有三个方面：一是对所服务的企业及企业主心存谦逊与敬畏，这是唇齿相依的事业基础，也是职业化的最高准则；二是对自己的工作和手中的权力心存谦逊与敬畏，唯有此，才能小心谨慎，做事才能担当责任，为结果负责；三是要对员工下属心存谦逊与敬畏，员工持续创造的增值价值，就是管理者的管理价值，要想让员工持续创造业绩，不谦让、不敬畏员工，甚至把员工放在自己利益的对立面，会让员工民心所失，无以复来。

所谓“得民心者得天下”，职业经理人和员工是因为共同的事业目标产生交集，除了工作之外并没有“应该”和“不应该”的关系。所以，作为管理者，在工作上要以原则制度和公司发展为基础和员工相处，不能将个人的情绪或私利建立在公司制度之上，更不应该将权力驾驭在工作以外的事情上。员工在工作之外作为朋友，即使在他们离职之后和你没有任何关系，你也应该尊重他们，不要在其他员工面前有失公允地去评价已经离职的人。

古人云：“畏则不敢肆而德以成，无畏则从其所欲而及于祸。”人一旦没有敬畏之心，往往就会变得肆无忌惮、为所欲为，想说什么就说什么，想干什么就干什么，甚至无法无天，最终吞下自酿的苦果。面对纷繁世事，只有心怀敬畏才能知方圆、守规矩，踏踏实实干事，干干净净做人，守住自己内心的道德底线和职业原则。

青刚老师课堂语录

- 敬畏心是治愈恐惧的良药。
- 心中有敬畏，言必对他人赞美，行必对他人躬身。
- 生命之灯因热情而点燃，生命之舟因拼搏而前行。
- 待人如走独木桥，不能保持敬畏和谦让的人，迟早会跌入谷底。

房施：宽仁大度，虚怀容人

人不敬我，是我无才；我不敬人，是我无德；

人不容我，是我无能；我不容人，是我无量；

人不助我，是我无为；我不助人，是我无善。

一个鱼缸能养多少鱼？不过几条而已。如果用池塘来养鱼呢？不仅可以养很多鱼，而且也不需要换气或者整天投食，完全就是水肥鱼跃，鱼长水活。倘若江河湖海养鱼呢？鱼的种类就有成千上万种，不仅仅是鱼，可能还会有鲸、鲨、龟等物种。养鱼的方式就好比人的心胸，你的心胸越大，可以接纳的人就越多。“房施”就是容言、容事、容人、容己。倘若你只有“鱼缸”大小的心胸，那么你可以接纳的人就只有那么几个，还需要你常常关心才行。但是，如果你有“海洋”一样的心胸，便成了四海之内皆兄弟。

腾讯创始人马化腾说过：“一个优秀的管理者最需要的就是心胸宽阔和接受妥协。”心胸宽阔者会更容易接纳他人。企业中有各式各样的员工，员工各有长处和不足，工作起来问题和纰漏的出现也在所难免，职业经理人要做到对员工的长处和不足进行接纳。如果职业经理人心胸不够宽阔，就难免会和员工起冲突。长此以往，你和员工之间就会存在管理鸿沟，对企业发展产生严重影响。相反，如果你能以宽阔的心胸去接纳员工的问题和缺点，有信心去帮助他、改善他，员工也会感觉到你对他的信任和尊重，会使他更有动力、心情更舒畅地去工作，呈现双赢的局面。

松下幸之助：管理者要从“乘客”变“司机”

当年，松下幸之助决定投资开发小马达，因为他发现很多家用电器都在面临一个非常大的转折，那就是电器里面要使用小马达作驱动。过去马达都用在大机器里，所以，他相信家用电器中大量使用小马达的时代即将到来，于是他委任非常优秀的研发人员中尾担任新产品研发部部长。

中尾接受任务后，带着部下买来的 GE 生产的小马达，开始着迷地拆卸与研究。有一次，松下幸之助正好经过中尾的实验室，看到中尾的工作，松下非但没有表扬他，却狠狠地批评了中尾。为什么？因为松下意识到检验中层是否优秀的重要一点，就是看他的思维方式有没有变化。管理者的执行关键是做放大镜，作用在于“把纸点燃”。找准位置是管理者的第一要点，就是从“乘客”变“司机”，从对目的地负责，转变为对全车人的生命负责。

松下对中尾说：“你是我最器重的技术人才，可是你的管理才能我实在不敢恭维。公司的规模已经相当大了，研究项目日益增多，你即使一天干 48 小时，也完不成那么多工作。你要有一颗宽广的胸怀，允许和你一样优秀甚至比你还优秀的人加入队伍，并肩作战，不要把艰难的工作理解为一个人埋头苦干，管理者绝不是逞一人之勇，你的主要职责就是制造并接受 10 个，甚至 100 个像你这样擅长技术的人共同工作，你是他们的旗手，你要统筹管理兼容他人所长，我相信你能做到。”

后来，松下公司不仅研究出了开放型的三相诱导型电动机，而且还挤垮了日本最大的电动机生产厂家——百川电机。百川的老总问松下：“我做了一辈子马达，有很多优秀的电机专家，你是从哪里招来的专家打败了我？”松下说：“我的所有专家全是内部员工！你有几十个优秀的专家，但却没有几百个优秀的员工，我正好相反，我的员工就像机器设备一样互相兼容，匹配合作。所以，难的事情也就不难了！”

明代朱衮在《观微子》中说："君子忍人之所不能忍；容人之所不能容。"职业经理人不仅要有良好的宽容心态，还要具备高尚的宽人品德，不仅能容人之短、容人之过，而且还能容人之长、容人之绩。做到知人善任，从善如流。很多职业经理人也知道心胸宽阔才能更好地接纳别人，但自己总是做不到这一点，总是抱怨自己的性格先天如此。但是，心胸宽阔这种性格是需要后天养成的，大致上需要做到以下几点。

容人之错

古人云："人非圣贤，孰能无过。"工作中由于经验不足，对问题的认识程度不深以及环节上的疏忽等原因，面对经常变化的情况，年轻员工常感到束手无策，进退失据，这种情况下，犯错误的可能性会增大。职业经理人要善于对他人的缺点和错误进行全面分析，用发展的眼光看待别人的长处和优点；对一个人的缺点或错误，只要不是主流或故意为之，就要做到宽容以待，不求全责备，要用其所长，切实做到知人善任，人尽其用。当然，容人之错，并不意味着"护短"，也不意味着害怕员工。一名称职的管理者不但允许下属犯错，更要积极地帮助下属在今后的工作中改正缺点和错误，助其早日成才。

容人之长

萧何月下追韩信，徐庶走马荐诸葛，这些典故早已成为千古美谈。每个人都有自己的长处，有自己能干的一面，甚至在某些方面超过管理者也很正常。对手中握有人才选拔和使用权力的职业经理人来说，既要善于用人之长，还要能容人之长。有些管理者嫉妒别人的优势，容不得别人超过自己，对才华卓越者总想贬低、压制，时时刻刻提防别人超过自己，从而堵塞进贤之路，搞"武大郎开店"——比自己高的不要。舍"良材"而用"朽木"，才能超群者无职无权，才能平平者重用提拔。其结果是一误人才，二误事业。因此，职业经理人要有职业自信和事业安全感，你的能力是综合优势，无人能够替代，要善于发现和使用在某一方面比自己优秀的人。

宽容异己

古语云："君子贤而能容罢，知而能容愚，博而能容浅，粹而能容杂。"历史上宽容异己者数不胜数：齐桓公不计前嫌，容一箭之仇用管仲为相；唐太宗起用自己昔日政敌魏征，容他"犯颜直谏"；《吕氏春秋》中祁黄羊外举不避仇、内举不避子等故事历来被人们称颂。职业经理人要宽容与自身有不同意见的人，包括反对过自己的人，甚至是敌人，这是容人的最高境界。以宽广胸怀，团结那些与自己意见不合的人。对那些有主见、坚持自己观点的人才，不要排挤压抑、处处刁难，要判断其坚持观点的可行性。做到宽宏大量，以才为重，以企业利益为重。

青刚老师课堂语录

- 能忍能让真君子，能屈能伸大丈夫。
- 事不三思总有败，人能百忍自无忧。
- 宽容者让别人愉悦，自己快乐；狭隘者让别人痛苦，自己难受。
- 以克人之心克己，容己之心容人，责人之心责己，恕己之心恕人。

尺丈格局：赋予管理正能量

有志者事竟成，破釜沉舟，百二秦关终属楚；

苦心人天不负，卧薪尝胆，三千越甲可吞吴。

谋大事者必布大局。对于人生这盘棋来说，首先要学习的不是技巧，而是布局。什么是格局？就是一个人的眼光、胸襟、胆识等要素的内在布局。大格局，即以大视角切入人生，力求站得更高、看得更远、做得更好。大格局决定着事情发展的方向，掌控了大格局，也就掌控了事物发展的内在规律和远景局势（见图 9-1）。

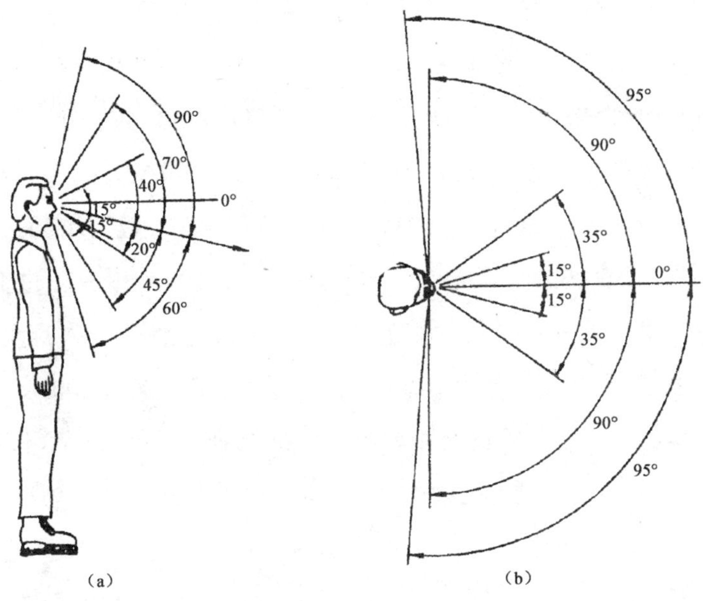

图 9-1 眼界决定格局

那么，什么是“尺丈格局”？

前人讲：“你敬我 1 尺，我还你 1 丈。” 1 尺和 1 丈的关系是 1:10，如果从数量关系上看的话，得 1 尺和得 1 丈的人谁亏了谁赚了？这是一个简单的算术题，答案不言而喻。但很多人一辈子都没有算明白，特别是那些总想占别人便宜而不愿意付出的人。那么，你愿意给别人 1 尺还是给别人 1 丈？很多人会说当然是 1 尺。其实现实当中，更多的人是迫不得已给了别人 1 丈。原因是那一尺需要“主动给”，而 1 丈是“必须还”，所谓“礼尚往来”。很多人害怕给出去 1 尺，最后变成了迫不得已还 1 丈，而聪明的人，总会做先给别人 1 尺的事情。

很多人问我：你做过大学教师、公务员、媒体主编、龙头企业经理人、创业投资人等光鲜的职业，为什么现在要疲于奔命做培训师呢？的确，这个职业有点像“苦行僧”一样，辗转出差，身不由己。但这个职业最大的价值是，你每天都在与来自全国的最爱学习的人在一起共同成长，这是其他职业无可比拟的魅力。做被别人所需要、给别人带来价值的事情，是我毕生值得去做的事情。

尺丈格局，就是用自己率先付出的正能量，去赋能和点燃更多的正能量。

每一场培训，我用我知道的知识给每个学员赋能“1 尺”，帮助学员、团队、企业进步，这是我认为伟大的事业。我每天上课 100 人，如果我把传递每一位学员的培训知识当作“1 尺”来看的话，每天通过讲课给出去 100 尺，这是我的能力能做到的。如果 100 人每人还我 1 丈，我就有 100 丈，投资回报率 1:100，这简直是让人最开心、最有收获的事情。有人会问：你怎么能确保每人都还你 1 丈呢？很多人就没有打算还。其实没有关系，100 人中有超过 10 人，1 人还 1 丈给我，我也不亏；如果你说连 10 人都没有，甚至 1 个人都没有打算还，我一点也不担心，我也不会生气，因为我平均每年讲课近 200 天，每年面对近 20000 名学员，我以我的真诚和专业对待我的学员，我一点都不用担心学员“还”还是“不还”的问题，因为能量是守恒的，我只管朝我认为正确的方向去耕耘，收获将会自然而然地到来。你不用担心别人“还”还是“不还”的问题，因为事实已经证明了一点：你给出去 1 尺越多，总的收获数倍于你给出去 1 尺的总和。正如弘一法师所言：“以舍为有，则不贪；以忙为乐，则不苦；以勤为富，则不贫；以忍为力，则不惧。”希望职业经理人能够深入思考“尺丈格局”带给你的启示。

李青刚：无人区里过去与将来的格局对话

戈壁、无人区、4 天 3 夜、111 公里、208 人。当这些词汇放在一起，你会想到什么？2019 年 4 月，我参加了“敦煌戈壁无人区 111 公里徒步挑战赛”。在白天 30 多度、晚上 0 ~ 3 度的戈壁无人区思考人生。黎巴嫩作家纪伯伦曾说：“一个人有两个我，一个在黑暗中醒着，一个在光明中睡着。”每一个参加戈壁徒步的人都在寻找另一个自己。

雷音寺的楹联——放下即得到

鸣沙山下，月牙泉旁，西晋古刹，咫尺西天。以莫高窟 172 窟经变壁画的建筑结构布局，居高岗，倚危崖，傍坡路。雷音寺是唐朝玄奘法师途径讲法之地，也是丝绸之路的必经之路。寺门楹联：此地古称佛国，满街都是圣人。入寺天王殿楹联：大度包容了却人间多少事；满腔欢喜笑开天下古今愁。我身居都市，却出生陇间，以讲台为人生舞台，每年辗转近百个城市，阅人无数而孤独唯我。此地一览，茅塞顿悟：原来放下即得到。戈壁无人区一路走，不带手机，没有信号，虽筋疲力尽，却心情放飞，难得的一次为心解困。我们之所以累，之所以苦，之所以纠结，无非是放不下或得不到，唯此而已。

戈壁滩的胡杨——觉醒即明智

戈壁滩上，河道干涸，枯木尸横，飞沙走石，一片茫然。除了黑（晒黑的石头）、白（高温的天空）、黄（漫天的黄土），别无一线生机。骆驼刺倔强地杵立着，胡杨树根死而有迹。胡杨是戈壁的君子，俗称“迎风一千年不死，死后一千年不倒，倒后一千年不朽”。戈壁徒步，只有自己与自己对话。埋头行走中，抬头唯一的希望是下一面若隐若现的旗帜，低头唯一的心念是坚持走下去，忘掉太阳，忘掉荆棘，忘掉脚过刀山。行进中捡到一个枯死的胡杨树根，这是戈壁给我的馈赠。回到营地，干脆纹裂的树根纹须一碰就碎，惊奇的是，它在不经意间喷洒的几滴水后，隔天却在干枝上发出细芽，仿佛告诉我：感谢知遇之人的唤醒。原来觉醒就是在你经历千山万水、苦痛折腾之后的明智明理。以前只懂得被别人需要的价值，行走戈壁时一次又一次地叩问心扉：我需要什么？大道至简，感谢戈壁的无情考验和胡杨的生命觉醒。

沙克尔顿的荣誉——笃行即弘毅

用脚丈量理想，用心感受人生。探险家沙克尔顿的座右铭——我们用坚韧征服一切。这句话以前写在书里，走过戈壁后，刻在了心里。戈壁里走着走着，没有了脚底的疼痛；走着走着，没有了耳旁的热风；走着走着，没有了纠结与委屈；走着走着，没有了因为和所以；走着走着，只有风吹手杖卡槽如笛般的声响；走着走着，却不断告诉自己：我在历史里和张骞、玄奘一路同行。我们的人生，一路走一路都在解决“为什么”的问题，为答案和目的一生狂奔。这正如历史为我们设置好了答案而让我们求索问题一样困顿。为什么不能打破设置而笃行创造呢？离成功最近的路，其实就是不走捷径。说到底，我们还是怕失去、怕失控、怕失败。弘毅笃行，就是为自己热爱的事业和爱人去拼一回乃至一生。我以我心照明月，何惧明月照沟渠？庸人自扰而已。

莫高窟的神采——一瞬即一生

敦煌之恢弘，莫高窟的壁画为我们定格。歌诗三百，歌尽悲欢，唯独流泻一地繁华沧桑。经年之后，曲已散，人若思：一山一幽境，一水一思愁，一歌一放纵，一花一世界，一叶一追寻，一曲一长叹，一生为一人，一瞬即一生。正如《飞天》的歌词：如果沧海枯了，还有一滴泪，那也是为你空等的一千个轮回；蓦然回首中，斩不断的牵牵绊绊，你所有的骄傲，只能在画里飞。大漠的落日下，那吹箫的人是谁，任岁月剥去红妆，无奈伤痕累累；荒凉的古堡中，谁在反弹着琵琶，只等我来去匆匆，今生的相会。烟花烟花漫天飞，你为谁妩媚，不过是醉眼看花花也醉；流沙流沙漫天飞，谁为你憔悴，不过是缘来缘散缘如水。

独行快，众行远。过去与将来的格局对话，就是一瞬与一生的凝目对视。珍惜当下，活出精彩，一切的正向努力，都是为了在一瞬一生的人生格局里遇见更美好的自己！

莫嫌天涯海角远，但肯扬鞭有到时。职业经理人的路充满了坎坷不平，但正如音乐的音符一样，没有跌宕哪有高潮？大境界才能有大胸怀，大格局才能有大作为，成功者的背后必然隐藏着大格局和正能量。个人的成长，企业的发展，关键在于一个人所建立的事业格局和面对人生的能量态度。心有多大，能量就有多大，格局就有多大，舞台就有多大。成功者往往是那些有着自信自强的正能量、先予后取的度量、统筹全局的高度、运筹帷幄而决胜千里的方略与气势的人。在今天这个知识不断更新的时代里，我们在不断刷新自己知识结构的同时，更重要的是提升自我管理的正能量，培养自己的大格局。

青刚老师课堂语录

- 人生格局两个误区：高估自己与低估别人。
- 只想着爬上小山丘的人，永远都看不到世界的宽广。
- 择善人而交，择善书而读，择善言而听，择善行而从。
- 永远不要和斤斤计较的人打交道，因为他们总在为鸡毛蒜皮你争我抢。